国家社科基金青年项目"科技企业孵化器与风险投资合作的效率机制研究"（项目号 11CGL051）的研究成果

促进风险资本与孵化器投资合作的机制和政策研究

CUJIN FENGXIAN ZIBEN YU
FUHUAQI TOUZI HEZUO DE
JIZHI HE ZHENGCE YANJIU

左志刚 ◎ 著

中国财经出版传媒集团
经济科学出版社
Economic Science Press

图书在版编目（CIP）数据

促进风险资本与孵化器投资合作的机制和政策研究／左志刚著．—北京：经济科学出版社，2017.11

ISBN 978 - 7 - 5141 - 9421 - 0

Ⅰ.①促…　Ⅱ.①左…　Ⅲ.①风险资本 - 合作 - 企业孵化器 - 研究 - 中国　Ⅳ.①F832.48 ②F279.244.4

中国版本图书馆 CIP 数据核字（2018）第 125207 号

责任编辑：杜　鹏　刘　悦
责任校对：杨晓莹
责任印制：邱　天

促进风险资本与孵化器投资合作的机制和政策研究

左志刚　著

经济科学出版社出版、发行　新华书店经销
社址：北京市海淀区阜成路甲 28 号　邮编：100142
编辑部电话：010 - 88191441　发行部电话：010 - 88191522
网址：www.esp.com.cn
电子邮件：esp_bj@163.com
天猫网店：经济科学出版社旗舰店
网址：http://jjkxcbs.tmall.com
固安华明印业有限公司印装
710×1000　16 开　14.75 印张　230000 字
2018 年 8 月第 1 版　2018 年 8 月第 1 次印刷
ISBN 978 - 7 - 5141 - 9421 - 0　定价：52.00 元
（图书出现印装问题，本社负责调换。电话：010 - 88191510）
（版权所有　侵权必究　打击盗版　举报热线：010 - 88191661
　QQ：2242791300　营销中心电话：010 - 88191537
　电子邮箱：dbts@esp.com.cn）

目 录

导言 ……………………………………………………………（1）

 一、研究目的和意义 ………………………………………（1）
 二、研究思路 ………………………………………………（2）
 三、主要研究内容和结论 …………………………………（3）
 四、成果价值与社会效益 …………………………………（10）
 五、不足与未来研究展望 …………………………………（11）

第一章 绪论 ………………………………………………（13）

 一、问题的提出 ……………………………………………（13）
 二、研究的意义 ……………………………………………（15）
 三、相关研究文献综述 ……………………………………（16）
 四、本书的研究思路 ………………………………………（35）

第二章 现状分析 …………………………………………（47）

 一、风险投资行业发展现状 ………………………………（47）
 二、孵化器行业发展现状 …………………………………（57）
 三、风险投资与孵化器投资合作情况 ……………………（63）

第三章 资孵合作机理及提升路径的理论分析
——基于嵌入实物期权的博弈模型 …………………（71）

一、资孵合作问题的理论特征 …………………………………（71）
二、资孵合作形成机理的期权博弈分析 ………………………（74）
三、模型总结及对促进资孵合作的路径启示 …………………（91）

第四章 促进资孵合作的组织机制研究
——基于资孵投资合作样本的实证分析与政策建议 …………（97）

一、组织因素影响资孵合作的具体分析：假设的提出 ………（98）
二、实证分析 …………………………………………………（102）
三、结论与政策建议 …………………………………………（110）

第五章 促进资孵合作的市场机制研究
——基于投资者早期、联合投资倾向的市场决定因素视角 …（125）

一、市场结构因素 ……………………………………………（125）
二、市场收益因素 ……………………………………………（159）
三、结论与政策建议 …………………………………………（167）

第六章 促进资孵合作的社会网络机制研究 …………………（181）

一、社会网络机制概念 ………………………………………（181）
二、外部社会关系（与第三方关系）与资孵合作 …………（182）
三、内部关系（投资者之间关系）与资孵合作 ……………（195）
四、结论与政策建议 …………………………………………（208）

第七章 总结与展望 ……………………………………………（221）

一、主要研究结论 ……………………………………………（221）
二、主要政策建议 ……………………………………………（227）
三、不足与未来研究展望 ……………………………………（233）

导　言

一、研究目的和意义

（一）研究目的

如何促进风险资本与企业孵化器开展投资合作（简称"资孵合作"），以解决孵化器的投资孵化能力不足，提升风险投资的创新创业支持功效是本书所研究的核心问题。

目前从规模上讲我国是全球第一孵化大国，也是全球少有的风险投资增长热点地区，风险资本实力已较为雄厚，然而两者的发展都存在重大缺陷。对于孵化产业，主要是重物业服务轻增值服务，投资孵化能力不足；对于风险投资行业，主要是对创新创业早期项目支持相对不足。资孵合作将有利于解决上述问题，本书就是从多个维度探索资孵合作的机理和政策建议。

（二）研究意义

在理论上，资孵合作问题实质上属于异质主体战略联盟问题，即跨部门联盟问题（或称跨类联盟），它不同于同质企业间的横向或纵向联盟，目前这类研究还非常缺乏，尤其没有针对孵化器的研究。本项研究以资孵合作情境为例，为跨部门联盟研究提供了一个完整理论模型和现实素材，模型中嵌入了资源、偏好异质性和项目不确定性（行动风险）等方面要素，通过打通使用合作与非合作博弈工具解析联盟中的竞合关系。

在实践上，资孵合作问题是我国孵化产业发展面临的现实难题，本书从个体组织、市场、社会关系三类机制着手，深入探讨了促进资孵合作的机理、路径和具体政策建议，有助于完善我国科技金融体系，服务我国经济的转型升级。

二、研究思路

本书总体上采用"现状分析—原理分析（理论分析）—具体机制与路径分析—政策建议"的研究路径，从现实到理论，再从理论回到现实对策。首先，我们通过CVSource数据库、清科研究中心数据库、科技部编制的《中国火炬统计年鉴》以及其他公开数据来源和实地调研，广泛收集风险投资和孵化器的实践数据，展开实践现状分析。并根据这些现实，把资孵合作不足问题的解决分解为"如何促进风险投资更多介入早期项目投资问题"和"如何促成两类机构联合投资等合作问题"。其次，建立包括实物期权的博弈模型，依次分析同质投资者条件下、异质投资者且信息完全条件下、异质投资者但信息不对称条件下的合作问题，逐步逼近资孵合作现实，从中总结合作形成影响因素，寻找资孵合作提升的基本路径。再次，依据理论分析结果，分别从组织机制、市场机制、社会网络机制三个方面进行资孵合作提升办法的具体探讨和实证分析，其中，组织机制研究从影响资孵合作的个体因素展开，包括组织目标、资源禀赋、产权属性等；市场机制研究从投资者市场结构、收益水平和收益实现两类主渠道对比关系等方面展开；社会网络机制研究则从投资者的社会关系、投资者网络的网络特性等要素展开。最后，根据三类机制研究得到的具体结论，联系现实，提出政策建议。

具体技术路线图如图1所示。

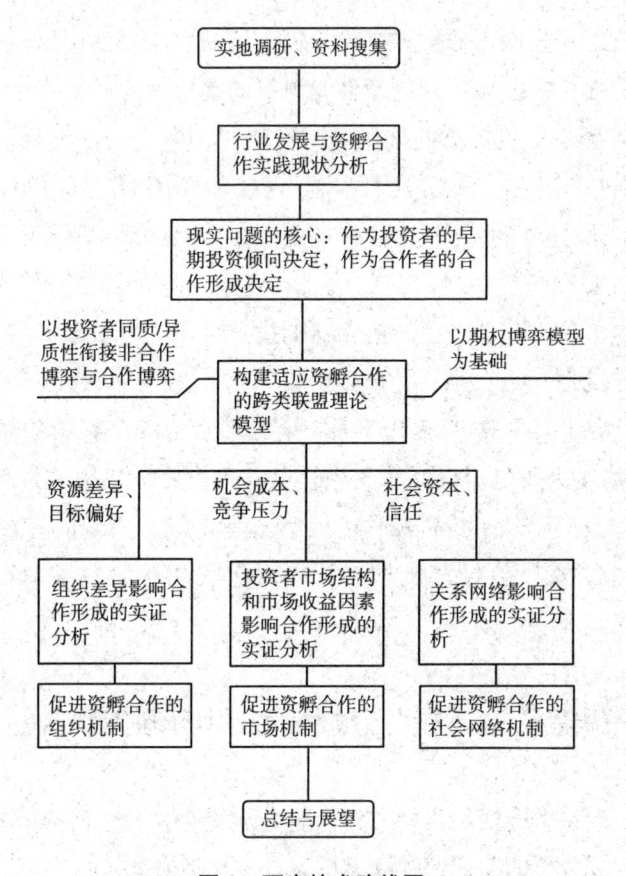

图 1　研究技术路线图

三、主要研究内容和结论

（一）现状分析

　　对风险投资发展现状的分析表明：第一，我国风险投资规模快速增长。近年来，无论是机构数量还是管理资本规模基本都是以年均20%以上的速度增长，2016年新增可投资资本量更是较上年增长79.4%。第二，资本来源实现了多元化，国有资本占比仍居1/3强，同时机构发展大型化，管理资本在5亿元以上的大型机构数量增长明显。第三，地区发展不平衡，2016年，北京、

3

上海、深圳三地投资就占据全部风险投资市场的"半壁江山"。第四，投资重心仍然偏后、偏传统领域，对创新创业项目的支持力度还有待加强。

对孵化器行业发展状况的分析表明：第一，规模快速增长，孵化器数量在2013年超过美国，一跃成为世界第一孵化大国。第二，地理分布上存在"逆向选择"问题，孵化器主要集中于长三角、珠三角和京津地区，越是需要孵化器培育企业和新经济增长点的欠发达地区，孵化器数量越少。第三，能够提供增值服务的孵化器较少，孵化器的投资孵化能力明显不足。

两者合作的现状是：第一，风险投资对孵化器内项目投资很少，2014年全国1 748家孵化器中共有78 965家在孵化企业，获得风险投资的企业只有3 955家，平均每家孵化器仅有2.3个企业获得投资，比率非常低。第二，孵化器参股风险投资，从事投资孵化的比例也很低，在CVSource数据库2014年底收录的3 489家风险投资机构中，有孵化器参与的只有166家，占比仅为5%。

（二）资孵合作基本原理分析和促进合作基本路径的提出

本书第三章中整合使用实物期权、非合作博弈和合作博弈分析工具，构建了资孵合作问题分析的期权博弈模型框架，该模型嵌入了项目不确定性（行动风险）、投资者异质性（行动者差异）、信息不对称问题、市场环境等变量，较全面地纳入了联盟决策中的关键因素，并通过衔接使用非合作博弈与合作博弈工具，解决了联盟问题中竞合关系描述问题，该模型不仅为资孵合作问题分析提供了一个完整的框架，也可以适用于跨类联盟一般问题的分析。

模型分析以具有随机特征的风险项目投资开始，刻画了风险项目投资的期权价值和投资者介入条件，然后以此为基础依次分析以下三方面内容：第一，投资者同质条件下的合作决策；第二，投资者异质且信息完全条件下的合作决策；第三，投资者异质但信息不对称条件下的合作问题。

通过逐步推进的分析，逼近了资孵合作现实，从而明晰了合作形成条件和关键影响因素，也明确了促进资孵合作的基本路径，即三类机制：第一，组织机制。模型分析表明投资者之间的同质或异质性是决定合作价值和投者行动方向的基本因素,而所谓同质或异质性是由投资者个体的组织特性决定的,如目标偏好、资源禀赋和能力等,因而优化组织要素,构建资源互补性、目标协同性是促进资孵合作的基本路径之一。第二,市场机制。模型分析表明市场平均收益决定投资者保留收益,即机会成本。机会成本越高,风险性投资的触发点越高,创业早期项目的吸引力越低。因此,利用市场机制,完善市场结构,是促进资孵合作基本路径之一。第三,社会网络机制,即社会关系等要素的作用。模型分析指出,信息不对称问题的存在,导致现实存在的合作利益可能无法实现。在契约之外,信任因素也可以缓解信息不对称问题,因此,利用社会关系促进信任建立和信息传递,也是促进资孵合作基本路径之一。

(三)促进投资合作的组织机制与政策建议

本书第四章分析了组织中的具体要素如目标偏好、资源禀赋、产权属性等与合作形成的关系,进而基于31家孵化器的合作投资样本及随机配对样本展开实证分析,分析结果表明组织差异显著影响合作形成,其中:第一,目标兼容性对合作投资具有最重要的影响,风险投资与商业型孵化器的合作投资概率明显高于其他类型。第二,资源禀赋的对比关系同样对合作形成有显著影响,强强合作易于强弱合作,而强弱合作又易于弱弱合作,这意味着促进资孵合作还须努力提高孵化器自身实力。第三,产权差异对合作的形成有不利影响,这种不利影响可能来自管理体制和认知方面的差异。

依据上述结论,我们提出了从组织机制上促进资孵合作的政策建议,包括:

第一,应考虑推动商业型孵化器建设。所谓商业型孵化器就是指以企业化和准企业化方式运营的孵化器,企业化运营能增强孵化器参与孵化投资的动力,提高合作投资中的目标一致性。目前我国孵化行业中,事业型孵化器占据主体,以2014年底的608家国家级孵化器为例,由政府部门直接创办的孵化器有161家,占比26.5%,由各类开发园区创业的有188家,占比30.9%,由高校和科研院所创办的有35家,占比5.8%,三者合计占比达

63.2%。发展商业型孵化器,旨在解决孵化器内在激励问题,使其有意愿承担孵化投资风险,能够更协调地与风险投资共同筛选、培育和投资创业项目。以色列在早期阶段建立了许多公立孵化器,但后来将大量公立孵化器私有化,实现企业化运作,目的就是迫使孵化器提高自身的运作效率和风险承担意愿。发展商业型孵化器,也要与"一刀切"式的完全市场化区别,应根据孵化器主体服务内容的公共性程度决定其具体经营模式,因为从根本上讲孵化服务属于经济学上的混合物品性质。

第二,应着重加强孵化器的专业特色建设。专业特色建设就是强调孵化器的内涵式发展,通过孵化对象、服务内容的专业特色打造,既提升对入孵企业的服务水平,也积淀自身的资源优势,从而成为风险投资青睐的合作伙伴。世界范围来看,国际"一线"孵化器的孵化功效已不再建立在办公场所共享所获取的"范围经济"上(即降低创业者物业成本),而是建立在知识性、专业性服务所获取的"知识外溢"和"共同学习"基础上(即降低创业者知识获取成本),因此,孵化器实力建设的内涵是培育它在某个行业内具备一定专长。孵化器的行业专长可体现为掌握行业前沿动态信息,对行业发展动向和前景有洞察力,具备技术咨询服务能力,或体现为具备专业所需的关键技术设施,再或者是具备本行业的丰富投资经验和企业管理经验,能够为创业者提供企业管理方面的真知灼见。

(四)促进投资合作的市场机制与政策建议

本书第五章分析了市场中收益因素、投资者结构因素对投资和合作行为倾向的影响,并基于大样本展开实证分析。市场收益因素通过作用于风险性投资的机会成本对投资者行为产生影响,投资者结构因素通过不同偏好投资者的比例关系变化影响到市场整体的行为倾向表现。

分析表明:第一,市场投资收益(以退出回报水平衡量)提高,风险投资的投资热情增加,但早期项目投资所占比重反而下降,因为市场行情高涨时,大量资金涌向后期项目,尤其是 pre-IPO 的项目,此时风险投资已经异化为普通的股权投资。第二,风险投资实现收益的两种主要方式中,目前在我国上市退出是实现高回报退出的唯一方式，平均为 1.5~9 倍的收益，而并购退出方式下收益低很多，多数年份在 45% 及以下，这种情况显著影响了市场对早期项目的投资热情。第三，大型机构较中小型机构有更高的早期投资倾向，这可能与大型机构有能力进行"广撒网式"尝试性投资策略有关。第四，国有风险投资较民营和外资风险投资一般而言有更高的早期投资倾向，而外资风险投资的联合投资倾向最为明显，这一现象源自产权属性所关联的治理机制差异和资源差异。第五，国有风险投资虽然相较于民营和外资风险投资，投资早期项目更多，但基于 2 929 个投资序列（对同一企业的多轮投资为一个序列）样本的实证分析表明，若前期由国有风险投资领投，后期民营风险投资加入的概率下降，并且越是投资目标"靠后"、本地的、资本规模大的国有风险投资，这一现象越明显。这意味着，当局所期望的国有风险投资对市场的引导作用并未有效发挥，其原因与当局对国有风险投资的目标管理和资源管理等操作层面因素有关。

依据上述结论，我们提出了从市场机制层面促进资孵合作的政策建议，包括：

第一，拓宽风险投资的并购退出渠道，优化收益实现的市场结构。目前上市退出是我国市场风险投资实现高收益退出的唯一渠道，而在美国市场并购退出要明显多于上市退出。以上市退出为主的格局会导致大量风险资本拥挤于 pre-IPO 项目争夺，降低对早期项目的兴趣。因此，应当采取措施拓宽并购退出渠道，使风险投资可以根据需要灵活退出，以增强投资期限管理和风险管理的灵活性，从而有更大兴趣投资于早期项目。拓宽并购退出渠道，一是要壮大和做活场外交易市场，包括充实和做活"新三板"市场，使其成为真正的股权交易平台和融资场所。二是要从认识上和法律上肯定地方产权交易市场在多层次资本市场中的重要基础地位，把它作为产权交易的初级形态，使它与新三板、创业板、中小板和主板之间形成互补关系。

第二，优化市场投资者结构。一是要维持合理的投资者规模结构，既发挥大型机构风险承受能力更强，注重寻找和培育超常增长机会，参与早期项目投资较多的优势；又要发挥中小型机构在保持市场的竞争性，形成一定的市场竞争压力方面的作用。二是要优化投资者产权结构，进一步推动产权多元化。当前风险投资已在很大程度上做到了产权多元化,而孵化器仍以公立背景为主,需要提倡各类资本参与到孵化器的建设中,多样化产权的孵化器更有利于与多样化产权的风险投资形成合作。

第三,优化目标和资源管理,发挥国有风险投资引导市场的良好潜力。国有风险投资在一定程度上承担着引导市场投资走向的政策使命,但实际上其引导作用发挥并不明显,这主要与一些操作层面的目标管理和资源管理不当有关。为此,我们建议:一是要对所设立的国有风险投资,要赋予清晰的投资目标定位,重点锁定早期项目。既然政府设立国有风险投资的目的是带动整个市场发展,而不是替代风险投资的民间力量,那么就应当明确规定国有风险投资机构的目标,将投资目标明确限定于种子期和创业早期项目。目前,各级政府创办国有风险投资机构或参股其他风险投资机构时虽然在政策理念上强调支持新创企业发展,但实际运作中,所设机构往往没有明确投资对象限制,VC、PE项目兼做,缺乏一种有效约束机制保证政府资金注入市场失灵领域,而这种约束机制的建立,依赖于清晰的目标定位和相适应的考核奖惩机制。二是对国有风险投资的资源支持和资源管理方面,应注意与其他类型风险投资机构的差别化发展,不能在资本规模上贪大求全。大的风险投资机构虽然投资早期项目相对较多,但大机构同样注重后期成熟项目的投资,对于其已介入的项目存在后续投资价值情况下,较少有动机引入其他投资者,因而在发挥引导作用方面会存在局限。目前,实践中国有风险投资有追求大型化的趋势,大型风险投资集团虽然有利于增强其自身竞争力,但也会妨碍其引导职能发挥,因此必须强调国有风险投资的差异化发展,不能一味贪大求全,要留有协作空间。

(五)促进合作投资的社会网络机制与政策建议

本书第六章具体分析了社会网络关系在促进合作形成中的作用机理,并使用社会网络分析工具,基于大型网络数据,呈现了相关经验证据。社会关系在隐性知识和信息传递中起着重要作用,这对于早期风险性投资显得十分重要;而投资者之间的社会关系能够影响信任的建立和传递,是风险性合作形成的重要决定因素。我们站在投资者角度，将社会关系分为外部关系和内部关系两类分别进行了实证考察。外部关系指投资者与第三方单位和个人的社会关系，内部关系指投资者之间的关系。

第一，对外部关系的考察是以投资人为节点，基于4 001名风险投资人及所对应的3 511宗风险投资案例数据，分别考察了投资人的政治关联、金融关联和创业关联三类社会关系对其早期投资、合作投资倾向的影响。实证分析表明，投资人的政治关联和金融关联并不能对其早期投资倾向产生正面影响，而创业关联则有显著的积极影响，具备创业经历的投资人较其他投资人会更多地投资早期项目，这可能源自其对早期项目价值有更好的判别能力，以及更能把握早期创业项目的需求并提供相关支持。第二，对内部关系则分别以投资人、投资机构为节点，考察合作关系的演变。基于UCINET和pajak软件提供的整体网络分析工具，以686位投资人的1 085对合作关系和2 842个投资机构近万对合作关系组成的数据为基础，分析结果表明：一是投资者关系网络具有子群凝聚性，合作关系在特定"圈子"内更容易形成，并且这个"圈子"以其原有核心不断"生长"，范围扩大，密度加强，这种现象源于过去合作经历所产生的信任纵向传递性效应。二是股权关系这类"强"连接对合作形成具有显著正向影响，其机理在于强连接便于隐性知识传递、利益协调和信任构建。三是具有较高中心性的机构更易建立新的合作关系，表明信任具有横向传递效应，声誉能够增加新的信任获取。

依据上述结论，我们提出了从社会网络机制层面促进资孵合作的政策建议，包括：第一，发展投资孵化集团，在产业层面促进资孵合作。集团式投资与孵化实际是将风险投资、孵化器两类机构内部化，建立某种形式的股权连接。资孵合作问题由外部机构间的合作转变为关联机构之间的合作，能够利用"强"连接在传递风险信息、建立信任和协调利益中的调节作用。集团式投资与孵化尤其适合在特定产业内开展，使其成为特定产业新增长点。第二，发展投资孵化集群，在区域层面促进资孵合作。集群式发展策略可利用投资者关系网络的子群凝聚性和信任传递效应，发挥"圈子"在培育信任、促成合作中的作用。具体可采取的措施包括：通过采取政策优惠、基础设施建设、明显企业进驻等措施，吸引和推动风险投资和孵化器在特定区域内聚焦，使创业者、孵化服务者、投资者有更多机会交流互动，逐步形成一个投资与孵化的生态"圈子"。随着交流互动频率的增加，信息沟通变得更加通畅，信任能够逐步建立，合作投资则能"水到渠成"。

四、成果价值与社会效益

（一）学术价值

风险投资是学术研究传统热点问题，科技企业孵化则是新兴热点问题，目前对两者结合的研究还很少，本书则是针对两者结合的专门研究。通过本书的研究，不仅系统地探索了资孵合作中的机理和政策问题，也为跨类战略联盟理论研究提供了新素材。在理论上，风险投资与孵化器的合作问题属于异质主体战略联盟问题，即跨类联盟问题，是战略联盟研究中非常薄弱的领域。本书研究为跨类联盟理论研究做出了自己的贡献，我们建立起了包含项目不确定性（行动风险）、投资者异质性（行动者差异）、信息不对称问题、市场环境等要素的合作决策模型，并打通使用了合作博弈与非合作博弈工具，较好地描述和分析了联盟中的竞争合作关系。该模型不仅适合资孵合作这一特定问题的分析，也可推广为一般跨类联盟问题的分析框架。

在促进资孵合作具体机制方面，本书通过理论上的进一步细化分析和相对应的实证研究，得出了一些有意义的结论，对相关具体问题的研究作出了学术贡献。例如，在社会网络机制研究部分，我们证实了投资者"圈子"效应、声誉效应的存在，揭示了信任的纵向、横向传递特征，为风险投资行为倾向研究和联盟形成研究提供了新的证据；再如，在市场机制研究部分，我们证明了国有风险投资的引导效能并未如政策预期那样得到显著发挥，指出资源、目标管理是其中的关键因素，为风险投资市场政府干预理论提供了新的文献；等等。

（二）应用价值与社会效益

孵化器投资孵化能力不足、风险资本流向创业早期项目的比重偏低是我国孵化产业和风险投资行业发展面临的重大现实问题，促进风险投资与孵化器合作是缓解上述问题的一个关键突破点。通过本书的研究，我们提出了多种机制并重，多种措施并举推进资孵合作的政策建议，这些建议将为政府科技部门的政策制订提供有价值的参考，也为孵化器、风险投资等机构的经营活动提供有益借鉴，其产生的社会效益是促进我国科技金融体系的发展完善，为创新创业活动提供更有力的支持，服务于我国经济的转型升级大局。

五、不足与未来研究展望

由于可直接借鉴的理论成果较少，资孵合作实践的直接数据获取也非常困难，且作者能力的局限，虽然尽了最大努力，在理论框架和实证研究方面也实现了一些突破，但仍然存在一些不足，具体包括以下两点：第一，在研究数据使用上，风险投资侧的数据较为丰富，而孵化器侧的数据相对较少。这主要因为本书研究对象是微观个体，且又非上市公司，公开数据来源缺乏。其中，孵化器正式数据目前只有科技部提供的科技统计年鉴，项目组通过实地调研、研究机构报告收集、网站公开资料搜集等渠道做了大量数据补充工作，即使如此，其数据仍然相对较少；而风险投资数据得益于市场较为活跃，涌现出了CVSource等数据库，有了相对丰富的数据源。但相较于上市公司数据，其规范性和完整性相差许多，为此项目组也花费大量时间进行补充和整理。第二，侧重于政策视角，主要开展组织、市场、社会网络角度的研究，未对合作契约展开深入讨论。其原因主要有二：一是目前契约理论对处理投资中机会主义行为的讨论已有较丰富，取得了许多成果，提出了分期投资、可转债契约、现金流权和控制权相机配置等具体契约机制，由于时间及精力限制，本书中未将其作为优先任务，而是把重点放在政策层面可操作的问题上。二是难以取得足够数量的资孵实际合作契约样本展开实证研究。契约分析更多地落在机构个体的投资管理层面，而本书从组织、市场、社会网络维度的研究对服务当局制定有关促进资孵合作的政策有更直接的参考意义。未来研究可以在进一步积累素材和数据样本的基础上，更深入地讨论资孵合作的契约细节性问题。

第一章 绪 论

一、问题的提出

如何促进风险资本与企业孵化器开展投资合作，也即风险资本与企业孵化相结合问题（简称"资孵合作"），以解决孵化器的投资孵化能力不足，提升风险投资的创新创业支持功效是本书所研究的核心问题。资孵合作问题是我国孵化产业当前面临的重大现实问题，在我国经济发展以创新驱动、转型升级为基本导向的背景下，对这一问题的研究和解决具有重大现实意义。

一方面，我国对科技企业孵化事业的发展日益重视，规模增长迅速。近十年来，企业孵化（business incubation）、企业孵化器（business incubator）、科技企业孵化器（technology-backed business incubator）等词汇热度在全球不断升温，这种现象出现的原因如下：一是由于全球经济增长乏力，各国政府更加注重把企业孵化作为解决经济和就业问题的政策工具；二是由于许多国家的经济已由所谓的"管理型"经济转向"创业型"经济，创新和创业已成为经济持续发展的主要内在动力。在我国，科技企业孵化器（以下简称"孵化器"）发展速度惊人，政府重视程度非常高。例如，《国家中长期科学和技术发展规划纲要（2006～2020 年）》在多处论及科技中介发展问题，将其作为国家创新体系建设的重要一环，作为促进科技体制改革、促进科技成果转化的重要力量，而科技企业孵化器正是科技中介的重要组成部分之一，2012 年 12 月，科技部编制印发了《国家科技企业孵化器"十二五"发展规划》。我国孵化器规模增长速度在全球范围内首屈一指。2007 年，我国企业孵化器数量为614家，此后连年递增，根据《中国火炬统计年鉴（2015）》的官方资料，我国企业孵化器数量已达到1 748家，累计毕业企业61 994家，在孵企业78 965家，在孵企业创造就业岗位175万个，创造收入3 693.6亿元，知识产权授权46 318个，发明专利共13 287个。其中，经审核符合国家级科技孵化器A类有97家、B类有247家、C类有246家，这些孵化器作为主力军发挥了中流砥柱的作用。此外，还有众多地方孵化器和大学科技园也为经济社会发展做出很大贡献。从规模上讲，我国已经超过美国，成为全球第一孵化大国。然而，我国科技企业孵化器中，在孵企业的融资困难问题比较突出，调研显示一些孵化器建立了自己的孵化基金，但一些孵化基金处于"沉睡"状态，而来自外部投资的机会也不多，大约只有不到一成的在孵企业可能获得股权投资[①]。

另一方面，我国风险资本急剧增长，但对创业项目的投资仍然偏少。半个多世纪以来，风险投资一直被认为是推动创新创业和科技成果转化的关键金融力量，我国自20世纪80年代末引入风险投资机制，21世纪以来政府出台了许多鼓励风险投资发展的政策，包括出台各类税收优惠政策、实施政府风险投资引导基金制度、设立创业板等，加上我国民间资本不断充裕等多种因素，我国风险投资的机构数量和管理资本规模近年出现高速增长。2004年以来风投基金数量年均增长约20%，管理资本数量年均增长约21%，有的年份甚至高达67%（《中国创业风险投资发展报告（2015）》）。但在蓬勃发展的背后，存在资金投向的两个重要不足：一是投向创业早期项目的比例比较低。2010年以来投资早期项目的金额占比平均为26.4%（《中国创业风险投资发展报告（2015）》），而美国同期早期项目投资金额占比平均为34.5%（NVCA，2015），我国市场全部投资事件中投向2年及以下新创企业的比例不到20%。二是投向高新产业项目的比例不高。2010年以来我国平均约有40%的风投事件发生在传统产业领域（《中国创业风险投资发展报告（2015）》），而美国同期仅为11%（NVCA，2015）。这两个方面的重要不足间接反映出我国风险资本对孵化阶段的创新创业项目介入程度还较低。

---

① 依据科技部历年《中国火炬统计年鉴》披露的孵化器内企业获风险投资数计算。

风险资本充裕的同时孵化企业却存在融资困难，说明资孵合作是我国孵化产业目前需要解决的重大现实问题。风险投资与孵化器拥有各自的优势：风险投资具有资金、管理、上市渠道等方面的相对优势，在各类金融渠道中，风险投资以其股权投资性质和灵活的契约安排，最符合创业企业需求，是孵化器急需引进的外部力量；而孵化器则汇聚了大量创业企业，是新经济增长的源泉，它们融资需求旺盛，股权价格不高，再加上孵化器的支持与服务，是风险投资理想的项目来源地，应该使两者更多、更好地结合，在互惠中推动两者共同发展。是什么因素阻碍了它们的合作，如何促进两者的合作，是本书着重思考的问题。

二、研究的意义

（一）在实践中，探索风险资本与企业孵化有效结合的影响因素与提升路径，能够为促进我国科技金融发展提供政策参考

风险投资具有天生的逐利属性，它承担风险的前提是可获取未来的可观回报。孵化器内的创业项目虽然具有一定的技术创新特征，但同样存在失败的风险，要让风险资本更多地对孵化器内创业项目感兴趣，单纯宏观层面的政策鼓励有一定局限性。例如，我国出台了科技型中小企业风险投资引导基金制度和投资中小高新企业的税收优惠政策，地方政府还为一些科技企业孵化器提供了种子基金，然而，创业企业融资困难问题仍然比较突出。

笔者认为，要在资孵合作问题上有所突破，需要综合考虑内部机制和外部环境多个方面的因素，本书将分别从个体因素、市场因素、关系因素入手，探讨风险资本与企业孵化结合的影响因素与提升路径，即发挥组织机制、市场机制、社会网络机制在促进资孵合作中的作用。这是至今为止对资孵合作问题的第一次深入、系统的研究，将能够为实践部门提供有意义的参考和启示，服务于我国科技金融体系的建设和发展。

（二）在理论上，是对跨部门联盟研究的一种探索

资孵合作问题在理论上属于异质主体的战略联盟问题，即跨部门联盟问题，因为资孵合作中，科技企业孵化器与风险投资公司属于性质迥异的两类主体。孵化器具有多元目标，除经济利益目标之外，更包括社会公共目标，同时它具有多种组织形式，除公司法人性质的孵化器之外，还有大量事业单位性质的孵化器，这与风险投资在组织形式和目标追求方面差异明显。当前，战略联盟研究是管理科学的一个新兴热点研究领域，吸引了越来越多的学者投入其中，但目前研究主要针对同质企业间的横向或纵向联盟问题，如研发同盟、产业链联盟等，对异质主体的联盟研究还非常缺乏，相关概念和理论还处在探索的初步阶段，并且仅存的少量文献针对的主要还是企业公益问题，其核心仍然围绕营利性的企业展开。

本书将为跨部门联盟理论研究提供新的素材。我们先使用数理方法刻画异质主体合作投资的问题特征，并分析其基本机理。在数理模型中，风险投资机构与孵化器的异质性通过资源禀赋、风险偏好等参数予以体现。模型分析能够为后续具体细节讨论提供总体框架和基本思路。在模型分析的基础上，本书将分个体组织、市场、社会网络三个方面（也是模型中考量的主要维度）对合作机理、影响因素和提升路径进行更深入、具体的讨论，以期得出两类异质主体合作的相关具体结论和建议。这些研究将是对战略联盟理论研究在异质主体中的一种拓展努力，将为丰富联盟理论研究文献做出贡献。

三、相关研究文献综述

目前，国内外对孵化器和风险投资的研究基本处于分立状态，相结合研究还较为缺乏，尤其是在理论方面。下面从孵化器研究、风险投资研究和联盟研究三个方面对有关文献进行综述。

（一）科技企业孵化器研究现状

1. 对科技企业孵化器的界定

孵化器概念最早起源于美国，1959年美国人曼库索（Josehp L. Mancuso）提出孵化器概念，并于纽约的巴塔维亚（Batavia）建立起第一家企业孵化器。孵化器最初目的是通过为创业者提供设施、咨询服务和一些政策上的便利来帮助企业成长。在开始阶段，孵化器这一概念并没有得到普遍认可，直到1980年后关注孵化器的人才越来越多，并成为政府当局促进就业和经济增长的一项重要政策工具。在我国，1987年才成立第一家企业孵化器——"武汉东湖创业中心"，它是经科技部（时为国家科委）批准的非营利性组织，在经过"十五"时期及之后的快速发展，我国孵化器数量达到1 748家，成为全球第一孵化大国，而同期美国孵化器数量约为1 400家。

孵化器的称谓有多种，例如在美国，孵化器被称为技术孵化器（technology incubator）、企业创新中心（enterprise innovation center），或笼统地称为企业孵化器（business incubator）等。在我国，孵化器被称为"创业服务中心""大学科技园""留学创业园""科技成果转化中心""孵化器有限责任公司"等，在我国台湾地区，孵化器还被称为"企业育成中心"。不仅叫法多样，对孵化器内涵的界定实际也不统一。例如，普洛希拉和艾伦（Plosila and Allen，1985）认为，孵化器是帮助以营利为目的的新生企业在创业期能够健康成长而设立的设施；赖斯和马修斯（Rice and Matthews，1995）将孵化器定义为，以调配中心的身份，为创业者提供各种建议和指导，对创业者在创业活动中所需的各种人才和资源进行调剂的援助项目。颜振军等则认为，孵化器是一种专门为了扶持新生企业而设计和运作的体系，该体系以一些建筑和设施为依托，由一支精干的管理服务团队将与小企业成长相关的社会资源有效组合，服务于创业者成长的初始阶段。美国企业孵化器协会对孵化器的定义是：孵化器是通过提供一系列资源和服务来促进新创企业快速成长的服务组织，关键的资源和服务是技术、融资、管理咨询等，资源和服务的提供来自孵化器本身及孵化器的社会网络（NBIA）。这一表述较完整地包含了当前孵化器的内涵，是本书研究中所采用孵化器概念。

2. 对孵化机理的讨论

对于孵化机理问题，即孵化器为什么能够及如何帮助创业企业成长的问题，存在不同的解释，其中有三种较为主流，分别是范围经济、学习曲线、社会网络及合法性问题。这是三类完全不同角度的解释，它实际反映了孵化器在不同发展阶段所具有的主要功能。简述如下：

（1）范围经济。经济学上，范围经济指在特定区域内，某项生产所需各类要素供应较为集中、全面，从而产生某种程度的生产成本优势。范围经济概念适合解释早期阶段孵化器所具有的主要功能，即孵化器通过提供商务设施、技术装备、管理服务等方面的共享资源，入驻企业可以以较低价格租用这些设施和服务，不须专门配备，从而降低创业成本和风险。通常，范围经济在创业企业初期具有较大的意义，不仅有利于成本节约，还有利于提高企业效率、缩短产品创新周期、强化市场营销投入等（张鹏和高达宏，2010）。

（2）学习曲线，也称为经验曲线。该概念由怀特（Wright）于1936年提出，用以刻画生产效率随时间变化的规律。该理论认为，企业在达到最佳效率之前存在一个学习阶段，学习曲线的特点是在开始阶段上升速度很快，之后上升速度逐渐递减，最终上升速度趋于零，曲线趋于平坦。创业和创新性企业的学习主要有两种模式：探索式学习和利用式学习。孵化器为知识分享提供了一个有利的环境，孵化服务团队在服务中积累了处理创业共性问题的知识，并把这些知识分享给新进入的创业者，尤其当孵化器内聚集的是同一技术领域的创业者时，创业者之间可以分享彼此在技术、管理等方面成功的经验或失败的教训。因此，孵化机理的关键是其影响企业的学习模式，使创业企业能够更多地采取利用式学习，从而缩短创业企业的学习阶段，尽快达到标准阶段，步入发展正轨。学习曲线学说迎合了知识经济背景下创业活动的主要特征。

（3）社会网络与合法性。有学者从社会网络理论的角度解释孵化机理。

社会经济学提出的社会网络理论认为任何经济活动都具有社会性，社会关系网络对经济活动过程和结果都有重要影响。在孵化服务中，孵化器自身资源可能有限，但它是一种桥梁，借助这个桥梁，创业企业可以显著扩大自己的社会网络。也有学者从合法性理论角度解释孵化机理。合法性理论是一个关于企业和社会系统定位的理论，源自政治经济学，它强调离开了政治、社会和制度框架，经济问题就不能被有意义地研究。所谓合法性是一般化的感知或假设，是关于一个企业的行动如何被社会现存系统的标准、价值、信念等认为是合理的、合适的、令人满意的理论。由于企业存在于社会系统中，合法性理论认为合法性和社会契约直接联系，企业不拥有任何资源的内在权力，只有社会认为其合法时才存在（Suchman，1995）。创业企业面临的一个重要挑战就是其开发的新产品、新技术、新商务模式是否被社会认可。即使是一般性业务，创业企业因规模和实力较小也容易不被交易对手接受，孵化器在这方面可以帮助创业企业取得合法性地位，因为许多孵化器由地方政府、科研院所、企业集团等实力机构设立，孵化器本身的声誉是对入驻企业的隐性担保。

3. 对孵化器运营模式的研究

从诞生至今，孵化器经历了50多年的时间，其运营模式也在不断变革，大体可划分为三个阶段。

第一阶段是从1959年孵化器诞生到20世纪80年代初的早期阶段，这个阶段孵化器的运营模式主要是依靠向入驻企业提供孵化场地和基础设施等基本的硬件条件，通过提供这些简单的基础条件来运作孵化器。

第二阶段是从20世纪80年代到20世纪90年代中期，这个阶段由于创新和创业的日益复杂化，企业的市场竞争也在加剧，原本仅仅依靠提供硬件条件的运营模式已经不能满足入驻企业的需求，因此，这个阶段孵化器日益加强向入驻企业提供管理咨询服务、技术援助和融资媒介等增值性质的服务。

第三阶段是从20世纪90年代后期开始至今，是孵化器运营模式和组织形式创新阶段。在这个阶段，增值服务仍然是孵化器所注重的，但表现出一些新的趋势，简述如下：

一是综合孵化向专业孵化演进。综合孵化器的服务对象没有严格限定，而专业孵化器通常只服务于特定行业内的创业企业。从数量来看，目前孵化器仍以综合孵化器为主，但专业孵化器扮演着越来越重要的角色。专业孵化器具有明显优势，它针对特定行业需求建设，配备相应的技术设施和服务人员，服务能力更为突出，能够切实贴近入驻企业的技术、管理等方面的服务需求（李云鹤和李湛，2010），专业孵化更易产生范围经济效果和学习效率提升效果。

二是虚拟孵化器的兴起。传统孵化器采用实体化经营形式，但随着信息技术的发展，孵化器虚拟化成为孵化器组织变革和功能创新的重要实现方式。所谓虚拟孵化器就是借助网络技术手段，以较小规模的实体设施为基础，通过网络为本地和远程的入驻企业提供信息咨询、管理帮助、资源媒介等孵化服务的一种孵化组织（刘晓英，2009）。它拓展了传统孵化器服务的空间和时间局限，也迎合了当代知识经济背景下企业创业更迫切需要技术和其他知识、资金、社会关系等无形资源支持的特征。

三是孵化网络的兴起，孵化器之间、孵化器与产业组织、科研机构之间的联络与合作加强，形成孵化网络。汉森等（Hansen et al., 2000）、鲍林托夫特等（Bollingtoft et al., 2005）、李振华等（2016）指出，孵化网络是在关系协调、资源共享和规模经济前提下形成的，不仅给孵化活动带来成本节省、设施利用率提高等规模经济好处，更重要的是它为入驻企业营造了更广阔的社会关系网络，使入驻企业能够相对简易地获得社会资源。

4. 对孵化绩效的研究

孵化绩效是当前孵化器研究中的一个重点问题，吸引了越来越多的关注。目前这类研究主要集中于孵化绩效的度量与实证分析方面，通过构建计量模型或进行定性分析来讨论孵化器的绩效状况及其可能的原因。具体包括两类：一是绩效评价指标设计。孵化绩效评价指标的选择是一个难点问题，因为不同孵化器的功能定位和组织形式都存在差异，国内外学者尝试了包括孵化产出指标、过程指标、条件指标等在内的不同指标体系（Phan et al., 2005；梁敏，2004；Gerlach & Brem, 2015），但其合理性和有效性问题远未解决。二是绩效决定因素的实证分析。例如殷群等（2010）及其他研究实证分析了各类优惠政策对大学科技园绩效的影响，结果提示投融资方面的优惠政策影响显著，而房租优惠等政策影响则很小。张宝建等（2015）则实证分析了网络要素对孵化绩效的影响，结果表明网络结构变量如中心性、结构洞、异质性均有显著影响。尽管有了这些有益探索，但在理论上和实践中，孵化绩效决定研究一直是最为重要但又较为困难的领域，因为孵化服务需求、服务目标和运营模式具有多样性，使得一套广泛接受的绩效决定理论和考核指标难以产生。

（二）风险投资研究现状

风险投资研究文献十分丰富，可大体归为三类：一是契约角度研究，主要关注投资中的逆向选择和道德风险问题，目的是寻求对被投资企业、合作投资伙伴的最优治理机制；二是财务角度研究，主要关注项目定价问题；三是产业角度研究，主要关注风险投资行业结构和行业政策问题。分述如下。

1. 契约角度研究

风险投资研究文献中契约研究占据了大部分，但近年这类研究开始减少。契约研究包含的具体内容较多，如投资阶段和时机的选择、融资工具的选择、控制权和清算权的配置、联合投资契约等。其核心内容是如何通过工具选择和权益安排来解决风险投资人—创业者、出资人—风险投资人、风险投资人—风险投资人之间的委托代理问题，以及他们的双重委托代理问题。

从20世纪90年代开始，西方学者就尝试将契约理论应用于风险投资过程研究，他们把风险投资过程看成是一种融资契约安排，试图通过合理的契约安排来显示信息，激励代理人。最初，研究从所有权安排和投资策略方面展开。例如，卡萨马塔（Casamatta，1990）分析了符合激励条件的股权比例安排及其与风险投资家的增值服务能力、外部资金成本等因素的内生关系，王和周（Wang & Zhou，2002）、耐尔（Neher，1999）等通过代理模型分析指出由于风险企业家通常会掌握更多的项目信息，因此风险投资者为了避免套牢问题的出现，应采取阶段性注资的方法，在开始阶段只注入部分资金，以后再根据项目的进展情况决定下一阶段的最佳投资量，或者停止注资。顾婧和周宗放（2010）在特定金融工具假设下讨论了符合激励条件的投资水平决策问题，模型说明了风险投资家的均衡投资水平由风险偏好、资金机会成本和合约的激励因子共同决定。金永红（2015）分析了不对称信息对契约期限的影响，认为长期契约优于短期契约。

研究人员意识到契约是不完全的，无论怎样的事前契约安排（包括所有权、投资阶段等）都不能完全解决代理人的机会主义行为。因而基于不完全契约理论，研究人员将研究焦点集中到控制权配置问题，希望通过控制权的合理配置来解决契约未尽事宜。国外学者提出了一系列风险投资合约中控制权配置的经典模型，主要包括控制权静态配置模型、控制权相机但离散转移模型、控制权相机且连续转移模型等。阿格翁和波尔顿（Aghion & Bolton, 1992）将人力资本纳入企业控制权配置分析范畴，考察了无初始财富的创业企业家向外部投资者融资的双边契约问题，模型分析结果认为不应对企业控制权进行事前静态安排，而是应根据企业绩效信号变化将控制权在企业家和投资者之间动态转移。沃肯能（Vauhkonen, 2003）拓展上述模型，将企业信号拓展为好、中、坏三类，模型分析认为如果企业绩效信号显示为坏，投资者获得全部控制权；如果信号质量为"中"，则缔约双方共享控制权；如果信号显示为"好"，则企业家保留全部控制权是严格优于其他控制权配置的形式。盖哈德和施密特（Gebhard & Schmidt, 2006）将控制权配置与金融工具结合起来，探讨了债务契约、权益契约和可转换债券三种不同类型融资契约下的企业控制权配置属性及其效率差异，结果表明，依赖于可转换债券实现的控制权结构则严格优于其他控制权结构。他们发现，可转债内嵌转股期权能够实现企业控制权在不同绩效信号下的动态转移，这一控制权相机转移机制将诱导风险投资者和创业企业家双方均采取有效率的事前投资决策。盖哈德－施密特（Gebhard-Schmidt, 2006）的模型表明，尽管无法直接根据自然状态确定企业控制权结构，但通过将控制权和现金流权连接起来，就可以实现自然状态的隐性契约化。国内学者在这方面也做了不少研究，如李金龙和费方域（2006）以不完全契约理论为基础，分析了影响企业控制权配置的重要因素。研究表明，创业企业家获取的控制权私利越大、创业企业成功概率越小、创业企业家声誉越差、风险投资者拥有现金流权越小，则创业企业家需让渡的企业控制权就越大。在理论研究的同时，一些学者也开展了实证研究，如卡普兰和斯特罗姆伯格（Kaplan & Stromberg, 2003）运用美国119个风险投资合约样本，检验了投资合约的条款设计与控制权安排之间的关系，他们以董事会席位和投票权表征控制权，实证结果表明，新创风险企业的控制权配置状态严格依赖于企业绩效（包括财务绩效和非财务绩效）。

除了对单一投资者情况下的契约进行研究外，近些年还涌现出了大量关于联合投资情境下的契约研究，这些文献我们放到下一节战略联盟部分进行述评。

2. 财务角度研究

财务角度研究是基于企业财务管理理论框架所进行的研究，关注焦点是如何评价投资项目的价值，对项目进行合理估值和定价（evaluation）。风险投资家一般根据自己的投资偏好对项目进行初步筛选，投资偏好包括项目所在的地区、项目所处的阶段、项目所在的行业等。其后，风险投资家对通过初步筛选的项目再进行详细审查，此时所用的标准包括市场前景、预期收益率、企业家能力等。

在估值要素方面，虽有不少文献进行了研究，但由于风险项目具有不同于传统企业的特殊性，还没有形成估值要素的一般看法，估值方法主观性、个体色彩比较强。在早期研究中，仅强调风险项目本身的因素，例如，泰吉和布鲁诺（Tyebjee & Bruno, 1984）的研究认为，在对风险企业的估值中，市场前景、管理水平、竞争程度和产品特质是四个最重要的因素。麦克米兰等（Macmillan et al., 1985）、霍尔和豪弗（Hall & Hofer, 1993）则将估值因素归纳为六个方面，包括：管理技能与经验、创新团队、产品属性、市场增长率、市场规模及预期报酬率。随着问题的深入，后来研究者将风险投资人本身的一些因素纳入估值问题中，因为他们认为风险投资人不可能具备完全信息和完全理性（Zacharakis & Meyer）。例如，过分自信、关注度、学习、经验、信仰（Fama, 1998; Zacharakis & Shepherd, 2001）等都可能影响估值方式和结果，后来的研究还提出了其他影响估值的偏见因素，如风险感受（risk perception）、认知及行为不一致性（inconsistency）、习惯与框架（habit and framing）（Dimov et al.，2007；Mitteness et al.，2012）。

在估值技术方法方面，使用传统估值方法如资产评估法、权益评估法、贴现现金流量评估法等对风险项目进行估值，可能会得出与事实相差很大甚至是相反的结论（Robert，1988），因而许多风险投资机构采用"风险投资法"对创业企业进行价值评估并计算投资方应占股份比例。"风险投资法"按照风险投资家要求的年回报率和预期投资期限计算投资退出时风险资本的终值，根据对创业企业的财务预测和可比较的市盈率计算投资退出时创业企业的市场价值，两者的商即为风险投资家应占的股份比例（Sahlman & Scherlis，1987）。后来，有学者将实物期权定价方法引入创业项目的价值评估，科辛等（Cossin et al.，2002）在连续分布假设下，考虑防股权稀释和清算权要求，构建了风险项目期权定价方法，苏（Hsu，2010）则在期权定价模型中加入了后期追加融资的影响。莱森（Leisen，2011）分析了传统方法与实物期权方法在风险项目估值中的优劣势，指出实物期权方法能够较好地体现风险项目的分阶段融资、清算权和现金流权配置的灵活性，是较为理想的方法。

3. 产业角度研究

产业角度研究是对风险投资整体行业的研究，属于宏观层面的研究。这类研究关注的重点是风险投资行业市场结构、空间结构、产业政策等问题。例如，美国的风险投资协会（NVCA）从1997年开始定期出版研究报告动态跟踪全美风险投资行业的运行情况，包括资金募集、投资领域、投资策略、退出收益、市场集中度等各方面信息，以总结经验，发现趋势和问题。我国以王元为首的小组自2006年始，借助抽样问卷调查方法，定期编制我国风险投资行业的发展报告，这些报告较好地反映了我国风险投资行业全貌。

除了这些综合性的定期研究报告，一些学者对风险投资发展中特定行业性问题进行了深入研究。例如，弗劳瑞达等（Florida et al.，1993）通过空间计量模型，揭示了风险投资公司的区域集中性（如纽约州、马萨诸塞州和加利福尼亚州等地区），并且这种集中性还发生区域移动。谢特勒（Schertler, 2005）等文献则分析了政府在风险投资行业发展中的作用，指出政府可通过直接的资金支持，还可通过适当的税收优惠政策、创造有利的会计准则、股东权益保护等制度法规影响投资者对风险资本的供给。左志刚（2011）基于多国面板数据，实证分析了政府支持风险投资市场发展的政策效果，结果发现资金供给类的支持政策并没有起来预期的作用，而收益改善类的政策则效果明显。巴洛和罗伯森（Barlow & Robson, 2002）等文献则分析了股票市场对风险投资行业的重要影响，指出股票市场为风险资本提供了理想的退出渠道，从而反向推动风险投资行业的发展。在上市（IPO）、转让、破产清算三种主要退出方式中，公开市场发行不仅能让风险资本家实现相对较高的投资收益，而且能为企业家提供重新获得企业控制权的机会。

（三）战略联盟研究现状[①]

资孵合作问题本质上属于战略联盟范畴，现在的战略联盟文献非常丰富，大体可分为两大类：一类是以营利性企业为对象的联盟研究，可称为传统的企业战略联盟研究。在这类研究中，主体在营利性上都是同质的，遵循利润最大化的基本行为假设。另一类是对异质主体之间的联盟研究，目前以企业与非营利的社会公益组织之间的合作研究为主。

1. 传统的企业战略联盟研究

传统企业战略联盟研究以营利企业为对象，在营利性上具有同质性，目前已积累了大量文献。这些文献按照联盟管理过程，可分为联盟前研究、联盟中研究和联盟后研究。项目组对国外权威刊物上战略联盟研究文献进行了系统整理，结果如表1.1所示，其中联盟前研究占据主要部分。

[①] 本节的主体内容已作为本项研究阶段成果在《外国经济与管理》期刊上发表。

表1.1　　　　　　　战略联盟研究的内容结构及其变动趋势

按内容分类	1988~1996年 (n=583) 数量（篇）	占比（%）	1997~2005年 (n=1192) 数量（篇）	占比（%）	2006~2014年 (n=1414) 数量（篇）	占比（%）
一、联盟前研究	334	57.3	631	52.9	594	42.0
并购动机	33	5.7	66	5.5	48	3.4
外包动机	12	2.1	25	2.1	22	1.6
供应链协作动机	7	1.2	46	3.9	68	4.8
市场拓展动机	122	20.9	162	13.6	166	11.7
研发动机	88	15.1	154	12.9	206	14.6
特许经营	2	0.3	9	0.8	9	0.6
其他动机	1	0.2	6	0.5	4	0.3
二、联盟中研究	132	22.6	270	22.7	388	27.4
伙伴选择	56	9.6	96	8.1	84	5.9
形式（契约）选择	26	4.5	57	4.8	101	7.1
社会网络的影响	30	5.1	70	5.9	104	7.4
其他联盟形成问题	17	2.9	28	2.3	62	4.4
三、联盟后研究	117	20.1	291	24.4	432	30.6
管理与控制	42	7.2	118	9.9	150	10.6
绩效评价与决定	20	3.4	78	6.5	153	10.8
知识管理与组织学习	61	10.5	126	10.6	186	13.2

注：大类上，文献进行了排他性分类；在小类上，同一文献可能涉及多个小类，并有一些类别因数量极少未予报告，故表中小类并无简单加总关系。

资料来源：依据ProQuest平台文献统计。

（1）联盟前研究。联盟前研究主要回答"为什么要联盟"的问题，主要包括对联盟动因的分析。从具体动机看，联盟前研究主要关注并购动机、外包动机、供应链协作动机、市场拓展动机、研发动机、特许经营和其他动机共七个方面，其中研发、市场拓展、并购三类动因的研究占比居前。

在具体动机基础上，学者们更致力于联盟动因一般化理论框架的构建。早期，学者们主要从特定视角来观察联盟动因，并提出迥异的联盟理论，主要有五种，其中后三种是研究观察到知识等更多要素在联盟决策中的作用后提出的：一是资源基础理论（resource-based theory，RBT），认为结盟是企业获取自己缺乏的资源、打造竞争优势的一种方式（Tsang，1998），在这里，资源限于实物性资产。二是交易成本理论（transaction cost theory，TC），指出经济活动的组织形式有三大类：市场、联盟、企业内部化，其中市场交易具有较大的不确定性，结成联盟的企业之间则可降低交易的不确定性，因而联盟较市场的交易成本低；企业也可以通过并购将交易完全内部化，消除不确定性，但联盟相对于并购具有战略弹性优势（Williamson，1985）。三是知识基础理论（knowledge-based theory，KBT），认为联盟便利了知识学习和技术转移（Van Gils & Zwart，2004），较好地解释了研发联盟的动因。四是权变理论（contingency theory，CT），认为联盟行为是企业在市场、技术和政策等环境因素变化下，为适应环境、维持或获取新的竞争优势而在战略上的一种相机抉择（Ranganathan & Lertpittayapoom，2002），它强调环境因素的决定作用。五是社会网络理论（social network theory，SN），它有时被细分为交换理论（social exchange）和关系理论（personal relationship），两者实际上是社会网络观察的不同视角，是内容与载体的关系。该理论的核心思想是企业借助联盟嵌入某社会网络，获取社会资本，以谋求某种长期竞争利益，它强调社会资本是一种竞争力来源，社会关系是联盟形成的现实约束。

实际上，联盟活动是丰富而复杂的，上述任何单一理论在解释某个具体联盟实践活动时都可能出现失效或不全面，因为联盟者可能既有资产或知识需求，又会考虑交易成本因素，同时还受环境或社会关系影响。正是由于认识到单一理论的局限性，学者们正试图建立一个系统化的分析框架来阐释联盟活动，萨姆巴西万等（Sambasivan et al.，2013）就提出了一个从联盟环境到联盟绩效的较完整的分析框架，该框架实际揭示了前述五种理论的互补关系。按照联盟环节，依次为：一是环境影响，环境的不确定性越强，就会存在越强的联盟需求，用权变理论解释；二是联盟动机，联盟的目标主要是为获取互补性资产、知识两类资源，用资源基础理论和知识基础理论解释；三是联盟形成，联盟各方的相互依赖程度是关键变量，而相互依赖取决于企业资产专用性和对对方机会主义行为的识别，运用交易成本理论解释；四是联盟治理，关系资本被认为在联盟治理中扮演核心角色，并且关系资本的水平受联盟各方相互依赖程度显著影响，这部分用社会网络理论进行解释；五是联盟绩效，该文献认为关系资本的水平决定联盟的运作效果，关系资本贫乏的联盟注定要失败。对于环境如何影响联盟需求，即上述框架的第一环节，之前都是针对特定国家、特定政策或事件进行研究，席尔克（Schilke，2014）则提供了一般化研究的范例，他以权变理论为指导，使用环境变化程度而不是某项具体政策来分析环境的影响，采用外部环境—内部能力—企业目标的逻辑结构，联盟需求内嵌在外部环境与内部能力的交互中。该文基于279家有研发联盟的美国跨国公司样本，分析得到环境不确定性既产生联盟需求，也形成约束。

具体到风险投资领域，联盟动因分析主要有三类解释，可分别称之为财务观、信息观和市场观，它们实际上是联盟理论中的资源基础理论、知识基础理论的应用。财务观强调金融资源的互补（Ferrary，2010），认为投资者的联盟动机源自其财务方面的考虑，这些考虑具体来讲又有三种可能：一是通过联合投资分散投资风险（Lockett & Wright，1999）；二是增强所投资股权的流动性，为退出项目提供便利（Lockett & Wright，2001）；三是通过参与联合投资在短期内改善财务表现，以增强募资时的吸引力（Lerner，1994）。信息观强调知识和信息的互补性（Casamatta & Haritchabalet，2007）。市场观认为联合投资是风投拓展市场、应对竞争的有力工具（Hochberg et al.，2010），其基础是联合投资带来了异地市场知识，或分享资源、分担风险，与联盟理论中的资源基础理论、知识基础理论均有关。这些观点都得到了不同程度的实证支持。例如，一些研究得出项目投资规模与风投联盟形成概率正相关（Sorenson & Stuart，2008；Hopp & Rieder，2010），支持了金融资源角度的资源观；也有研究得出项目"新颖性"或投资者的行业集中度与风投联盟形成概率之间正相关（Dimov & Milanov，2009；Hopp & Rieder，2010），支持了知识资源角度的资源观。但也存在一些矛盾，例如，风险企业的年龄、发展阶段与风投联盟形成之间的关系，现有研究得到了正相关（Sorenson & Stuart，2008；Ferrary，2010）、负相关（Hopp & Rieder，2010）、倒U形（Deli & Santhanakrishnan，2010）三种不同结论。

（2）联盟中研究。联盟中研究主要回答"与谁联盟，采用什么形式联盟"的问题,即联盟伙伴选择、联盟形式(契约)选择及相关影响因素的专门研究,其中,契约选择研究既包括股权与非股权等合作形式选择,即契约类型选择问题,也包括具体条款设计,即契约条款选择问题。

联盟伙伴选择问题的实践性非常强,多数研究都是针对特定行业、特定因素进行分析,例如,有学者(Diestre & Rajagopalan, 2012)对生物科技企业如何联盟医药企业的实证分析,证明了生物科技企业喜欢选择那些市场化能力强的医药企业结盟;也有学者(Vandaie & Zaheer, 2014)对美国动画产业小公司联盟大公司效果的检验,发现"小+大"联盟存在负面效应,有抑制小企业成长的现象。陈等(Chen et al., 2008)的研究则是对伙伴选择的系统化分析,他们试图找出各类联盟中伙伴选择应当考虑的主要因素及其权重,其最终模型中决策要素有4类17项,并将联盟动机分为4种,动机不同则各要素权重不同。该研究的意义类似于信用风险领域阿尔特曼(Altman)在1968年提出的Z值模型,为决策者提供了一个清晰可操作的评价联盟伙伴的方法,实践意义显著。

较早期的契约类型选择研究文献,往往因为理论基础不同而导致结论分歧,又难以进行协调(如Folta, 1998; Folta & Miller, 2002; Santoro & McGill, 2005等的研究)。而Pateli(2009)则对此进行了初步整合。首先,他提出联盟期望价值(EAV)概念,指出资源基础理论强调的是现时价值的取得,而交易成本理论强调的是未来价值不确定性的消除,以此将资源基础理论和交易成本理论相统一。其次,他将契约类型按关系紧密程度从低到高依序划分为以下几种:一是中短期契约(recurrent contracts),指不涉及股权投资的、服务于短期利益目标的联盟契约;二是长久契约(relational contracts),指不涉及股权投资的、成员企业希望建立长久关系的联盟契约;三是少数股权(minority investment);四是合资(joint ventures)。前两者可合称为半市场化契约(quasi-market),后两者可合称为半科层契约(quasi-hierarchy)。基于希腊的跨国企业联盟样本的实证分析发现,偏好选择半科层契约的情况有三种:企业规模较大;企业很希望通过联盟获得业绩增长;企业与伙伴的关系较久或互补性较强。而偏好选择半市场契约的情况有:企业面临外部环境不确定性较大,而企业又想把握潜在投资机会;伙伴对本企业有较大潜在竞争威胁时。艾兰戈等(Elango et al., 2012)则对上述研究进行了补充，他们在 EVA 概念上加入了关系风险的考量，认为企业如果强调经济风险防范，就会倾向于选择少数股权；如果关系风险是其主要担心的，则会倾向于合资。

（3）联盟后研究。联盟后研究主要回答"如何管理联盟""联盟绩效决定"的问题，具体包括控制、评价及知识等特定要素的管理等问题。联盟管理是联盟实践中最重要的部分，是解决联盟失败率高问题的关键，这类问题的研究对联盟实践具有直接指导作用，因而日益受到研究者的重视，该类文献的增长最为明显，占比由早期的 20.1% 上升到了 30.6%。联盟后研究涉及的具体因素非常丰富，如控制手段、信任、风险、文化差异、人力资源、董事行为等，这源于联盟管理的复杂性，这类研究增多，正是联盟研究深入推进的体现。

第一，联盟控制目标与手段方面。管理联盟的核心是控制，较早的研究将消除关系风险作为联盟控制的基本目标，而较近的研究认为联盟控制不仅要消除关系风险，还要致力于消除业绩风险（performance risk），后者指即使存在充分合作的情况下业绩仍然低于预期目标的风险，如产品研发失败、销售不理想或成本费用过高等（Malhotra & Lumineau，2011）。如何识别风险的具体内容，如何选择恰当的控制手段，是本领域研究的核心问题。较早的研究在风险、控制手段识别等方面存在局限，对控制手段的考察采用预设选项的做法，选项过窄，易脱离实际（如 Dekker，2008；Krishnan et al.，2011）。

安德森等（Anderson et al.，2013）对联盟运行风险及控制手段的综合考察突破了上述局限。首先，他们使用"从上到下"（bottom up）的方法进行调研，由美国 3 家大型企业（分别在研发联盟、供应链联盟和营销联盟方面较为活跃）的 38 位关键岗位高管描述他们在联盟管理实践中感受到的主要风险和使用的控制方法，研究人员再对这些描述进行归类和降维，最终归纳出 31 种控制方法，并通过因子分析降维为 6 组：伙伴管理、合约管理、财务控制、资产保护、退出设计和非正式控制；风险因素则有 20 项，降维为 3 类：业绩风险、关系风险，以及一致与合规性风险（compliance and regulatory risk）。其次，研究者对 3 类风险与 6 类控制手段进行了关联分析，总体结果是：当业绩风险较大时，常用控制手段包括管理好伙伴关系、在契约中量化业绩目标并规定相应报告机制、将分配与业绩挂钩等；当关系风险较大时，常用手段是对联盟解散、退出或权益再配置做较多规定；当一致与合规性风险较大时，则强调非正式控制手段的使用，如信任构建、对伙伴与管理人员履责情况进行评估等。

对于非正式控制手段中的信任，现有研究给予了高度重视，这与联盟控制复杂和契约局限性有关，但目前还缺乏系统性成果。根据笔者的归纳，现有联盟中信任问题的研究包括三个方面：联盟中信任的界定；信任的作用，如促进沟通、协调合作、减少冲突等；成员间信任如何形成的问题。

第二，联盟绩效方面。联盟绩效研究首要的是绩效度量标准问题，目前主要有五种指标：一是满意度，这是一种完全主观的评价指标，由成员企业及其管理层对联盟结果的满意度进行评价（Krishnan et al., 2006）。该方法的有效性受问卷中问题和访问对象的影响很大。二是稳定性，以联盟正常存续的时间长短代表其绩效。正常存续的标准是未解散、未被并购、未从既定市场退出、股权结构和契约未明显变动（Lu & Beamish, 2006）。由于被收购有时候并不代表联盟失败，反而说明联盟有吸引力，因而该方法的内在一致性存在局限。三是财务指标，如业绩增长率（Luo, 2002）。该方法的客观性和一致性都很强，但缺点是对许多不以财务绩效为目标的联盟不适用，如技术联盟。四是累积超常收益率（cumulative abnormal return），这是一种基于市场的度量指标，它认为股票市场会将联盟可能产生的价值反映在股价上（Merchant & Schendel, 2000），其主要局限是股价可以体现成员企业能从联盟中得到的收益，但无法反映联盟整体价值。五是第三方评价，如联盟成就排名指数（Li et al., 2008），排名能够综合各个方面的绩效元素，但目前还不存在覆盖面广的排名服务。

联盟绩效研究的核心是绩效决定问题。目前文献考察因素很多，归纳起来有四类：一是成员企业的组织特征及其匹配性；二是成员企业及其管理层的行为因素；三是社会关系因素；四是联盟控制机制。克里斯托弗森（Christoffersen, 2013）回顾了大量绩效研究文献，对绩效研究进行了整合，归纳出联盟绩效决定的4类15项因素，表1.2列示了其中10项意义显著的因素。

表 1.2 联盟绩效决定主要因素

被考察的因素	基本原理与代表性文献	预期结果	实际结果
行为因素			
承担 (commitment)	反映企业留在联盟、贡献联盟的意愿。分为：可积累承担（calculative commitment），以关系型专有投资为度量（Kwon, 2008）；情感性承担（affective commitment），以归属感和情感性依附的评价为度量（Voss et al., 2006）	正相关	大部分支持
信任 (trust)	信任可降低机会主义行为和契约复杂性，从而降低交易成本（Robson 等, 2008）	正相关	大部分支持
作业协同 (co-operation)	包含信息交流、共同解决问题和自我约束等，它从操作层面减少信息不对称和代理问题（Luo & Park, 2004），通过相互评价来度量。	正相关	大部分支持
冲突 (conflict)	冲突导致误解和决策迟缓，包括：任务与程序冲突，以日常决策意见相左频率衡量；关系型冲突，以目标不一致、文化所致误解、不信任等的相互评价度量（Steensma & Lyles, 2000）	负相关	大部分支持
成员匹配			
规模差异 (size dissimilarities)	规模差异往往意味着一系列其他差异，如管理文化与范式不同、激励政策不同、信息分布不同等，从而引起相互理解和协调困难（Beamish & Jung, 2005），但也可带来互补（Yeheskel et al., 2001）	负相关（多数）；正相关（少数）	全部显示无关
文化差异 (cultural distance)	指信仰、价值观和行为习惯等差异，它妨碍互信、沟通、共同预期和合作的形成（Kim & Parkhe, 2009）。通过主观评价来度量	负相关	支持（少数）；无关（多数）
关联性 (relatedness)	指产品或行业的相通性。关联度高有利于获取规模经济、知识和资源转移（Lu & Xu, 2006），及识别和防范机会主义行为（Luo, 1997）。多数依据行业代码度量	正相关	大部分支持
社会网络因素			
联盟经验 (alliance experience)	以本次联盟前已有过的联盟次数衡量。丰富的联盟经验使企业更快地做出反应和更好地制定决策（McCutchen et al., 2008）	正相关	大部分支持
之前关系 (prior relationships)	之前若存在合作或交易关系，则使企业间容易认识和互信（Greve et al., 2010）。度量中对之前关系存在多种界定	正相关	支持（少数）；无关（多数）

续表

被考察的因素	基本原理与代表性文献	与联盟绩效关系	
		预期结果	实际结果
控制结构			
单一主导控制（dominant partner control）	相对于控制权均匀分配结构，单一主导控制能够简化管理，降低协调难度（Merchant, 2002）；但也可能导致控制者对伙伴的剥削，形成更严重的冲突（Pangarkar & Lee, 2001）	未有一致预期	未有明确结论

资料来源：Christoffersen, 2013。作者分析改编。

2. 跨部门联盟

跨部门（cross sector）战略联盟，也称跨类战略联盟，是战略联盟理论中近年兴起的一个分支，它讨论异质主体之间的战略联盟问题。尽管当前的战略管理文献对于联盟现象给予了大量关注，但是大多考虑同类组织间的合作，并且主要是企业间的战略联盟关系，有关企业与非营利组织之间以及其他类型的跨部门合作与联盟并没有得到应有的重视。非营利组织等具有特殊的社会属性，如志愿性、非营利性、公益性等，使得它们与一般企业在组织结构、治理机制、人员构成、组织文化和组织使命等方面存在根本性差异，企业战略联盟理论并不适合直接应用到跨部门联盟这种特殊的合作关系中。

罗迪内利和伦敦（Rondinelli & London, 2003）将企业与非营利组织结盟的动因分为两大类：资源依赖和组织学习。资源依赖指利用各自的优势资源，提高自身效率、降低风险和获取合法性；组织学习指通过合作学习技术、技能，获取隐性知识等。韦默和萨穆（Wymer & Samu, 2003）将企业与非营利组织的联盟方式概括为七种类型：企业慈善、企业基金、许可证协议、赞助、基于交易的推广、共同主题推广及联合经营。随着跨部门联盟的内容和形式不断拓展，学者们开始关注企业与非营利组织联盟的动态演进过程（London & Rondinelli, 2004; Galaskiewicz, 2005; 等等）。其中，奥斯汀（Austin, 2000）根据 15 家美国企业的个案研究，认为企业与非营利组织的联盟必然要经历慈善（philanthropic）、交易（transactional）和整合（integrative）等发展阶段，并将这个演化过程称为合作连续体（collaboration continuum），同时将战略、使命和价值观方面的一致性，人际情感关系及沟通组织系统等作为影响合作效果的关键因素。古蒂等（Guti et al., 2016）研究了 BoP 市场（贫困人口消费市场）开发中的跨类联盟案例在一段时间内的演化情况，发现这类联盟仅在初始阶段发挥作用，随着联盟中企业对 BoP 市场知识的积累，会逐步将产品或服务标准化，逐渐远离异质合作者，即跨类联盟消失或向同质联盟转化。

总体来看，当前跨部门联盟研究仍然非常不足，还缺乏适当的理论基础和概念框架，例如传统的企业联盟研究中的吸收能力概念（absorptive capacity）就被证明不能很好地适应跨部门联盟研究（Murphy et al., 2012），在研究内容上现有文献呈现一定的单边趋势，即主要是从企业角度考虑这种跨部门联盟，而从非营利组织角度考虑的研究还很欠缺。

（四）对本书研究的借鉴意义

目前，直接研究孵化器与风险投资合作的文献还较少，可直接借鉴的成果不多。文献中，我们仅见阿夫尼莫勒等（Avnimelech et al., 2007）、翁利皮亚拉特（Wonglimpiyarat, 2016）、索耐（Sonne, 2012）分别基于以色列、印度经验总结了孵化器与风投合作的意义和效果；秦军和殷群（2009）对资孵合作必要性和合作模式进行了初步分析；吴文清等（2015）、赵武等（2015）等文献基于博弈模型对资孵合作中的知识创造、信息不对称等问题进行了分析。这些文献是对实践经验的描述性总结，或是数理上的推演，是资孵合作研究的重要开端，表明学者们开始重视这一问题。

资孵合作问题研究还有许多关键问题有待探讨，包括孵化器的组织差异性、目标多元性如何影响到合作，如何建立理论分析框架以处理合作中的竞争与合作关系，市场等环境因素如何影响到合作形成等。从研究的技术角度讲，资孵合作研究面临一些困难需要克服，例如，在跨部门联盟理论还不成熟的情况下，分析异类组织合作还缺乏清晰的理论指引；在实证研究方面，由于资孵合作中涉及孵化器、风投、被投企业三方因素的影响，即变量上存在三个维度，在实证方法上较为困难；同时，实证研究还存在数据搜集上的困难，因为资孵合作涉及的投资对象基本都是非上市公司，无强制披露要求。

前述孵化器、风险投资和战略联盟三类研究文献能够为本书研究提供有益借鉴。例如，孵化器研究中指出的孵化器目标具有营利与非营利的多样性，其功能具有范围经济、学习效应、社会认可等多个层次，其效率受环境、组织等多方面因素影响；风险投资研究中的期权分析方法、契约治理原理；战略联盟研究中的资源基础理论，跨部门联盟研究中对组织目标、关系因素的关注等。这些为下文的理论模型构建提供了基本线索，也为后续实证研究在变量设计方面提供了指引。

四、本书的研究思路

（一）概念界定

为了下文讨论的方便，我们在此处对相关概念进行界定。

1. 企业孵化、企业孵化器与科技企业孵化器

所谓企业孵化，是借鉴生物学上的孵化原理，指为创业中的企业提供适宜的环境，以促进创业成功和壮大。在不同发展阶段，适宜的环境所包括的具体内容不同，它可以是指租金便宜的办公场所，优惠的税收待遇，便捷共享的商务服务和商业基础设计，人力资源、技术资源和金融资源获取方面的便利性等，也包括管理咨询等培育服务。

所谓企业孵化器，是指提供企业孵化服务的专门组织。在现实中，这类组织有不同的称呼，如企业育成中心、科技创业服务中心、创业服务公司、高新技术创业服务中心等。当一个企业孵化器将服务对象限定于科技型创业企业时，就被称为科技企业孵化器。根据我国实践情况，多数企业孵化器设立的目标都是促进技术型或专业型创业企业的发展，因而本书所关注的科技企业孵化器实际指多数孵化器（以下简称为"孵化器"），而不管其名称是否包含高新技术等字眼。不同孵化器提供的具体服务内容可能不同，有一些孵化器只提供最简单的物业服务，而有一些孵化器本身拥有共性研发设施，能提供技术服务，还有一些能够提供投融资服务。

2. 风险投资

风险投资是指向创业企业尤其是技术含量较高的创业企业提供股权投资，投资后还可能提供企业管理咨询和培育辅导服务，在企业发展到相对成熟阶段后退出投资，从而实现自身资本增值的一类金融活动。在实践中，有两类其他金融资本与风险投资非常接近，即天使投资和私募股权投资。真正意义上的天使投资，其特点是在创业项目还处于种子期就投资介入，往往是创业项目的第一笔投资。天使投资的运作更具有个性化特征，通常由成功的企业家个人选择项目并进行投资，当然，也存在一些以基金形式运作的天使投资。私募股权投资基金（PE）与风险投资一样追求资本的高增值，但它的投资对象主要是相对成熟的产业和项目，投资阶段比较靠后。本书主要关注风险投资问题，但实践中，我国风险投资、天使投资、私募股权投资存在混业和竞争边界模糊的现象，即天使投资、私募股权投资也会介入风险投资领域，因此，下文讨论风险投资时，强调的是本质意义上的风险投资活动，而不管其机构在名称上采取何种叫法。

在下文表述中，与当前业界表述习惯一致，"风险投资"一词既指风险投资机构，也指风险投资活动，有时也泛指整体风险投资行业，在可能产生分歧的地方将使用全称，而不易混淆的地方使用简称"风险投资""风投"或"风险资本"。

3. 孵化投资

所谓孵化投资，是指对孵化器内创业项目所进行的股权投资，由于其高风险和高成长潜力并处于企业发展阶段早期，孵化投资属于早期风险投资性质。孵化投资的主体可以是风险投资机构、孵化器或其他类型的投资主体，也可以是它们进行的联合投资。

（二）研究内容及结构安排

1. 研究内容框架

本书研究的主要内容包括现状分析、合作机理理论分析、合作具体机制及其实证检验与对策讨论三大部分。其中，现状分析部分主要讨论我国风险投资行业、孵化器行业发展形势及存在的问题，是全书研究的现实基础；合作机理理论分析部分将借助数理分析工具，构建资孵合作理论模型，据以解析资孵合作中的主要考量和促进资孵合作的基本路径，是全书研究的理论框架；具体机制分析与对策讨论是在前文现实基础和理论框架指引下，分三个侧面，对资孵合作影响因素展开详细分析，进而提出促进资孵合作的对策建议。内容基本框架如图 1.1 所示。

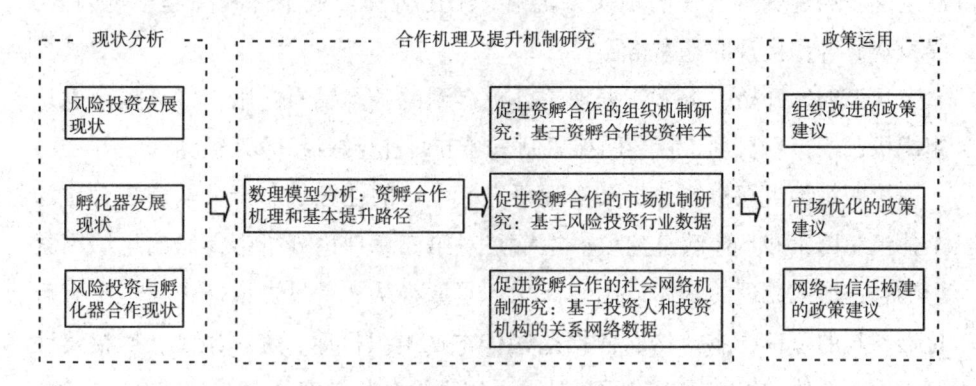

现状分析	合作机理及提升机制研究	政策运用
风险投资发展现状		组织改进的政策建议
	促进资孵合作的组织机制研究：基于资孵合作投资样本	
孵化器发展现状	数理模型分析：资孵合作机理和基本提升路径	市场优化的政策建议
	促进资孵合作的市场机制研究：基于风险投资行业数据	
风险投资与孵化器合作现状	促进资孵合作的社会网络机制研究：基于投资人和投资机构的关系网络数据	网络与信任构建的政策建议

图 1.1　研究内容框架图

2. 具体结构安排

第一章为绪论。本章主要介绍本书研究的背景、研究的现实和理论意义、相关研究现状、相关概念界定、研究的基本思路、内容结构和研究方法。

第二章为现状分析。本章的任务是对相关领域实践现状进行较全面的分析和总结，使我们对所研究的问题及其现实紧迫性有更直观的认识。本章先分别对我国风险投资行业和孵化行业的发展态势及存在的问题进行分析，然后对资孵合作实践情况进行分析总结。风险投资行业分析具体包括行业规模、投资阶段特征、管理能力、退出与收益情况等方面；孵化行业分析具体包括行业规模、地理分布、产权结构和对在孵企业的资金支持等方面；资孵合作情况分析包括孵化器内项目获得风险投资机构投资情况、孵化器参与风险投资活动情况，以及资孵合作实践的主要形式等。

第三章为理论分析。本章的任务是对资孵合作机理进行数理解析，明确资孵合作中的关键需求和关键约束，从而探索促进资孵合作的基本思路，即基本路径。本章首先对资孵合作现实问题特征进行理论映射，然后建立包括实物期权的数理模型，再使用数理模型，依次分析以下问题：第一，同质投资者条件下的合作问题（非合作博弈联盟问题）；第二，异质投资者且信息完全条件下的合作问题（信息完全下的合作博弈联盟问题）；第三，异质投资者但信息不对称条件下的合作问题（信息不对称下的合作博弈联盟问题）。通过以上逐步逼近资孵合作的现实，从中总结出合作形成条件和关键影响因素，寻找资孵合作提升的基本路径。

从第四章开始，本书依据理论分析得到的基本线索，用三章篇幅分别从组织机制、市场机制、社会网络机制三个方面进行探讨和实证分析。

第四章为组织机制分析及实证研究。本章的任务是分析影响资孵合作的个体组织因素和具体政策建议。本章是对第三章理论分析中得出的组织因素影响合作形成原理的具体运用和深化。本章将从大量投资事件中筛选出有孵化器参与的事件样本，然后依据这些样本从组织目标、资源禀赋、产权属性等维度对个体的组织因素进行刻画，采用理论分析与实证分析相结合的方法，研究组织因素对合作形成的具体影响，进而根据研究结论和行业现实，讨论如何通过组织机制即优化组织设计和组织管理来促进资孵合作。

第五章为市场机制分析与实证研究。本章的任务是分析影响资孵合作的市场因素，提供实证证据和优化政策建议。此处所谓的市场机制，是指对风险投资市场竞争机制的利用和完善，具体包括风险投资市场结构的优化、风险投资退出渠道建设和完善、市场收益（价格）机制的作用等。本章的目标是通过市场竞争机制的作用，提高风险投资对早期项目的投资兴趣，提高孵化器内创业项目的相对投资价值。

第六章为社会网络机制分析及实证研究。本章是对机理分析中所提示的关系与信任要素的进一步深入讨论，将具体分析影响资孵合作的社会关系因素，提供实证证据和相关政策建议，即如何利用社会关系要素来促进资孵合作。分析中将分别讨论投资者与第三方关系对合作的影响，投资者之间关系对合作的影响，前者在文中被称为外部关系，后者被称为内部关系。本章社会关系分析既分析强联结（如股权关系）的作用，也分析弱联结（如曾经的合作经历）的作用。分析的层次既考虑整体网络的某些特征（如凝聚性），也考虑个体网络的某些特征（如中心性等）。

第七章为总结与研究展望。本章的任务是总结全书分析结果，归纳主要结论，并指出尚待进一步研究探索的问题。

（三）研究方法

本书的研究方法总体上是规范研究与实证研究相结合，实地调研与数据库数据分析相结合。

首先，采用调研和文献、数据分析方法对现状进行分析。我们将在进一步实地调研、案例搜集、数据库数据采集整理的基础上，对风险投资和企业孵化行业现状及其合作情况进行较全面的分析和评价，从而为后续分析提供坚实的现实基础。

其次，采用规范研究方法探索资孵合作机理和基本提升路径。本书将构建包含实物期权价值，考虑两类投资者、两类风险的合作形成理论模型，连接非合作博弈与合作博弈分析方法，通过理论推演揭示合作形成的关键因素及其作用机理，从而寻找促进资孵合作的基本路径。依据前期研究的一些成果，我们认为个体层面的组织因素、市场层面的机会成本与竞争压力因素，以及社会网络层面的关系因素都是影响资孵合作形成的重要方面，这些因素被纳入模型并分析了其与合作形成之间的关系，从而为后续的深入分析提供基本框架和思路。

最后，在前述规范分析得到的基本原理基础上，依据其揭示的三类路径，使用三章篇幅分别从个体组织机制、市场机制、社会网络机制三个方面，采用理论分析与实证研究相结合的方法,对影响合作形成的具体因素进行深入分析,并在数据可得情况下进行实证研究,从而得到接近现实、具有一定操作性的政策建议。

具体技术路线如图1.2所示。

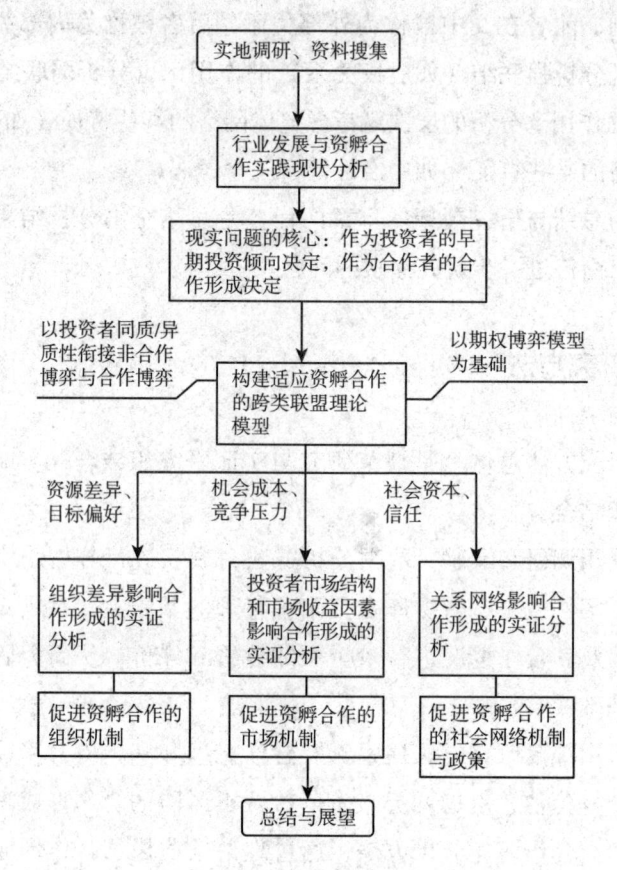

图1.2 技术路线图

本章参考文献

[1] 彼得·F.德鲁克著,张炜译.创新与创业精神[M].上海:上海人民出版社,2002.

[2] 国务院.国家中长期科学和技术发展规划纲要(2006–2020年)[EB/OL]. http://www.gov.cn/jrzg/2006–02/09/content_183787.htm,2006–02–09.

［3］科技部．中国火炬统计年鉴2015［R］．北京：中国统计出版社，2015．

［4］张志安，王元，张晓原等．中国创业风险投资发展报告2015［R］．北京：经济管理出版社，2015．

［5］NVCA. National Venture Capital Association Yearbook 2015［R］．Thomson Reuters，2015．

［6］盛光华．西方国家企业孵化器问题的研究动向［J］．当代经济研究，2005（7）：28－31．

［7］林强．基于新创企业绩效决定要素的高科技企业孵化机制研究［D］．北京：清华大学，2003．

［8］NBIA，What is Business Incubation？［EB/OL］．http：//www.nbia.org/resource_library/what_is/index.php，2009．

［9］张鹏，高达宏．科技企业孵化器在区域科技创新中的地位研究［J］．科技管理研究，2010（13）：19－22．

［10］Wright T P. Factors Affecting the Cost of Airplanes［J］．Journal of Aeronautical Science，1936，3（4）：122－128．

［11］Benner M J，Tushman M L. Exploitation，Exploration，and Process Management：The Productivity Dilemma Revisited［J］．Academy of Management Review，2003，28（2）：238－256．

［12］Smilor RW. Commercializing technology through new business incubators［J］．Research Management，1987，30（5）：155－167．

［13］Roberto C. Innovation network：spatial perspectives［M］．London：Belhaven Press，1991．

［14］李朝芳．环境责任、组织变迁与环境会计信息披露［J］．经济与管理研究，2010，（5）．

［15］Studdard，N L. The effectiveness of entrepreneurial firm's knowledge acquisition from a business incubator［J］．International Entrepreneurship and Management Journal，2006（2）：211－225．

［16］Hansson F，Husted K，Vestergaard J. Second generation science parks：From structural holes jockeys to social capital catalysts of the knowledge society［J］．Technovation，2005，25（9）：1039－1049．

［17］谢艺伟，陈亮．国外企业孵化器研究述评［J］．科学学与科学技术管理，2010

(10): 125 - 130.

[18] 李云鹤, 李湛. 专业孵化器及其在我国发展中的问题研究, 科技管理研究, 2010 (13): 58 - 61.

[19] 刘晓英. 科技孵化器及虚拟科技孵化网络研究 [M]. 北京: 人民出版社, 2009.

[20] Hansen M, Chesbrough H, Nohria N, et al. Networked incubators [J]. Havard Business review, 2000, 78 (5): 74 - 84.

[21] Anne B, John P, Ulhori. The networked business incubator-leveraging entrepreneurial agency? [J]. Journal of Business Venturing, 2005 (20): 265 - 290.

[22] 李振华, 赵敏如, 王佳硕. 社会资本对区域科技孵化网络创新产出影响——基于多中心治理视角 [J]. 科学学研究, 2016 (4): 564 - 573.

[23] 张力. 企业孵化器研究前沿与突破方向探析 [J]. 外国经济与管理, 2010 (6): 17 - 22.

[24] Phan P H, Siegel D S, Wright M. Science parks and incubators: Observations, synthesis and future research [J]. Journal of Business Venturing, 2005, 20 (2): 165 - 182.

[25] 梁敏. 科技孵企业孵化器综合评价指标体系及模型设计 [J]. 科学学与科学技术管理, 2004 (2): 62 - 65.

[26] Gerlach S, Brem A. What determines a successful business incubator? Introduction to an incubator guide [J]. International Journal of Entrepreneurial Venturing, 2015, 7 (3): 286 - 307.

[27] 殷群, 谢芸, 陈伟民. 大学科技园孵化绩效研究——政策分析视角 [J]. 中国软科学, 2010 (3): 88 - 94.

[28] 张宝建, 孙国强, 裴梦丹, 等. 网络能力、网络结构与创业绩效——基于中国孵化产业的实证研究 [J]. 南开管理评论, 2015 (2): 39 - 50.

[29] Casamatta C. The Structure and Governance of Venture Capital Organization [J]. Journal of Financial Economics, 1990, 27 (2): 473 - 521.

[30] 顾婧, 周宗放. 基于 Stackelberg 博弈的风险项目投资水平分析 [J]. 管理学报, 2010 (9): 1386 - 1390.

[31] 金永红. 不对称信息、社会有效投资水平与风险投资契约期限选择 [J]. 系统管理学报, 2015 (2): 260 - 266.

[32] Aghion P, Bolton P. An Incomplete Contracts Approach to Financial Contracting [J]. Review of Economic Studies, 1992, 59 (3): 473 - 494.

[33] Vauhkonen. Financial contracts and contingent control rights [EB/OL]. http://papers.ssrn.com/sol3/papers.cfm?abstract_id=438501, 2003-11-04.

[34] 徐细雄, 淦未宇, 万迪昉. 企业控制权动态配置的内在机理及其治理效应 [J]. 经济科学, 2008 (8).

[35] 转引自: 徐细雄, 刘星, 杨卓. 风险投资合约中控制权配置理论综述 [J]. 科研管理, 2011 (4).

[36] Kaplan S, Stromberg P. Financial Contracting Theory Meets the Real World: An Empirical Analysis of Venture Capital Contracts [J]. Review of Economic Studies, 2003, 70 (2): 281-315.

[37] Tyebjee T T, Bruno A V. A Model of Venture Capitalist Investment Activity [J]. Management Science, 1984, 30 (9): 1051-1066.

[38] Macmillan I C, Siegel R, Narasimha P N S. Criteria Used by Venture Capitalists to Evaluate New Venture Proposals [J]. Journal of Business Venturing, 1985 (1): 119-128.

[39] Zacharakis A L, Meyer G D. A lack of insight: do venture capitalists really understand their own decision process? [J]. Journal of Business Venturing, 1998, 13 (1): 57-76.

[40] Dimov D, Shepherd D A, Sutcliffe K M, et al. Requisite expertise, firm reputation, and status in venture capital investment allocation decisions [J]. Journal of Business Venturing, 2007, 22 (4): 481-502.

[41] Mitteness C R, Sudek R, Cardon M S, et al. Angel investor characteristics that determine whether perceived passion leads to higher evaluations of funding potential [J]. Journal of Business Venturing, 2012, 27 (5): 592-606.

[42] 转引自: 刘曼红, 胡波. 风险投资理论: 投资过程研究的理论发展和前沿 [J]. 国际金融研究, 2004 (3).

[43] Hsu Y. Staging of venture capital investment: a real options analysis [J]. Small Business Economics, 2008, 3: 265-281.

[44] Leisen D P J. Staged Venture Capital Contracting with Ratchets and Liquidation Rights [J]. Review of Financial Economics, 2011, 1: 21-30.

[45] Florida R, Smith D F. Venture capital formation, investment and regional industrialization [J]. Annals of the Association of American Geographers, 1993, 83 (3): 434-451.

[46] Schertler A. European venture capital markets: fund providers and investment characteristics [J]. Applied Financial Economics, 2005, 6: 367-380.

[47] 左志刚. 政府干预风险投资的有效性：经验证据及启示 [J]. 财经研究, 2011 (5)：123 - 133.

[48] Barlow D, Robson M. Have Unincorporated Businesses in the UK been Constrained in their Ability to Obtain Bank Lending [J]. Applied Financial Economics, 2002 (12)：673 - 680.

[49] 左志刚. 国外企业战略联盟研究的整体性分析：结构趋势与整合成果 [J]. 外国经济与管理, 2015 (1)：62 - 70.

[50] Sambasivan M, Siew-Phaik L, Abidin Mohamed Z, et al. Factors influencing strategic alliance outcomes in a manufacturing supply chain：role of alliance motives, interdependence, asset specificity and relational capital [J]. International Journal of Production Economics, 2013, 141 (1)：339 - 351.

[51] Schilke O. On the contingent value of dynamic capabilities for competitive advantage：the nonlinear moderating effect of environmental dynamism [J]. Strategic Management Journal, 2014, 35 (2)：179 - 203.

[52] Ferrary M. Syndication of Venture Capital Investment：The Art of Resource Pooling [J]. Entrepreneurship：Theory & Practice, 2010, 34 (5)：885 - 907.

[53] Lockett A, Wright M. The Syndication of Private Equity：Evidence From the UK [J]. Venture Capital, 1999 (4)：303 - 324.

[54] Lockett A, Wright M. The syndication of venture capital investments [J]. Omega, 2001, 29 (5)：375 - 390.

[55] Lerner J. The syndication of venture capital investments [J]. Financial Management, 1994, 23 (3)：16 - 27.

[56] Hochberg Y V, Ljungqvist A, Lu Y. Networking as a Barrier to Entry and the Competitive Supply of Venture Capital [J]. The Journal of Finance, 2010, 65 (3)：829 - 872.

[57] Sorenson O., Stuart T. E. Bringing the Context Back In：Settings and the Search for Syndicate Partners in Venture Capital Investment Networks [J]. Administrative Science Quarterly, 2008, 53 (2)：266 - 294.

[58] Hopp C., Rieder F. What Drives Venture Capital Syndication? [J/OL]. Applied Economics, Forthcoming, http：//papers. ssrn. com/sol3/papers. cfm? abstract_id = 875629, 2010.

[59] Dimov D, Milanov H. The interplay of need and opportunity in venture capital investment syndication [J]. Journal of Business Venturing, 2010, 25 (4)：331 - 348.

[60] Deli N D, Santhanakrishnan M. Syndication in Venture Capital Financing [J]. The Fi-

nancial Review, 2010, 45 (3): 557 – 578.

[61] Chen S H, Lee H T, Wu Y F. Applying ANP approach to partner selection for strategic alliance [J]. Management Decision, 2008, 46 (3): 449 – 465.

[62] Pateli A G. Decision making on governance of strategic technology alliances [J]. Management Decision, 2009, 47 (2): 246 – 270.

[63] Elango B, Chen S. Learning to manage risks in international R&D joint ventures through ownership decisions [J]. Management Decision, 2012, 50 (8): 1425 – 1444.

[64] Anderson S W, Christ M H, Dekker H C, et al. The Use of Management Controls to Mitigate Risk in Strategic Alliances: Field and Survey Evidence [J]. Journal of Management Accounting Research, 2013, 26 (1): 1 – 32.

[65] Christoffersen J. A review of antecedents of international strategic alliance performance: synthesized evidence and new directions for core constructs [J]. International Journal of Management Reviews, 2013, 15 (1): 66 – 85.

[66] 胡杨成, 蔡宁, 田雪莹. 企业与非营利组织联盟研究现状探析 [J]. 外国经济与管理, 2006 (10).

[67] Rondinelli D A, London T. How corporations and environmental groups cooperate: assessing cross-sector alliancesand collaborations [J]. Academy of Management Executive, 2003, 17 (1): 61 – 76.

[68] Guti E Rrez R, M A Rquez P, Reficco E. Configuration and development of Alliance Portfolios: A comparison of same-sector and cross-sector partnerships [J]. Journal of Business Ethics, 2016, 1: 55 – 69.

[69] Murphy M, Perrot F, Rivera-Santos M. New perspectives on learning and innovation in cross-sector collaborations [J]. Journal of Business Research, 2012, 12: 1700 – 1709.

[70] Wonglimpiyarat J. Exploring strategic venture capital financing with Silicon Valley style [J]. Technological Forecasting and Social Change, 2016, 10 (2): 80 – 89.

[71] Sonne L. Innovative initiatives supporting inclusive innovation in India: Social business incubation and micro venture capital [J]. Technological Forecasting and Social Change, 2012, 79 (4): 638 – 647.

[72] 秦军, 殷群. 孵化器与风险投资融合模式研究 [J]. 科学学与科学技术管理, 2009 (5): 105 – 110.

[73] 吴文清, 张海红, 等. 基于学习的孵化器与创投协同知识创造资源共享研究

[J]. 管理学报, 2015, 12 (7): 1038-1044.

[74] 赵武, 李晓华, 等. 企业孵化器与风险投资的融合机制——基于博弈决策模型 [J]. 科技管理研究, 2015 (12): 101-105.

[75] 冯宗宪, 谈毅, 冯涛, 等. 风险投资理论与制度设计研究 [M]. 北京: 科学出版社, 2010.

第二章 现状分析

一、风险投资行业发展现状

(一)规模快速增长

根据《中国创业风险投资发展报告(2015)》等资料显示,我国近年来风险投资行业规模增长迅猛,无论是机构数量,还是管理资本数量,均出现了大幅增长,屡创历史新高(见图2.1)。截至2014年,中国创业风险投资各类机构数达到1167家,较2012年增加了225家,增长了19.0%。其中,风险投资企业(基金)1095家,较2012年增加了153家,增幅16.2%;创业风险投资管理企业313家,较2012年增加了72家,增幅29.9%。另据清科研究中心的市场调研数据①,2016年中国市场共新募集636支可投资于中国大陆的基金,较2015年上升了6.5%;在披露募集金额的545只基金中,新增可投资于中国大陆的资本量为3581.94亿元人民币,增幅达79.4%(见图2.2)。

我国风险投资行业规模增长与一系列政府扶持和资本市场建设举措有关。例如,在2009年我国创业板正式设立,在2010年9月出台的《国务院关于加快培养和发展战略性新兴产业的决定》和2010年10月出台的《中共中央关于制定国民经济和社会发展第十二个五年规划的建议》中都指出要大力发

---

① 该数据口径与政府官方统计有差异,它是由数据公司对市场数据进行收集调研的结果。

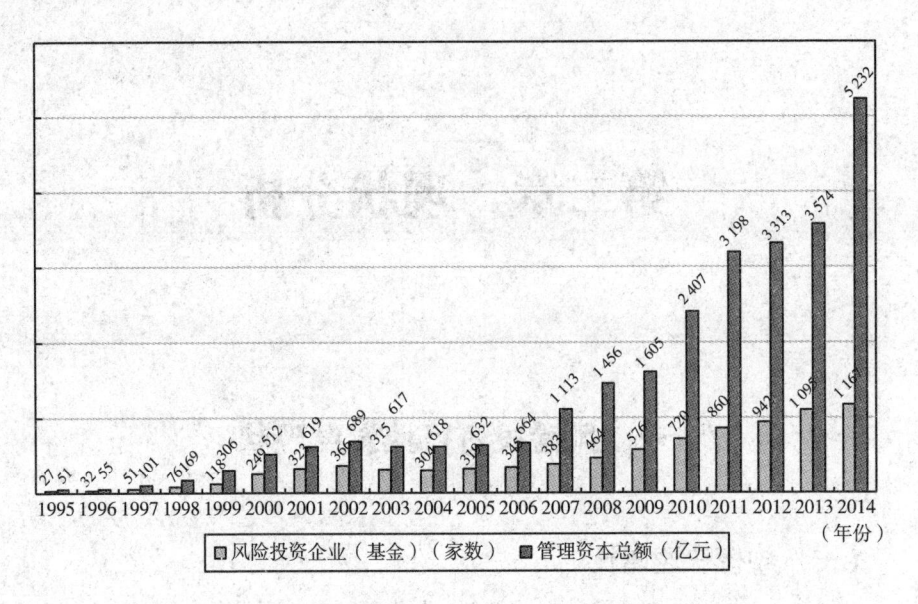

图 2.1 中国风险投资机构与管理资本增长情况

资料来源：《中国创业风险投资发展报告（2015）》。

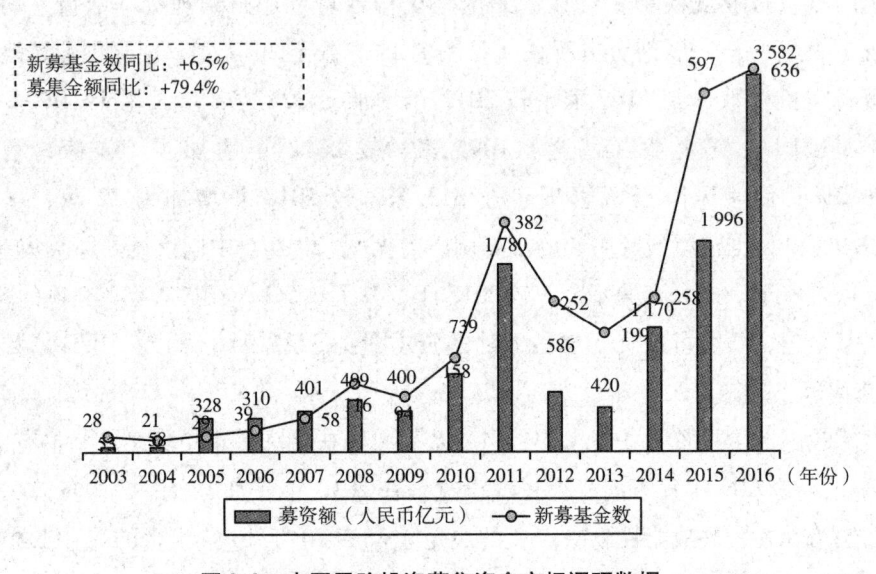

图 2.2 中国风险投资募集资金市场调研数据

资料来源：清科研究中心，《2016 中国股权投资市场报告》。

展风险投资和股权投资基金。同年,科技部与"一行三会"共同出台《促进科技和金融结合试点实施方案》,2007年、2009年、2010年、2013年国税总局多次颁布与风险投资相关的税收优惠政策。创业板的设立为风险投资退出提供了便利,而且上市退出的高回报刺激了风险资本的显著增加;而政府相关配套政策从资金、管理、税收等方面为风投市场发展提供了更有利的条件。

比较而言,国际上传统的风险投资大国——美国的表现差强人意,与我国形成鲜明反差。根据美国风险投资协会的统计,美国风险投资行业规模近年有明显下降。从机构数量看,美国风险投资行业在2000年是一个峰值,该年活跃风险投资机构数量达到1 049家,到了2014年活跃风险投资机构数量几乎只剩1/2,为635家。从管理资本规模来看,近年下降也比较明显,从2006年的2 889亿美元下降到2014年的1 565亿美元(见图2.3)。

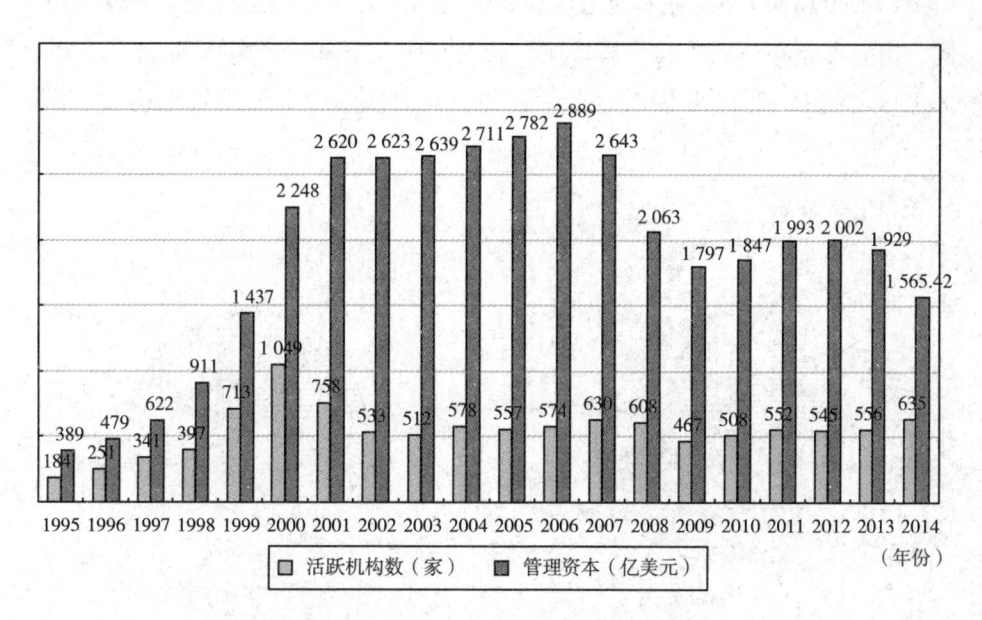

图2.3　美国风险投资机构和管理资本增减情况(1995~2014年)

资料来源:NVCA Yearbook 2015。

（二）资本来源多样化，机构大型化

近年来，我国风险投资行业出现的另一个较大变化是资本来源趋于多元化，且大型机构增加。历史上，国有资本是我国风险投资资本的主要来源，近年已出现逐步下降的趋势，将2014年底数据与2011年底数据相比（见图2.4），政府及国有独资机构出资占比已由33.2%下降到31.39%，同期，来自银行、上市公司和个人的出资占比有所上升，其中来自银行的由0.2%上升到0.87%，来自上市公司的由2.3%上升到4.17%，个人出资的部分也增长了1个多百分点，来自境外的资金下降明显，由2.8%下降到0.62%。总体来讲，风险投资资本来源已经多元化，本土资金占据绝对多数。其中，国有资本扮演着十分重要的角色，直接源自政府及授权机构的资金约占市场的1/3，尤其是近年掀起的各级政府设立创业投资引导基金浪潮，国有资本在市场中的份额近期不会再有明显下降。若考虑到上市企业、非上市企业中一部分是国有企业，这些企业对风险投资的出资也构成了国

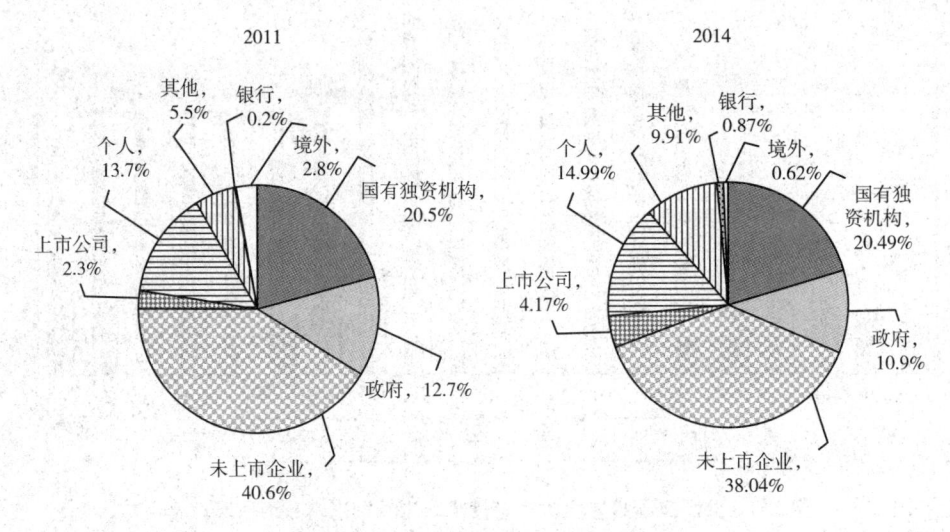

图 2.4 我国风险投资资本来源变化

资料来源：《中国创业风险投资发展报告（2012）》，《中国创业风险投资发展报告（2015）》。

有资本，因此，国有资本在市场中占据的份额将高于上述数据。国有资本介入风险投资行业，在 2002 年之前，主要是直接设立国有风投机构开展投资活动；从 2002 年开始，在保留原有做法的同时，开始以政府引导基金形式支持风投市场发展。截至 2015 年底，政府设立的引导基金数量达到 457 只。

机构大型化也是近年风险投资行业发展的一个特点（见图 2.5）。若将风险投资按其管理资本规模划分为 5 个档次，从机构数量占比和管理资本总量的对比，明显可以看出机构大型化的趋势。例如，在机构数量占比的对比图（见图 2.5（a））中，1 亿元以下的二个档次的机构数量占比明显降低，而 1 亿元以上的三个档次的机构数量占比明显上升，其中管理资本在 5 亿元以上的机构数量增长最为明显，提高了 1.4 个百分点。而在管理资本总量的对比图（见图 2.5（b））中，5 亿元以上规模机构所管理资本增长了 10 个百分点，其余档次机构管理资本量占比均有所下降。

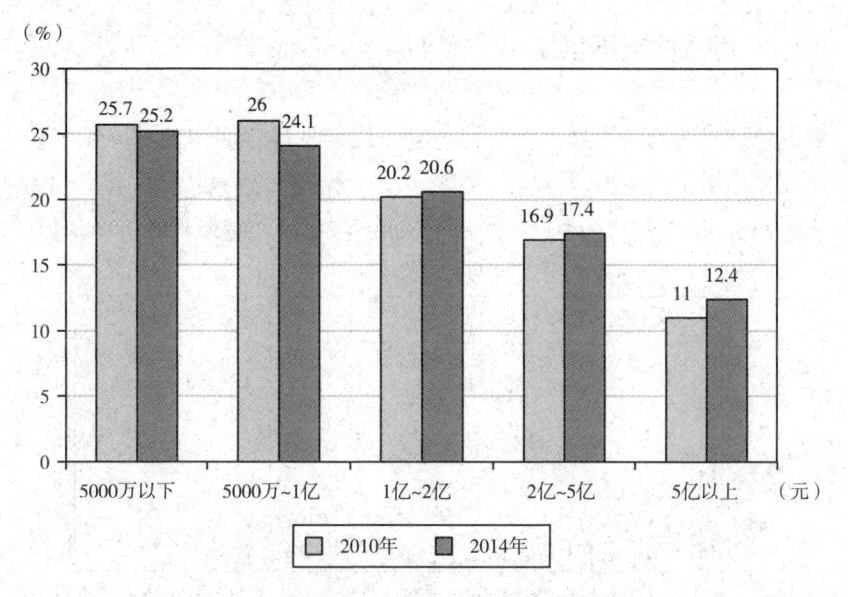

图 2.5（a） 不同规模风险投资的机构数量占比

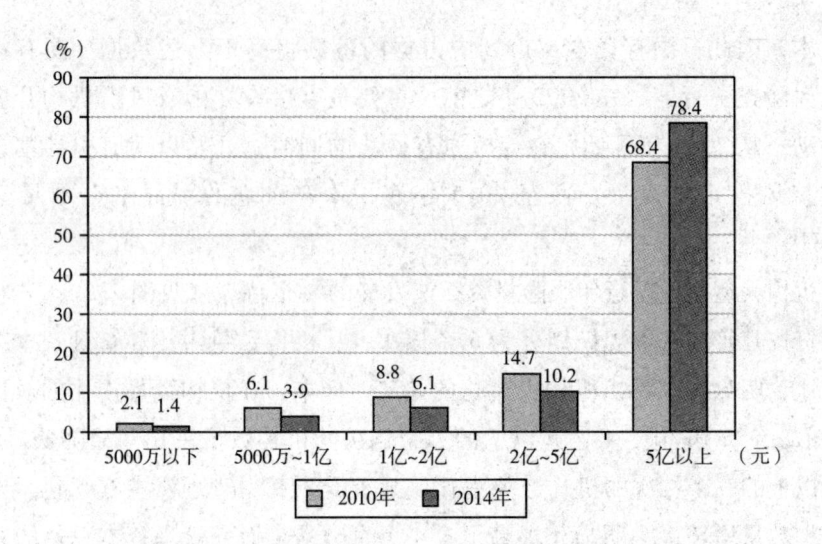

图 2.5（b） 不同规模风险投资机构所管理风险资本占比

资料来源：《中国创业风险投资发展报告（2012）》，《中国创业风险投资发展报告（2015）》。

（三）地区发展不平衡

我们风险投资行业发展存在地域上的不均衡，呈现明显的"东强西弱"特征，尤其是集中于沿海发达地区（见图 2.6），东部经济发达地区风险投资管理资金规模非常大，有的地区超过千亿元，而西部地区风险投资管理资金规模在 1

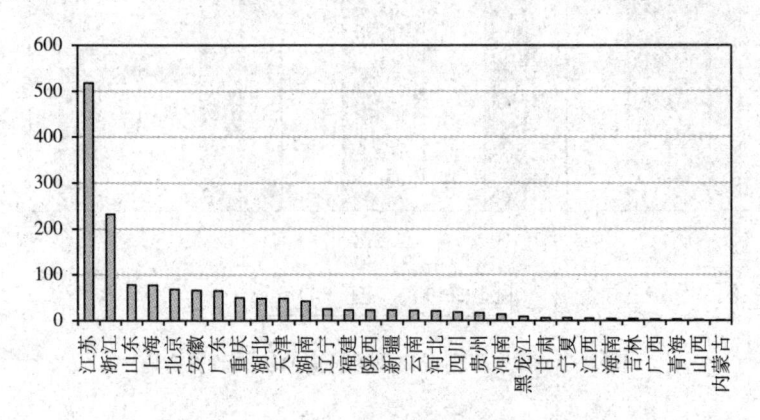

图 2.6（a） 各地风险投资数量（2014 年）

注：基于政府部门统计调查，部分机构可能未备案。

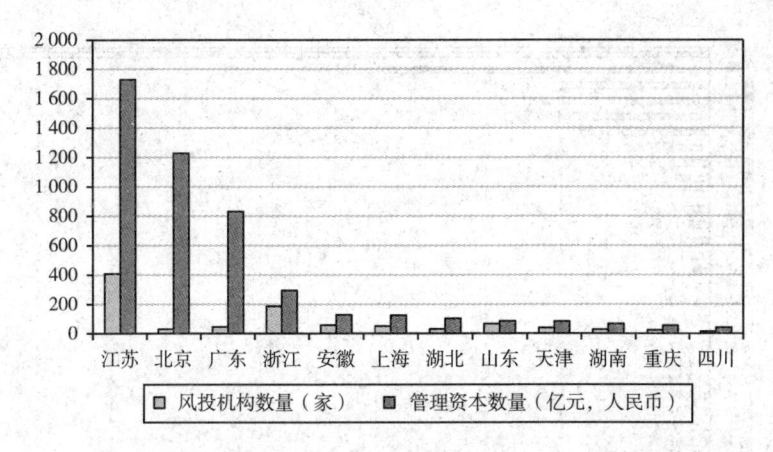

图 2.6（b） 部分地区风险投资所管理资本规模（2014 年）

资料来源：《中国创业风险投资发展报告（2015）》。

亿元以下。根据调查，全国 30 个省级行政区域均有风险投资机构活动，江苏、北京、广东、浙江、安徽、上海是风险投资最为发达的地区，无论是机构数量、管理资本、投资活动，这些地区都占据了整个行业的大部分。根据清科研究中心的统计，北京、上海、深圳三地占据了全部投资的"半壁江山"（见图 2.7）。

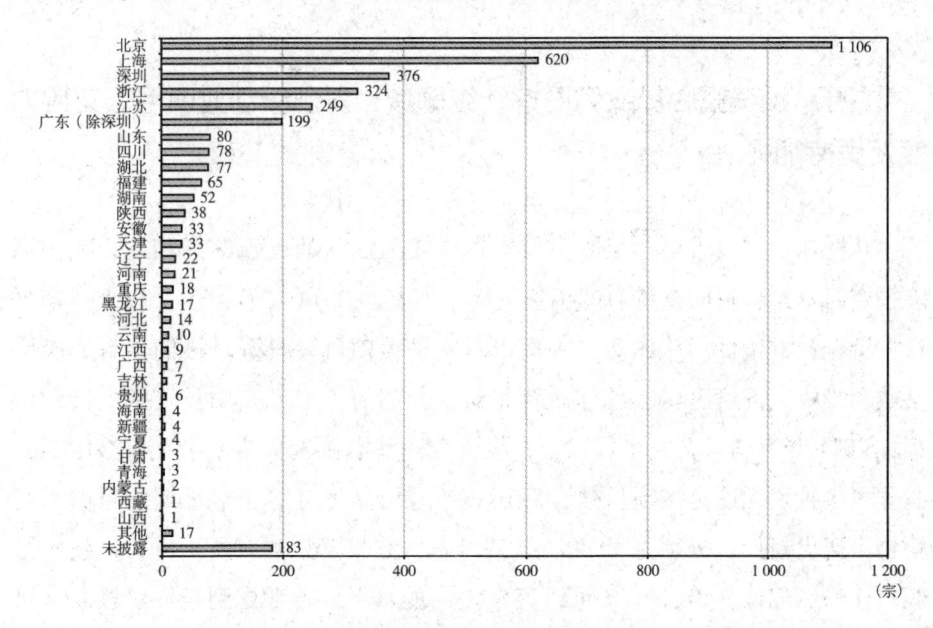

图 2.7（a） 中国风险投资的投资地区分布（2016 年）

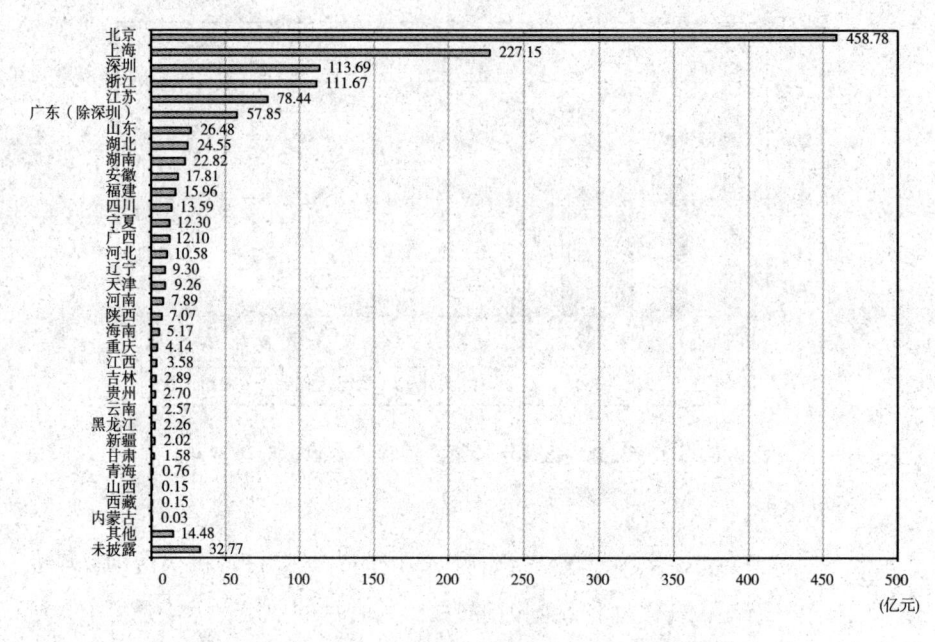

| 促进风险资本与孵化器投资合作的机制和政策研究 |

```
北京              458.78
上海         227.15
深圳    113.69
浙江    111.67
江苏   78.44
广东（除深圳） 57.85
山东   26.48
湖北   24.55
湖南   22.82
安徽   17.81
福建   15.96
四川   13.59
宁夏   12.30
广西   12.10
河北   10.58
辽宁    9.30
天津    9.26
河南    7.89
陕西    7.07
海南    5.17
重庆    4.14
江西    3.58
吉林    2.89
贵州    2.70
云南    2.57
黑龙江   2.26
新疆    2.02
甘肃    1.58
青海    0.76
山西    0.15
西藏    0.15
内蒙古   0.03
其他   14.48
未披露  32.77
       0   50  100 150 200 250 300 350 400 450 500
                                              (亿元)
```

图 2.7（b） 中国风险投资的投资地区分布（2016 年）

资料来源：清科研究中心：《2016 年中国股权投资市场报告》。

（四）投资重心仍然偏后偏传统领域，对创新创业项目的支持力度还有待加强

从图 2.8 可以看出，与风险投资发展较为成熟的国家美国相比，我国风险投资对早期项目的支持力度仍然不够，尤其是 2011 年及以后，投入早期项目的资金比重偏低。从图 2.8 中可以看出，美国风险投资对早期项目的投资宗数和投资金额所占份额总体较为稳定，并略有上升，其中投资宗数所占份额在 2011 年后均维持在半数以上，投资金额基本在 35% 左右。而在 2011 年，我国风险投资无论是按项目数计算还是按投资金额计算，对早期项目的投资均创出历史新低，分别为 32.4% 和 19.1%，后投资宗数有所上升，但投资金额占比仍然偏低，2014 年又回到 25% 左右的水平。若考虑到投资阶段划分可能存在一定主观性，改用项目企业年龄为衡量标准，我们在 CVSource 数据库

中15 000余宗投资事件中,发现投资于2年及以下企业的宗数不到20%。中美两国风险投资对处于不同阶段的企业的投资项目数及投资金额占比的对比见表2.1~表2.4。

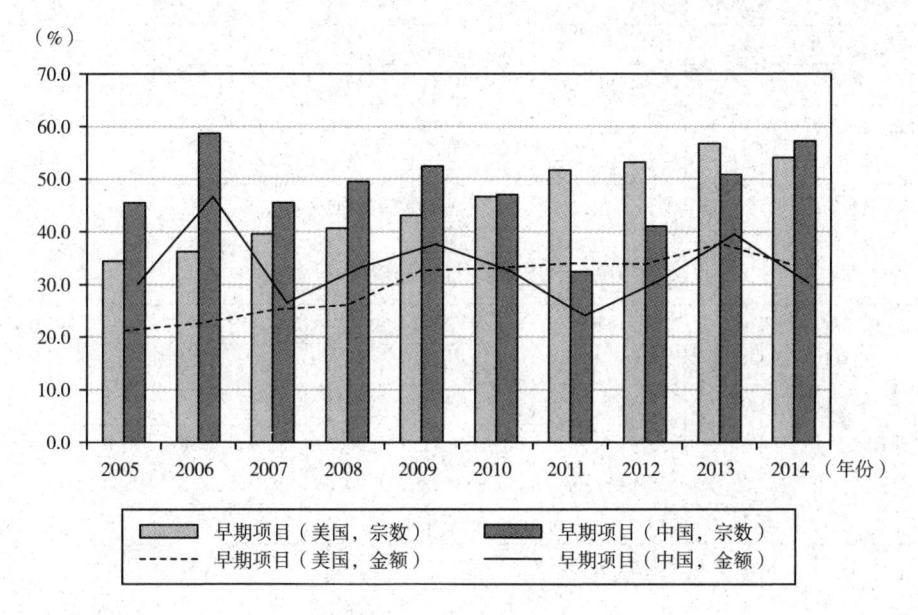

图2.8 中美早期项目风险投资比率对比

资料来源:《中国创业风险投资发展报告(2015)》;NVCA Yearbook 2015。

表2.1　　　　　　中国风险投资项目阶段分布:投资项目　　　　　　单位:%

成长阶段	2005年	2006年	2007年	2008年	2009年	2010年	2011年	2012年	2013年	2014年
种子期	15.4	37.4	26.6	19.3	32.2	19.9	9.7	12.3	18.4	20.75
起步期	30.1	21.3	18.9	30.2	20.3	27.1	22.7	28.7	32.5	36.53
早期项目合计:	45.5	58.7	45.5	49.5	52.5	47	32.4	41	50.9	57.28
成长(扩张)期	41.0	30.0	36.6	34.0	35.2	40.9	48.3	45.0	38.2	35.97
成熟(过渡)期	11.9	7.7	12.4	12.1	9.0	10.0	16.7	13.2	10.0	6.49
重建期	1.6	3.6	5.4	4.4	3.4	2.2	2.6	0.8	0.9	0.26

资料来源:依据《中国创业风险投资发展报告(2015)》数据计算。

表 2.2　　　　　中国风险投资项目阶段分布：投资金额　　　　　单位：%

成长阶段	2005年	2006年	2007年	2008年	2009年	2010年	2011年	2012年	2013年	2014年
种子期	5.2	30.2	12.7	9.4	19.9	10.2	4.3	6.5	12.2	4.62
起步期	20.0	11.5	8.9	19.0	12.8	17.4	14.8	19.3	22.4	20.72
早期项目合计	25.2	41.7	21.6	28.4	32.7	27.6	19.1	25.8	34.6	25.34
成长（扩张）期	46.8	39.4	38.2	38.5	45.0	49.2	55.0	52.0	41.4	66.36
成熟（过渡）期	26.3	14.6	35.2	26.5	18.5	20.2	22.3	21.6	22.8	8.25
重建期	1.7	4.3	5.0	6.6	3.7	3.0	3.6	0.6	1.2	0.04

资料来源：依据《中国创业风险投资发展报告（2015）》数据计算。

表 2.3　　　　　美国风险投资项目所处阶段分布：投资项目　　　　　单位：%

成长阶段	2005年	2006年	2007年	2008年	2009年	2010年	2011年	2012年	2013年	2014年
种子期	8.0	10.2	12.4	12.9	11.9	11.3	11.3	7.5	5.6	4.4
起步期	26.0	25.8	26.8	27.3	31.0	35.1	39.6	44.2	51.2	49.7
早期项目合计	34.0	35.9	39.2	40.2	42.9	46.3	50.9	51.8	56.8	54.1
成长（扩张）期	33.8	35.5	30.3	29.8	28.3	29.6	25.9	25.8	24.3	26.5
成熟及重整期	32.2	28.6	30.5	30.0	28.8	24.0	23.3	22.4	18.9	19.4

资料来源：依据 NVCA Yearbook 2015 数据计算。

表 2.4　　　　　美国风险投资项目所处阶段分布：投资金额　　　　　单位：%

成长阶段	2005年	2006年	2007年	2008年	2009年	2010年	2011年	2012年	2013年	2014年
种子期	4.3	4.7	5.7	6.4	9.2	7.1	3.6	2.7	3.4	1.5
起步期	17.2	17.1	19.1	19.2	24.1	25.2	29.8	29.6	34.4	32.2
早期项目合计	21.4	21.8	24.8	25.6	33.3	32.3	33.4	32.3	37.8	33.7
成长（扩张）期	36.5	40.4	34.7	36.3	33.5	37.3	33.3	35.2	32.6	41.8
成熟及重整期	42.1	37.8	40.4	38.2	33.3	30.4	33.3	32.5	29.7	24.5

资料来源：依据 NVCA Yearbook 2015 数据计算。

另外，从投资的产业领域看，2010 年以来我国平均约有 40% 的风投事件发生在传统产业领域，其中 2011 年投资传统领域的项目数占比为 46.6%，金额占比为 55.1%，2014 年有所下降，分别为 34.6% 和 40.7%（见图 2.9），而美国同期仅为 11%，其中 2014 年更低至 9.7%（见表 2.5）。上述数据对比表明市场中相当部分资金仍然致力于后期项目、传统领域项目这类风险相对较低领域的投资，弱化了风险投资对创新创业的支持功能。

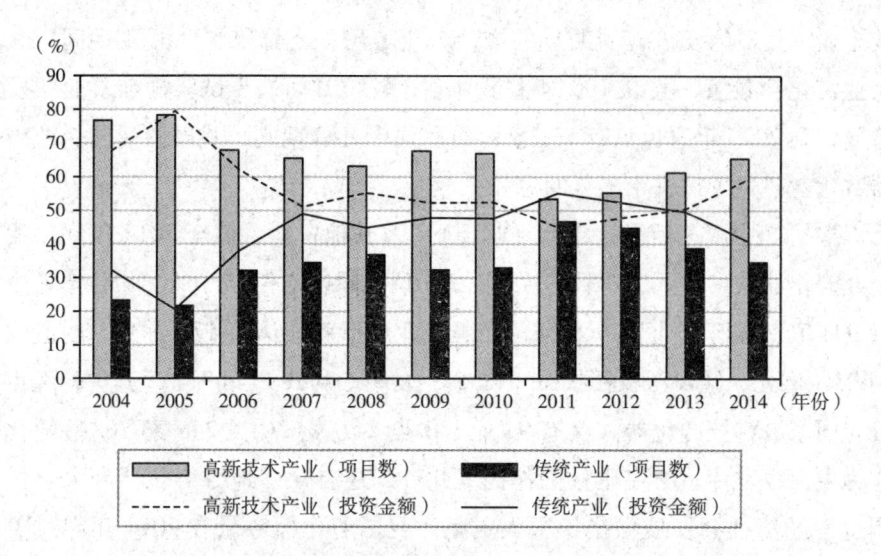

图 2.9　中国风险投资投资领域特征

资料来源：依据《中国创业风险投资发展报告（2015）》数据计算。

表 2.5　　　　　　　美国风险投资投资领域特征（2014 年）

	标的公司数	投资宗数	投资宗数占比（%）	投资金额（10 亿美元）	投资金额占比（%）
IT 及相关领域	2 611	3 050	0.699	35.7	0.724
生物医药及相关领域	650	827	0.190	8.8	0.178
非高新技术项目	404	484	0.111	4.8	0.097

资料来源：依据 NVCA Yearbook 2015 数据计算。

二、孵化器行业发展现状

（一）规模快速增长

我国科技企业孵化行业起步较晚，但增长迅速。1987 年 6 月，我国第一家科技企业孵化器"武汉东湖新技术创业服务中心"在湖北诞生。1988 年 8 月，为了发展高新技术产业，国家开始实施"火炬"计划，该计划对我国科技企业孵化器的发展有着明显的推动。"九五"之前和"九五"期间，我国企业孵化器数量一直在100家上下徘徊，较长时间处于试验性的事业化发展阶段，到2000年时也只有131家；而在"十五"期间，我国新建的企业孵化器数量就超过了过去十多年的总和。

根据《中国火炬统计年鉴（2015）》及其他资料，截至2014年底，我国企业孵化器数量达到1 748家（见图2.10），同比增长17.6%，累计毕业企业61 994家，在孵企业78 965家，在孵企业创造就业岗位175万个，创造收入3 693.6亿元，知识产权授权46 318个，发明专利共13 287个。其中，经审核符合国家级科技孵化器A类有97家、B类247家、C类246家，这些孵化器作为主力军发挥了中流砥柱的作用。此外，还有众多地方孵化器和大学科技园也为经济社会发展做出了很大贡献。我国孵化器数量在2013年超过美国后，在规模上已成为世界第一孵化大国。

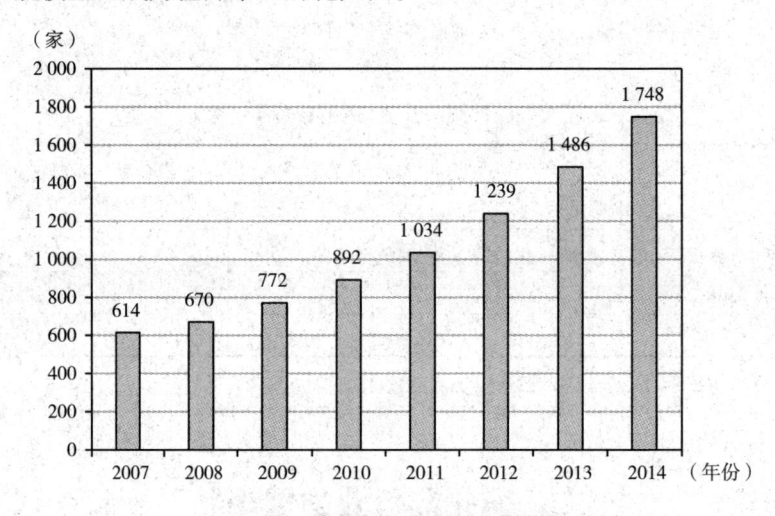

年份	数量（家）
2007	614
2008	670
2009	772
2010	892
2011	1 034
2012	1 239
2013	1 486
2014	1 748

图2.10　我国科技企业孵化器数量

资料来源：《中国火炬统计年鉴（2015）》。

（二）地理分布上存在"逆向选择"问题

依据《中国火炬统计年鉴（2015）》等资料，我国孵化器主要集中于长三角、珠三角和京津地区（见图2.11）。其中江苏拥有省级及国家级孵化器的数量居全国之最，达 436 家，占全国的 24.9%，并且增长速度很快，在 2010 时该数字仅为 175 家，4 年间增长了 2.5 倍。其次是广东省，拥有省级及国家级孵化器 171 家，占全国的 9.7%。北京和天津共有孵化器 237 家，占全国的 13.5%。据统计，东部地区共有省级及国家级孵化器 1 200 家，占比达 68.6%，而西部的西藏、宁夏等省份只有少数几个孵化器，东北三省的孵化器数量也偏少（见图 2.12）。

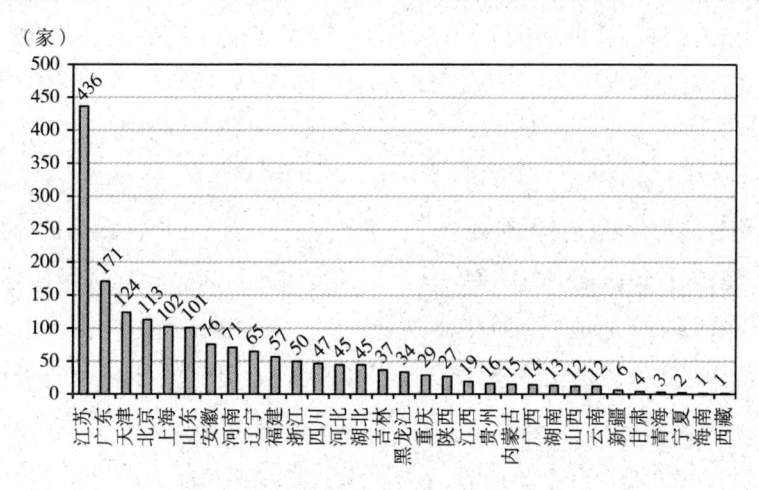

图 2.11　各地区科技企业孵化器数量

资料来源：《中国火炬统计年鉴（2015）》。

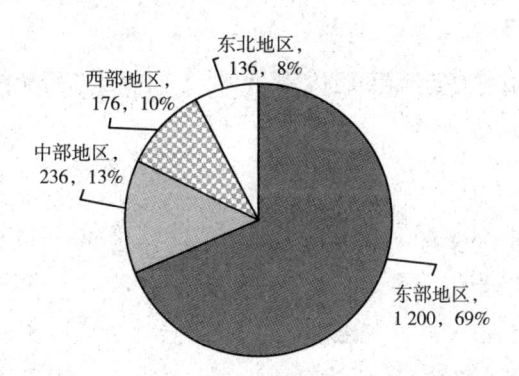

图 2.12　科技企业孵化器数量的大区域分布

资料来源：《中国火炬统计年鉴（2015）》。

从需求角度讲，越是经济不发达的地区，越迫切需要发展孵化器，因为孵化器的基本功能就是培育企业，促进经济增长。国内外经验研究充分表明，孵化器在推动地方经济和就业增长方面的显著作用，如美国企业孵化器协会（NBIA）2012年的研究表明，一般孵化器中，每个创业企业平均可创造137个就业岗位，而科技企业孵化器平均可创造217个就业岗位，这些数据还不包括兼职就业岗位。从孵化器中毕业的企业平均存活率为87%（存活时间为毕业后到统计时点止），并且毕业企业有70%仍留在了其最初区域（以县为单位），另有17%留在临近区域，继续为当地经济提供税收和就业贡献。2000年英国企业孵化中心（UKBI）进行了一项重要的调查，涉及150个孵化器、5个高科技领域，结果显示，所有孵化器都在地区和区域社会经济的发展当中起到了重大的作用。企业孵化成功率平均是85%，每个企业孵化器平均在孵企业为30个，提供167个工作机会。

虽然我国孵化器整体上对社会经济贡献显著，但考虑到区域结构分布问题，这种向经济发达地区集中的现象，从需求角度讲是一种"逆向选择"问题，越是迫切需要孵化器的地方，孵化器数量越少，孵化供给与孵化需求出现反差。考虑到可能存在的"极化效应"（徐菱涓和刘宁晖，2010），即在经济发达地区，孵化器发展条件较好，资源吸纳能力强，可能吸纳包括不发达地区在内的各地技术、人才和其他资源，从而进一步强化其能力和贡献，形成增长极，而经济欠发达地区孵化器则无法发挥其增长极作用，导致"强者恒强，弱者恒弱"的结果，因此，孵化器地区分布不均衡问题应当引起重视。

（三）事业化、综合型孵化器为主，对创业项目的投资支持能力不足

在2014年底的608家国家级孵化器中，由政府部门直接创办的孵化器有161家，占比26.5%，由各类开发园区创业的有188家，占比30.9%，由高校和科研院所创办的有35家，占比5.8%，三者合计占比达63.2%，这些孵化器多采用事业单位形式管理。孵化器主要为入驻企业提供物业和商务服务，是当前孵化器运营的主流模式。项目组对广东省50家省级以上孵化器的分析表明，其中41家孵化器为综合类型，具备一定专业定位的孵化器只有9家，占比仅为18%，其所服务的目标行业为软件业、服装业和集成电路产业，如广东拓思软件科学园有限公司、东莞市软件企业孵化园、广东省纺织服装开平基地技术创新

中心、惠州软件科学园、虎门富民服装创意设计孵化器、深圳集成电路设计产业化基地管理中心等，除了广东拓思软件园为国家级外，其他孵化器的规模和实力还较小。实地调研也发现，多数孵化器管理当局都认识到专业孵化所具有的优势，在不同程度上向专业孵化方面发展，有的孵化器在内部设置了专业孵化模块，如中山火炬创业中心下设生物医药企业孵化器、新能源与新材料企业孵化器、电子信息企业孵化器、包装印刷企业孵化器、机电设备制造企业孵化器等专业模块。

上述50家孵化器中，由民营资本出资建立或控股的孵化器只有5家，其他孵化器都是公立性质，具体创建单位包括政府科技部门（13例）、开发区政府（15例）或科研院所等单位，采用的组织形式多数为事业单位性质或名为企业实为事业单位性质（35例），因此，总体上来看，孵化器企业化运营的比例较低。后来我们又对748家有一定规模的孵化器的资料进行了分析，发现约90%的孵化器产权属国有性质。

从服务人员构成看，前述分析的50家孵化器的平均服务人员为27.2人，其中专业服务人员平均为11人，不到1/2。从服务内容来看，能够提供专业技术服务的孵化器只有46%左右，所提供的专业技术服务主要是公共实验室、中试环境、软件评测等，如广州国际企业孵化器有限公司配备的生物医药低温实验室由4间4℃、3间-20℃的低温实验室以及1间常温实验室组成，配有先进的生物实验仪器，为从事生物医药研发的企业提供低温研发环境。但多数孵化器仍然是以提供一般商务服务为主或为唯一服务内容，这些服务包括物业服务、会议服务、一般性企业财税咨询等。

对入驻企业提供资金支持是孵化服务的核心之一，但调研和相关统计数据显示，目前我国孵化器对创业企业的投资支持能力存在不足。图2.13显示，全国平均只有5%的入驻企业能够获得股权投资，东北地区更是低到3.3%，说明在孵企业融资机会仍然非常有限。

在孵企业获得股权投资一般有两个来源：一是孵化器外部的风险投资；二是孵化器自身对创业项目的投资支持。后者对初创企业非常重要。但调研和统计数据显示，目前孵化器自身的投资支持能力存在明显不足。截至2014年，全国孵化器平均每家拥有孵化基金1 301万元，以在孵企业数为参照，则为每家在孵企业配备了约29万元。孵化器最多的江苏省，平均孵化基金规模为1 391万元，企业均

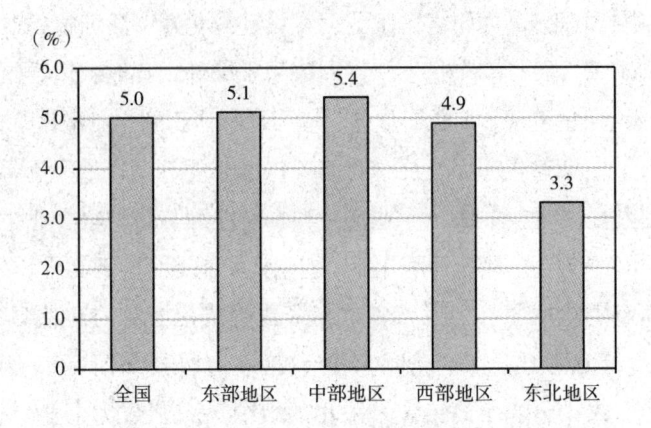

图 2.13　全国各地区孵化器在孵企业获得投资的比例

资料来源：根据《中国火炬统计年鉴（2015）》数据计算。

孵化基金 33 万元。广东孵化器数量排名第二，平均每家孵化器拥有孵化基金约为 1 836 万元，平均为每个在孵企业配备的孵化基金为 52 万元左右。而孵化器数量排名第三的天津每孵化器基金规模约 96 万元，每在孵企业仅约 7 万元。北京和上海的孵化器数量分别排名第四和第五，且数量相近，但北京每家孵化器拥有孵化基金 1 424 万元，而上海这一数值为 2 476 万元，因此，平摊下来北京每在孵企业配备的基金为 35 万元，但上海这一指标为 54 万元（见图 2.14）。另外，实践中孵化基金的使用还受到管理体制等因素的影响，有些孵化基金甚至处于"沉睡"状态。

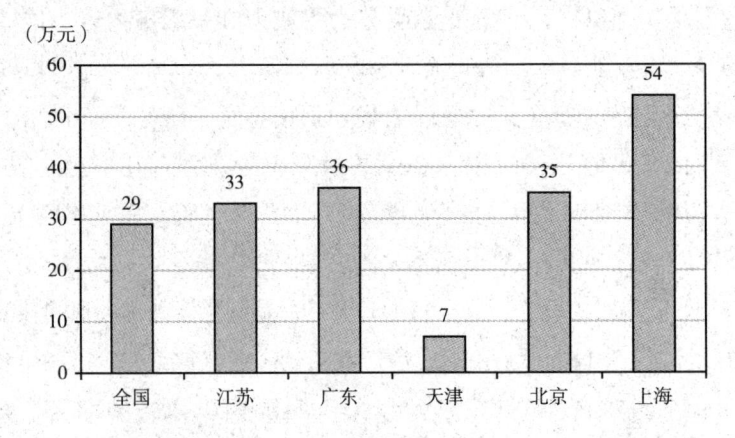

图 2.14　孵化器对入驻企业投资能力（孵化投资基金/入驻企业数量）

资料来源：根据《中国火炬统计年鉴（2015）》相关数据计算。

三、风险投资与孵化器投资合作情况

近年的调查显示,业界广泛认同风险投资与孵化器投资合作的重要意义,多年来,"风险投资与孵化器之间的合作"都被认为是促进国家科技计划与风险投资项目对接、推动企业孵化和风险投资行业发展的因素之一。早在1993年前后,成都、武汉、上海的创业服务中心就在孵化服务的过程中开始了风险投资实践探索。成都创业服务中心向13家在孵科技企业以股权形式投资700万元,历时5年,成功率达92%,总收益率达到428.8%,其中3家企业上柜进行交易。武汉创业服务中心向19家在孵科技企业股权投资1 125万元,历时4年,成功率超过60%,总收益率达到124.8%,其中2家企业上柜交易。上海创业服务中心向14家科技企业投资2 000万元,历时4年,成功率达85.7%,总收益率达到70%,全部被上市公司收购。时至今日,我国孵化器对风险投资的重视程度有增无减,各级政府也通过引导基金等形式激励风险投资机构将资金投向孵化器内项目,然而与在孵企业的需求相比,与孵化器行业发达国家相比,我国风险投资与孵化器的结合程度和效率还较低。下面从孵化器内项目获风险投资机构投资情况、孵化器参与风险投资情况和孵化器与风险投资合作形式三个方面分述之。

(一)风险投资机构对孵化器内项目的投资情况

据统计,2014年全国有1 748家孵化器,其入驻企业获得风险投资共139.2亿元,其中江苏省获得投资的企业数量最多,共有861家,总额达27亿多元;广东省获得投资的企业为427个,投资规模超过10亿元。从平均数来看,全国平均每孵化器获得风险投资金额为7 966万元,广东每孵化器获风投资金6 047万元,而江苏省每孵化器平均获风投资金6 343万元(见图2.15)。但考虑到全国1 748家孵化器中共有78 965家在孵化企业,而获得风险投资的企业个数只有3 955家,平均每家孵化器仅有2.3个企业获得投资,平均每20个在孵企业才有1个获得投资,投资比率仍然很低。

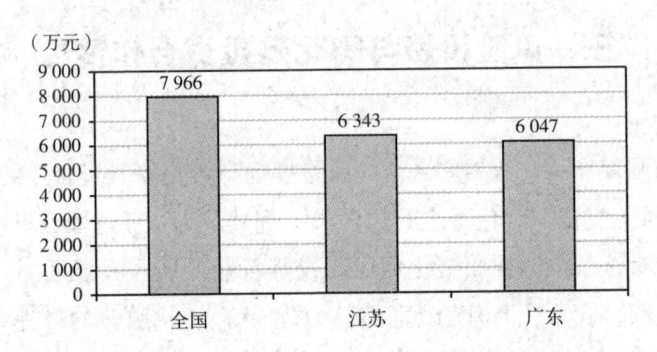

图 2.15 风险投资机构对孵化器内企业的投资金融(按孵化器平均)

资料来源:根据《中国火炬统计年鉴(2015)》等数据计算。

(二)孵化器参与风险投资的情况

我们通过 CVSource 数据库及其他数据来源,搜集了近十年的活跃风险投资机构 3 489 家[①],这一样本虽然不能完全覆盖所有风险投资机构,但它是整个市场的主体,基本能够反映风险投资行业的整体情况。

在全部 3 489 家机构中,有孵化器参与的只有 166 家,占比仅为 5%。此处,我们以是否存在股权关系为判断孵化器参与风险投资的标准,我们将股权关系分为两大类别:直接股权关系和间接股权关系。直接股权关系指孵化器投资控股或参股风险投资机构,或者风险投资机构在孵化器中有股权。在这种情况下,孵化器与风险投资机构有着较密切的共同利益,因而在运作中经常能够把孵化与投资相"打通",进行紧密的协作。间接股权关系是指孵化器与风险投资机构以第三方为纽带存在股权关系,常见的情况是在一些产业园或企业集团、教育集团下,既设有孵化器,又设有风险投资机构,此时,孵化器与风险投资机构实际是"一家人",因而也比较容易做到孵化与投资相"打通"。在166家有孵化器参与的风险投资机构中,69家是直接股权关系,

---

[①] 该数据与《中国创业风险投资发展报告》中的数据并不一致,原因在于统计口径和数据产生方式不同,前者是由数据公司主动收集,而后者依据政府渠道,由机构报送。

97家是间接股权关系。从投资情况看，在所收集的3 489家机构的7 909件投资事件中，由166家孵化器参与的风险投资机构所完成的有457件，占比为5.8%，其中，69家直接股权关系的风险投资机构完成264宗，97家间接股权关系的风险投资机构完成197宗。广东省的情况大体相似，只是孵化器参与风险投资的比例略高于全国平均水平。在我们的样本中，广东共有403家风险投资机构，其中有孵化器参与的为32家，占比7.9%，高于全国平均3.1个百分点；但32家机构只涉及49宗投资事件，占比4.2%，低于全国平均1.6个百分点。在这32家机构中，直接股权关系占据绝大部分，详见表2.6。

表2.6　　　　　孵化器参与风险投资的情况（基于调查样本）

项目	全国 机构数（家）	占比（%）	涉及投资事件（宗）	占比（%）	广东 机构数（家）	占比（%）	涉及投资事件（宗）	占比（%）
活跃机构数	3 489	100	7 909	100	403	100	1 171	100
孵化器参与的机构数	166	4.8	457	5.8	32	7.9	49	4.2
其中：直接股权关系[a]	69	2.0	264[c]	3.3	24	6.0	44	3.8
间接股权关系[b]	97	2.8	197	2.5	8	2.0	5	0.4

注：a：直接股权关系是指投资机构由孵化器控股或参股，或投资机构在孵化器有股权。
　　b：间接股权关系是指投资机构与某孵化器同属于第三方。
　　c：因一项投资中可能涉及多个投资机构，因而分项数相加后可能大于合计数。
资料来源：CVSoure数据库和公开资料搜集。

（三）孵化器与风险投资的合作模式及案例

通过公开资料搜集和实地调研，我们发现国内风险投资与孵化器目前存在五种主要合作模式。

1. 风险投资进驻孵化器（协议式合作）

这类合作是国内采用最广泛的一类模式，几乎没有门槛要求，几乎不存在合作风险，也是最为松散的一类合作。在这里，"进驻"不仅指风险投资在孵化器内设立办公机构的合作形式，也指风险投资与孵化器订立正式协议开展长期业务协作的形式。实际上,风险投资在运作上比一般机构更加精简,很少在外设立常驻办公机构。

多数孵化器都与风险投资有经常性的交流沟通,定期或不定期地开展创业项目推荐等活动。其中,也有不少孵化器与风险投资建立了较密切的业务协作,即风险投资"进驻"孵化器,如广州火炬高新技术创业服务中心与广州科技风险投资公司等都建立了较密切的合作;广东宝来德资产管理有限公司设立目标规模为3亿元的"东莞松山湖科技风险投资基金",与东莞松山湖高新技术创业服务中心开展合作,对其内的初创企业开展投资服务。

协议式合作的一个典型案例是北京赛欧科园科技孵化中心与和嘉恒泰股权投资基金管理(北京)有限公司之间的合作。北京赛欧位于北京丰台区,2007年被科技部认定为国家级孵化器,和嘉恒泰是一家涵括天使投资、风险投资和PE的综合型风险投资机构。和嘉恒泰与北京赛欧通过协议建立起了战略联盟,在它们的合作框架中,北京赛欧起到载体平台作用,和嘉恒泰则扮演金融服务专家角色,双方实现了项目和资金的互补。它们共同为在孵企业提供创业投融资的初、中和高级服务,具体包括:(1)初级服务,如组织各种交流、研讨会议;组织各种论坛、培训;举办特色创业讲坛。(2)中级服务,如针对企业项目的项目推介会;针对企业的"专家一对一"现场对话式培训;针对企业的项目投融资及模拟路演培训;针对企业的技术、市场、人才、治理结构等的专项能力提升培训;针对企业股份制改造、上市前准备的专项培训和辅导。(3)高级服务(会所),如投资机构业内交流会所;投资人定期主题聚会(沙龙)的会所;明星项目的评选会所;联合第三方金融服务机构进行目标项目包装的会所等。

2. 联合投资

联合投资是指孵化器作为投资主体,联合其他风险投资机构共同对某个创业企业进行的投资。实践中,有许多具有投资功能的孵化器与其他风险投资开展联合投资。例如,北京启迪创业孵化器有限公司与深圳力合风险投资公司、中科招商风险投资公司、珠海清华科技园风险投资公司等机构联合对北京数码视讯科技股份有限公司进行投资,北京启迪出资为400万元,最终账面回报达 50.16 倍。

3. 设立共同投资基金

在该模式下，孵化器首先通过与某类投资公司共同设立一个风险投资基金，然后再由该风险投资基金开展具体的项目投资。

例如，2002 年，广州市高新技术创业服务中心与广州凯得控股有限公司、广州科技开发总公司合作，共同设立了广州科技风险投资（基金）有限公司，三者分别持股 26.09%、67.39% 和 6.52%。该基金是全国最早成立的政府背景风险投资基金之一，但采取市场化运作方式，即委托给一家市场化的民营投资管理公司——海汇投资进行管理。虽然成立之初正处风险投资行业最寒冷的时期，但该基金坚持对具有自主创新能力的孵化期、初创期和成长期中小型高科技企业进行投资，在 2009 年底之前，它投资了 30 余个企业，其中达意隆（002209）、博云新材（002297）、威创视讯（002308）、阳普医疗（300030）等已成功实现上市，阳普医疗还是广州首家创业板上市企业。

再如，华南理工大学科技园、广东省风险投资集团、创维集团三方合资，于 2010 年 12 月 22 日成立华工科技创业基金（广东创华投资有限公司），注册资金 2500 万元，其宗旨是推动华南理工大学科技成果的产业化，主要投资具有华工背景的科技企业或项目，包括华工科技园入园企业、华工科技人员创办的企业、华工学生及校友创业的企业，以及华工科技成果支撑的科技项目，投资的阶段以初创期、早中期项目为主。另外，创新工场与红杉资本等合作设立了规模为 7 亿元的创新工场发展基金，该基金由创新工场负责管理，并主要对创新工场内创业项目展开投资。

4. 孵化器设立或控股风险投资

这类模式是国内近年逐渐兴起的一类合作模式，它是由孵化器作为主要出资人，设立全资或控股的风险投资公司。与前述三类模式相比，它的内部化程度明显要高一些。典型的例子是深圳清华大学研究院，该院是深圳市政府和清华大学于 1996 年 12 月共建、以企业化方式运作的正局级事业单位，双方各占 50% 股份。该院围绕着创业企业的实际需求，构建了科技创新、人才培养、管理服务和风险投资这四大服务功能。在风险投资方面，1999年，该院成立了全资控股的风险投资机构——深圳清华力合风险投资有限公司（现名为深圳力合风险投资有限公司），由该公司对高科技创业企业进行投资，截至2011年6月，投资近80多家公司，已有26个项目实现成功退出，平均内部收益率超过30%，其中有10家公司实现上市，其中4家在主板上市，3家在中小板上市，3家在创业板上市。2004年，深圳清华大学研究院还全资成立了深圳清研技术管理有限公司，该公司现更名为深圳清研风险投资，它的宗旨是以企业化方式经营深圳清华大学研究院的技术成果，目前已投资了24家科技企业，累计投资超过1亿元人民币。

5. 风险投资公司设立或控股孵化器

与第四类模式类似，这也是内部化程度较高的合作方式，唯一的区别在于，它的控股方是风险投资而不是孵化器。相对而言，由于我国孵化器行业仍习惯于由政府等公立机构创办，再加上孵化器的初期投资较大，而多数风险投资追求快收益和高收益等原因，风险投资公司自己设立孵化器的例子在我国还较少。而且，风险投资公司设立的孵化器目前主要是一些较小的和有特定主题的孵化器，例如，苏州市科技风险投资公司与创元投资等合作成立了由其控股的苏州金阊软件园。

6. 集团化合作

集团化合作是指风险投资与孵化器都作为集团成员隶属于某一产业集团或区域经济发展集团。产业集团的典型例子是联想集团，而区域经济发展集团的典型例子是苏州高新集团。

（1）联想集团。联想集团成立于1984年，是一家有中科院背景的大型、国际化的企业集团，该集团涉及IT、投资、地产三大行业，并向金融业和新能源产业拓展。联想集团2001年进入风险投资领域，2008年开展企业孵化，目前在联想集团内已形成从项目孵化、天使投资、风险投资、PE到战略投资与并购的全序列孵化投资机构。

联想集团中承担孵化职能的是由中科院和联想控股、于2008年共同设立的中科院联想学院和北京联想之星风险投资有限公司（联想学院的实际运营主体）。不同于我国大多数孵化器以提供创业场所为主的模式，联想之星采用"免费创业培训＋天使投资＋开放平台（孵化基地和创业联盟）"的模式，主要向创业者提供经验和资金支持。创业培训采用"创业CEO特训班＋区域短训班＋创业大讲堂"的金字塔型体系，由联想集团内富有经验的高管和投资人向那些经筛选的有潜质的创业者分享创业经验。在初期，培训对象多具有中科院背景，之后外部人士逐渐增多。联想之星首期天使投资基金规模为4亿元，由联想控股全额出资，截至2012年底，已投资数十家初创企业，累计投资额近2亿元人民币，投资集中于TMT、先进制造、医疗健康领域。开放平台包括两个方面：一是以创业CEO特训班各期学员为主体的创业联盟（人脉资源）；二是于2012年开始试点在天津、苏州、上海等地与当地开发区合作建设的实体孵化基地（实物资源）。

在集团中，负责风险投资的是联想投资有限公司，投资团队成员多是原联想的高管，有平均超过17年的管理经验，注重于早期的投资，单个项目累计投资额一般不超过1 500万美元，新项目首轮投资一般为200万~1 000万美元，投资持股比例一般为10%~30%。而负责PE的是弘毅投资（北京）有限公司，其业务涵盖并购投资、成长型投资与跨境投资。值得一提的是，联想控股不仅是上述机构的母公司，更是直接参与并购与投资，将一些核心资产纳入集团控制。

（2）苏州高新集团。苏州高新集团全称是苏州高新区经济发展集团总公司，成立于1990年，是苏州高新区管委会的全资公司，是高新区开发建设和投资的主体，总资产超过300亿元人民币。发展至今日，集团旗下拥有众多控股或参股公司，除了一些房地产、旅游、有色金属等实业企业外，还有两类重要的企业：一是风险投资公司；二是孵化器。两者形成了较密切的协作。

风险投资公司都归入苏高新集团控股的公司——苏州高新风险投资集团有限公司，具体成员包括苏州高新风险投资集团融联管理公司、苏州高新明鑫风险投资管理有限公司、苏州创元高投风险投资管理有限公司、江苏省苏高新风险投资股份有限公司、苏州市集合风险投资服务有限公司、苏州高新风投风险投资管理有限公司、苏州高新区创业科技投资管理有限公司、苏州科技城风险投资有限公司、苏州高新国发风险投资有限公司、苏州新麟风险投资有限公司、苏州高锦风险投资有限公司、苏州高远风险投资有限公司、苏州高新华富风险投资企业、苏州创东方高新风险投资企业等24家风险投资公司或风险投资基金管理、融资担保公司。

集团旗下有多个孵化载体，最早的是1993年成立的苏州高新技术创业服务中心，这是全国最早的三家孵化器之一。另两个国家级科技企业孵化器是苏州留学人员创业园和苏州国环节能环保创业园管理有限公司，分别成立于1998年和2003年，前者与苏州高新创服中心实际为一套人马，而后者相对独立，致力于节能环保中小企业的孵化。另外的孵化载体还有苏州创元科技创业园管理有限公司、苏州科技城、生物医药产业基地、新浒工业园等。

本章参考文献

[1] 王元，张晓原，张志宏，等. 中国创业风险投资发展报告2015 [R]. 北京：经济管理出版社，2015.

[2] NVCA. NVCA Yearbook 2015 [EB/OL]. http：//www.nvca.org/，2013.

[3] 投中研究院. 2015年政府引导基金专题研究报告 [EB/OL]. https：//www.chinaventure.com.cn/，2016.

[4] 宋清. 创业企业孵化机制研究：利益主体协调与激励的视角 [M]. 北京：北京理工大学出版社，2009.

[5] 科技部火炬高技术产业开发中心. 中国火炬统计年鉴2015 [R]. 北京：中国统计出版社，2015.

[6] 科技部火炬高技术产业开发中心. 中国火炬统计年鉴2015 [R]. 北京：中国统计出版社，2015.

[7] Knopp L. 2012 State of the Business Incubation Industry [R]. Athens：National Business Incubation Association Publication，2012.

[8] 转引自：王卫东. 企业孵化器发展的国际比较研究 [J]. 科学学与科学技术管理，2006（2）：161-164.

[9] 徐菱涓，刘宁晖. 科技企业孵化器与区域经济发展的内在关联机理研究 [J]. 南京航空航天大学学报，2010（1）：31-35.

[10] 秦军，殷群. 孵化器与风险投资融合模式研究 [J]. 科学学与科学技术管理，2009（5）：105-110.

第三章 资孵合作机理及提升路径的理论分析

——基于嵌入实物期权的博弈模型

风险投资与孵化器投资合作问题涉及因素众多，关系较为复杂，为了厘清影响合作的主要因素，本章从理论层面，通过构建数理模型并进行推演分析，探索资孵合作基本机理和促进资孵合作的基本路径，为下一步的深入研究奠定基础。

一、资孵合作问题的理论特征

（一）风险投资具有实物期权性质

风险投资具有典型的高风险性，因为它的投资对象主要是创业期企业，投资领域主要集中于高科技、新产品领域（冯宗宪等，2010）。投资者承受高风险是为了实现高收益，但这种收益具有极大的不确定性，项目成功的概率及可实现的市场价值波动较大。因此，基于传统净现值法的投资决策思路不符合风险投资的特征和要求，因为净现值法要求能够较准确地估计出项目未来现金流，并且项目计算期是确定的，而创业项目现金流估算难度较大，且风险投资多采用分阶段投资策略，期间视情况可能中断投资或扩大投资。

风险投资的这些特征使其更接近于实物期权投资。实物期权的概念最初由迈尔斯（Myers）于1977年提出，他指出，投资者在不确定领域的投资不仅可能为其带来净现金流，而且赋予其更有价值的"增长机会"，虽然这种增长机会具有很大的不确定性。投资者最初的投资相当于购买了一个期权，据此在未来条件有利时，他就有机会扩大投资而获取更大收益。这一增长机会通常具有排他性，即最初未投资的投资者无法利用市场转好时的投资机会。如果市场发展与预期相反，即使在最差的情况下，投资者最多损失初期投资。与金融期权相似，投资者的最初投资相当于金融期权中的期权费，有利条件出现时的追加投资相当于期权执行费用，也就是说投资者在市场（或项目）还不明朗时的初期投资，相当于购买了在未来市场（或项目）增长时追加投资的权利。

后来有学者对实物期权理论进行了完善。按是否分阶段投资，将实物期权分为增长期权和灵活性期权（Sharp，1991），风险投资属于增长期权类型；按对后续投资机会是否具有独占性，将实物期权分为独占期权和共享期权（Kester，1984）。独占期权的价值为标的企业价值与投资金额之间的差额，而共享期权除了考虑这个差额，还须考虑竞争对手的反应，即存在竞争者占先威胁。风险投资中通常的情况是最初投资者对后续有利投资机会有一定的先行优势，但并不具备完全的排他权，除非最初投资者对项目实行绝对控股。

风险投资的实物期权特征如图3.1所示。

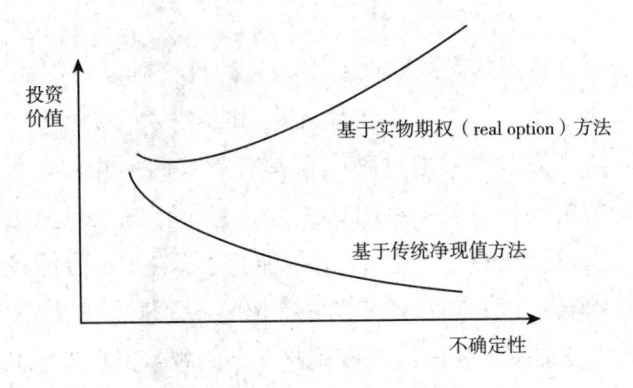

图3.1 风险投资的实物期权特征

（二）资孵合作属于跨部门战略联盟问题

战略联盟是指两个以上组织之间超越了正常市场交易但又非直接合并的长期协议，协议的内容可以是技术许可、供应、营销合作以及股权合作等（Porter，1991）。战略联盟为组织提供了一种相互利用互补性资源的伙伴关系，战略联盟的主要特征是：第一，联盟会涉及两个或更多个独立的企业；第二，联盟的目的是实现双方企业的特定战略目标，并分享利益；第三，联盟形式多样化，并不存在单一标准模式（Gulati，1998）。

资孵合作问题在理论上属于战略联盟问题，因为它是风险投资与孵化器两个独立组织间，利用双方在资金、信息、经验等方面的比较优势，共同投资于创业企业或服务于对创业企业的投资。但与传统战略联盟理论只关注营利企业间的合作问题不同，资孵合作属于跨部门战略联盟（cross sector alliance）问题。跨部门战略联盟是战略联盟理论中近年来兴起的一个分支，它讨论的是异质主体之间的战略联盟问题。因为资孵合作中的孵化器一方存在多种组织形态，既有企业性组织，也有非营利性组织，而且即使孵化器采取企业组织形式，由于其创办者、职能与组织结构、目标和组织文化等方面的特殊性，也使得它与一般企业明显不同。例如，孵化器往往具有促进就业和提升区域经济活力的社会功能，事业型孵化器的管理层更注重社会绩效而非经济绩效，行政化人事任命较为常见。这些因素都是资孵合作研究时需要考虑的，因而更适合应用跨部门联盟理论进行研究。

（三）实物期权与战略联盟复合问题需采用期权博弈分析方法

综合前述两点，本书研究对象即资孵合作问题是一个战略联盟与实物期权复合的问题。战略联盟的动态过程与均衡分析主要借助博弈分析工具，实物期权投资则需要期权分析工具，含有实物期权的战略联盟研究则需要使用嵌入了期权的博弈分析方法，即期权博弈方法。期权博弈方法的优势是能够同时考虑项目不确定性价值和策略互动的影响，为投资者的战略决策提供更合理、更完整的分析工具。运用期权博弈方法对资孵合作进行分析，就能把创业项目的不确定性、合作主体资源禀赋和策略互动都被纳入一个整体分析框架。具体如图3.2所示。

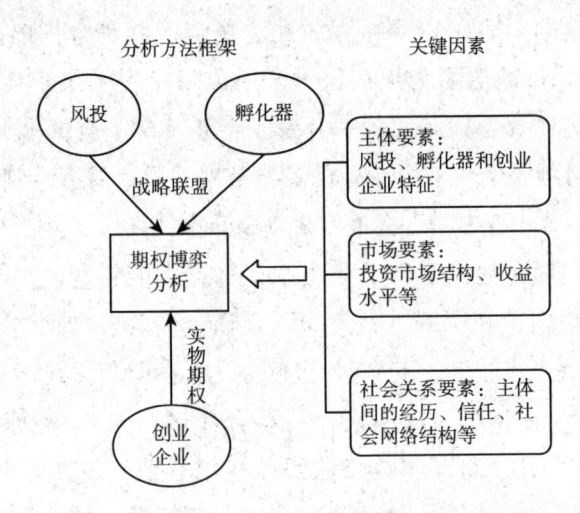

图3.2 期权博弈分析方法与资孵合作问题的匹配

二、资孵合作形成机理的期权博弈分析

（一）分析步骤

我们按照以下步骤逐步剖析资孵投资合作的形成机理。

第一，单一投资者市场条件下的风险投资决策分析，即风险投资的期权价值及决策原理。本部分作为基准，先不考虑投资者之间的关系，分析单个投资者面对不确定性项目时如何决策，以期得到风险项目投资机会价值的实物期权表达式、投资触发点及受相关风险因素的影响情况。

第二，投资者同质条件下的竞争性共同投资决策分析。本部分假定两类投资者同质，他们之间是纯粹竞争关系，主要讨论他们之间的策略行为对投资决策的影响，得到相应的抢先投资和共同投资触发点。竞争关系下的共同投资（领投和跟投）是市场的一种客观结果，而非主动的联盟行为。本部分分析采用非合作博弈分析方法。

第三，投资者异质即互补关系下的合作投资决策分析（基于完美信息条件假定）。本部分假定两类投资者在资源或偏好方面存在差异，因而可能形成互补，主要讨论他们的合作博弈行为，得到最有效的合作条件表达式（分配函数），最有效条件是指既符合帕累托最优又符合个体理性，它是众多可能的合作条件中最稳定和易于达成的条件。本部分采用合作博弈分析方法。

第四，信息不对称情境中，异质投资者之间的合作投资决策分析。本部分对上述部分分析进行拓展，主要讨论信息不对称对合作条件的影响机理。

第五，在本章的第三部分，我们将根据上述模型分析，归纳出影响合作的三类不同性质的因素，并分析这三类因素代表的三类机制在促进资孵合作中扮演的角色。

（二）风险项目投资的期权价值与投资决策

1. 项目随机特征

假设有某创业项目对投资者是一个投资机会，投资价值为 V，投资成本为 I，投资后产生利润 P。在投资者风险中性假设下，投资者要求的必要回报率为投资市场平均收益率 r，该收益率可以市场投资组合的收益率代表。

P 受市场需求随机因素和市场供给因素影响，即利润函数如下：

$$P = Y \cdot D(n) \tag{1}$$

其中，Y 表示需求等随机因素的影响，如价格水平、边际贡献率或单位净利率；$D(n)$ 泛指项目利润中受投资者行为因素影响的部分，表示有 n 个投资者情况下某特定投资项目对市场机会的利用情况，如实现的销量、有效供给量、市场占有率等。这部分对投资者而言是可控的。

Y 被假设为遵循几何布朗运动的随机过程，即 $dY = \alpha Y dt + \delta Y dz$，式中

$\alpha Y \mathrm{d}t$ 表示在瞬时间隔 $\mathrm{d}t$ 内由漂移率（增长率）α 所决定的 Y 的期望变化幅度，δ 是方差率，$\mathrm{d}z$ 是标准维纳（Wiener）过程增量。对于任意确定的 n，P 是 Y 的比例函数，同样是一个随机过程，且其参数相同，即 $\mathrm{d}P = \alpha P \mathrm{d}t + \delta P \mathrm{d}z$。

2. 加入投资者特征

项目投资价值是针对特定投资者而言的。投资者特征刻画主要有两个方面：偏好 λ 和能力 χ。偏好指投资者的目标特征；能力指投资者的资源禀赋和市场位势。特征因素作用于投资者对市场随机因素的反应上，因而（1）式中 $D(n)$ 是它们的函数，即：

$$D(n) = f(n, \lambda, \chi) \tag{2}$$

3. 两投资者相互关系的表达

考虑两个投资者 i 和 j，结合本书的问题，两个投资者可分别代表两类投资机构，例如，一个是孵化器，另一个是风险投资公司。对于两投资者的相互关系，本书着重要刻画的关键维度是：当 i 拟投资某项目时，j 的介入会对 i 的利益产生什么影响，即式（2）中 $D(2)$ 与 $D(1)$ 的差异，本书用 μ 表示这种对比关系，即：

$$\mu = D(2)/D(1) \tag{3}$$

若 i 和 j 完全同质，即 j 拥有的 i 都拥有，反之亦然，此时 j 的介入并不能带来任何帮助，而只会分享市场机会，就有 $D(2) < D(1)$，即 $\mu < 1$ 时。

相反，若 i 和 j 在偏好、能力或其他方面存在差异，则 j 的介入可能给 i 带来某种程度的互补，例如弥补经验的不足、突破市场壁垒等，此时是互补关系，有 $D(2) > D(1)$，即 $\mu > 1$ 时。互补关系是产生合作、形成联盟的基本动因。

4. 风险项目投资决策及其期权价值

面对风险项目，投资者如何决策？作为基准，下文先考虑只有一个投资者的情形下,项目投资机会的期权价值及投资决策原则。

由于假定只有一个投资者且是风险中性的,投资决策只需要考虑何时投的问题,即预期利润 P 达到什么水平时可进行投资,不需要考虑其他投资者的竞争,因而不存在博弈行为。对于不存在博弈的风险投资决策问题,我们借鉴迪希特和平迪克(Dixit & Pindyck,1994)对风险项目投资的期权价值分析,构成本书分析模型的基础。

单一投资者垄断情形下,投资决策问题就是寻找最优投资触发点 P^*(相当于金融期权中引起期权被执行的标的资产价格水平),以最大化持有该投资机会的价值。换言之,投资者享有投资机会实际是持有了一项增长期权,在 $P<P^*$ 时,投资者选择等待;当 $P \geq P^*$ 时,投资者立即投资。

(1)项目无风险情况下的投资触发点及投资机会价值。为了求解风险项目的最优投资触发点 P^* 及投资机会价值,下文先分析项目无风险的情形,以作为起点。

项目无风险,即式(1)中 Y 的决定因子 $\delta = 0$,此时投资机会的估值与传统净现值(NPV)方法无异。记 $\hat{P}$ 为项目投资后全部利润在决策时点的现值,即 $\hat{P} = \int_0^\infty P_t e^{-rt} dt$,按 NPV 方法有:

$$V(\hat{P}) = (\hat{P}^* - I)e^{-rT} = (\hat{P}e^{\alpha T} - I)e^{-rT} \tag{4}$$

其中,V 是项目对特定投资者的投资价值;I 是投资成本;T 是投资实际发生与决策时点的时间间隔;$\hat{P}$ 是当前决策时点若投资可产生的预期全部利润现值;e^{-rT} 是利率 r 和时间跨度 T 下的折现因子;$\hat{P}^*$ 是触发投资的利润现值水平,或称投资触发点。当决策时点已存在 $\hat{P} \geq \hat{P}^*$ 时,投资立即发生,$T=0$,其投资净利是 $\hat{P} - I$。

由投资者风险中性假定,$\hat{P}^*$ 至少满足下式[①]:

[①] 该式与 CAPM 模型思想相同。该式可变形为 $r\hat{P}^* = rI + \alpha\hat{P}^*$,也就是说,持有该项目的必要收益至少等于投资额的自然滋息(相当于 CAPM 中的无风险收益部分)和项目本身升值部分(相当于 CAPM 中的风险收益部分,因 α 具有不确定性。)

$$\hat{P}^* = [r/(r-\alpha)] \cdot I \tag{5}$$

在 $\hat{P} < \hat{P}^*$ 的情况下，只要 $\alpha > 0$，持有该机会就是有价值的，因为 $\hat{P}e^{\alpha T}$ 最终会增长到或超过 $\hat{P}^*$。由于 α 是瞬时增长率，可以假定 $\alpha < r$。

为了求解式（4），还须明确 T^*。能够使式（4）最大化的 T^* 应满足一阶导数为零的条件：$dV/dT = -(r-\alpha)\hat{P}e^{-(r-\alpha)T} + rIe^{-rT} = 0$，即 $T^* = \max\{1/\alpha \cdot \log[rI/(r-\alpha)\hat{P}], 0\}$，将其代入式（4）得到确定环境下投资机会价值表达式：

$$V(\hat{P}) = \begin{cases} [\alpha I/(r-\alpha)] \cdot [(r-\alpha)\hat{P}/rI]^{r/\alpha}, & \text{如果 } \hat{P} < \hat{P}^* \text{（等待）} \\ \hat{P} - I, & \text{如果 } \hat{P} \geq \hat{P}^* \text{（立即投资）} \end{cases} \tag{6}$$

式（6）上一部分就是 $\hat{P} < \hat{P}^*$ 时，持有投资机会的等待期权价值。

（2）项目有风险情况下的投资触发点及投资机会价值。在存在项目风险的情况下，即 $\delta > 0$ 时，P 是受市场随机因素影响而波动发展的，此时我们无法得到确定的 T^*，也无法按式（4）的 NPV 方法得到 V 表达式，但可采用动态规划方法得到。

P 在达到 P^* 之前，对于极小的时间间隔 dt，风险中性投资者持有该投资机会的收益，应当等于该项目已有现金流（源自项目已有基础）加上机会价值增值部分（源自市场的增长），即有如下贝尔曼方程（Bellman equation）：

$$rVdt = Pdt + E(dV) \tag{7}$$

由于 V 是随机过程 P 的函数，因而根据伊藤（Ito）引理，V 的微分可表达为：$dV = V'(P)dP + \frac{1}{2}V''(P)(dP)^2$，进而通过前文对 P 的随机特征假定，可替换掉 dP，并注意到几何布朗运动中 $E(dz) = 0$，有：$E(dV) = \alpha PV'(P)dt + \frac{1}{2}\delta^2 P^2 V''(P)dt$，由此，式（7）演化为下式：

$$\alpha PV'(P) + \frac{1}{2}\delta^2 P^2 V''(P) - rV(P) + P = 0 \tag{8}$$

为了估计 $V(P)$ 的具体形式，我们需借助本问题的现实特征所产生的一些约束条件：第一，$V(0)=0$，即当项目目前完全没有现金流，且无增长前景时，其价值为 0。第二，$V(P^*)=[P^*/(r-\alpha)]-I$，这是投资机会价值的上界，即如果 P 已达到了 P^* 的水平，投资者会选择立即投资，而不会等待市场的继续增长，此时投资机会价值就等于立即投资的价值。注意到，因为 $\int_0^\infty Pe^{\alpha t}e^{-rt}dt = P/(r-\alpha)$，$P^*/(r-\alpha)$ 就是项目利润现值。第三，$V'(P^*)=1$，该式意味着 $V(P)$ 在 P^* 点连续且平滑，否则，投资者总能在该点附近略加改变而获得明显更高的价值。利用这些约束条件，式（8）中 $V(P)$ 应采用如下形式才能满足全部要求[①]：

$$V(P) = AP^\beta \tag{9}$$

式（9）中各参数的表达式是：

$$\beta = B_1 = \frac{1}{2} - \alpha/\delta^2 + \sqrt{\left(\alpha/\delta^2 - \frac{1}{2}\right)^2 + 2r/\delta^2} \tag{10}$$

$$P^* = (r-\alpha)I \cdot \frac{\beta}{\beta-1} \tag{11}$$

$$A = \left(\frac{\beta-1}{I}\right)^{\beta-1} \cdot \left[\frac{1}{(r-\alpha)\beta}\right]^\beta = \frac{P^*/(r-\alpha)-I}{(P^*)^\beta} \tag{12}$$

至此，风险项目的期权价值与投资决策原则可表达如下：

$$V(P) = \begin{cases} (P/P^*)^\beta \cdot [P^*/(r-\alpha)-I], & \text{如果 } P < P^* \text{（等待）} \\ P/(r-\alpha)-I, & \text{如果 } P \geq P^* \text{（立即投资）} \end{cases} \tag{13}$$

式（13）中上部分就是持有投资机会的期权价值，若用金融期权类比，其中 P 就是某金融资产的现在价格，P^* 是触发期权执行的价格，I 是执行期权的成本，$r-\alpha$ 是无风险利率，β 则是描述 P 波动性的风险因子。时间因素在此处则如同美式期权一样被隐性表达，由波动概率所决定。

[①] 迪希特和平迪克（Dixit & Pindyck，1994）在其著作中使用动态优化和期权定价分析等不同方法进行估计，得到了相同的结果。

由上述式（18）和式（16），可以体现投资机会期权价值与风险因素如市场波动率（δ），以及与市场增长率、市场平均收益率之间的关系。由式（10），可知 $\beta'_\delta < 0$，即δ增大导致β减小，进而由式（11），导致投资触发点 P^* 提高，再由式（13），导致等待期权价值 $V(P)$ 上升，简言之，项目风险上升，等待期权价值增大，这与金融期权中，在其他因素相同的情况下，风险越大、期权价值越大的原理是一致的。

（三）投资者同质条件下的共同投资决策（领投与跟投）

1. 竞争关系下共同投资是市场分散决策的结果

如前所述，由于同质，投资者合作投资并不能给任何一方带来额外收益，反而使项目利润被分享，因而两投资者之间是一种竞争关系，对于任意特定市场条件 Y，都会有 $D(2) < D(1)$，即合作投资下特定投资者的收益要低于其独享投资机会时的收益。所以，竞争关系下合作投资不会主动发生，但市场竞争的压力，可能导致一种共同投资的结果。这与风险项目通常采用分次融资有关，在项目的不同融资轮次或同一轮次中不同融资部分，可视为相对独立的部分，投资者为此展开竞争，分散决策，当竞争的结果是不同融资轮次或同一轮次的不同部分由不同投资者投资时，就形成客观上的共同投资。这种共同投资并非同一时点上的联合投资，而是某投资者率先投资，另一投资者随后跟投，是在不同时点上对某项目的共同投资。

2. 跟投者策略及其触发点

由于存在竞争，投资者在决定等待还是尽早投资时，不仅要考虑项目本身的价值发展，还要考虑竞争对手行为的影响，因而其投资触发点及投资机会期权价值与单一投资者垄断情况下有所不同。此时，决策分析的核心是要在考虑博弈关系下寻找不同投资者的策略及相应触发点。对于任意投资者，在项目价值处于合适区间时，都会抢先投资，由于两者是同质的，且处于动态竞争关系中，纯策略均衡不存在，但可求解子博弈策略均衡解，而谁能够实际成为抢先投资者由外部偶然因素决定。

作为一种解析思路，我们先讨论跟投者的投资决策问题。在任意决策时点，当任意投资者 j 已成为领投者（记为 L）的情况下，另一投资者 i 即作为跟投者（记为 F）。跟随投资的现实情境可以是：在一个项目的某个融资轮次中，L 已经或已决定投资一部分，F 跟随投资另一部分；也可以是一个项目的不同融资轮次中，L 已于先期进行投资，F 在后续轮次中进行投资。跟投者 F 是根据市场情况相机决策是否投资，只要市场条件够好，F 完全可以决定马上跟投，它与 L 投资的时间间隔可以为零，正因为如此，本部分基于领投/跟投的分析思路同样适应于一个项目同一次融资中的竞争投资。

在 L 的投资已是既成事实，求解 F 的最优策略实际上与前述单个投资者决策问题的方法相同。由于此处已需要考虑投资者数量对项目利润的影响，因此需将 P 具体化，以显示 $D(n)$ 的影响，即用 $P = Y \cdot D(n)$ 代入。此处，我们讨论的是 2 个投资者的情形，因而 $n = 2$。代入式（13），我们就可以直接得到 F 的策略式：

$$V_F(Y) = \begin{cases} (Y/Y_2)^\beta \cdot [Y_2 D(2)/(r-\alpha) - I], & \text{如果 } Y < Y_2 \text{（等待）} \\ Y D(2)/(r-\alpha) - I, & \text{如果 } Y \geqslant Y_2 \text{（立即投资）} \end{cases} \quad (14)$$

其中，$V_F(\cdot)$ 表示项目对 F 而言的价值，Y_2 表示 F 的投资触发点。$D(2)$ 是在任意既定市场需求 Y 情况下，若两位投资者都投资于该项目时，F 能够利用的市场机会部分。I 表示投资者 F 的出资额。需说明的是，为简化分析，本书将不同投资者的出资额都标准化为 I，出资额差异可体现到收益差异中，例如，A、B 两投资者得到的项目股权比例相同，但 A 出资额较少（因股权价格不同），它等价于出资额相同时，A 获得了更多股权。因此实践中 I 的差异可处理为模型中 $D(n)$ 的差异。

由于跟投决策与单个投资者的决策问题并无差异，按照式（11），我们直接得到 F 跟投的触发点：

$$Y_2 = \frac{(r-\alpha)I}{D(2)} \cdot \frac{\beta}{\beta - 1} \quad (15)$$

3. 领投者策略及其触发点

在确定了跟投者 F 的决策规则后，就可以讨论领投者 L 的决策规则问题。很显然，L 为了抢先，他必须在 Y 达到 Y_2 点之前就投资，否则必然是 L 和 F 都投资。例如，若 Y_2 代表某项目第 2 轮或更后轮次融资时的市场状况，L 可能选择在市场状况不明朗的首轮融资或天使融资阶段进行投资。不过，L 也不会对所有 $Y < Y_2$ 情况都进行投资，会存一个下限，记为 Y_1，当 $Y < Y_1$ 时，表明市场状况很差，L 和 F 都不会投资。下面，需要讨论 Y_1 的决定及在 $Y \in [Y_1, Y_2]$ 范围内 L 的策略与收益问题。

在 $Y \in [Y_1, Y_2]$ 范围内，由于面临被 F 抢先的威胁，L 在该范围内抢先投资，一旦 L 已投资，F 则不会投资，因而 L 可获得垄断利润 $YD(1)/(r-\alpha) - I$。L 的抢先要付出一定的机会成本，因为它不能等待更好的市场条件出现再投资，丧失了等待期权价值。该机会成本具体表示为 $(Y/Y_2)^\beta \cdot [Y_2 D(1)/(r-\alpha) - I] - (Y/Y_2)^\beta \cdot [Y_2 D(2)/(r-\alpha) - I]$，它是 $[Y_1, Y_2]$ 区间，市场存在 1 个投资者和 2 个投资者时等待期权的价值差异。据此，当 i 在该区间抢先投资时，其收益为：

$$V_L(Y) = YD(1)/(r-\alpha) - I - \{(Y/Y_2)^\beta \cdot Y_2[D(1) - D(2)]/(r-\alpha)\} \tag{16}$$

关于 L 抢先投资的下界 Y_1 的确定，显然，Y_1 点是由 $V_L(Y_1) = V_F(Y_1)$ 这一条件所决定，即在 Y_1 点时，抢先与跟投策略并无价值上的不同，于是有 $Y < Y_1$ 时，抢先变得不理性。同时，根据 $V_i(Y)$ 在 Y_1 点连续的条件，可得 Y_1 的表达式：

$$Y_1 = \frac{(r-\alpha)I\beta}{D(2)(\beta-1) + D(1)\beta - D(1)[D(1)-(r-\alpha)]/[D(1)-D(2)]} \tag{17}$$

综合起来，就可得到 L 的策略式：

$$V_L(Y) = \begin{cases} \left[\dfrac{YD(2)}{Y_1D(1)}\right]^{\beta}\left[Y_1D(1)/(r-\alpha)-I\right], & \text{当 } Y < Y_1\text{（等待）} \\ YD(1)/(r-\alpha)-I-\{(Y/Y_2)^{\beta}\cdot \\ Y_2[D(1)-D(2)]/(r-\alpha)\}, & \text{如果 } Y_1 \leqslant Y < Y_2 \\ & (i\text{ 抢先投资}) \\ YD(2)/(r-\alpha)-I, & \text{如果 } Y \geqslant Y_2(i,j\text{ 都投资}) \end{cases}$$

(18)

其中，在 $Y<Y_1$ 区域，L 的等待期权价值与 F 的相同，即式（14）上部分，只是将式（14）中基于 Y_2 的表达转换为基于 Y_1 点的表达。

4. 策略均衡

由于此处投资者的同质假设，任意投资者都可能成为领投者。对于任意投资者 i，其最优策略是：

$$E_i(Y) = \begin{cases} \text{等待}, & Y<Y_1 \\ \text{抢先投资，如果 } j \text{ 尚未投资}, & Y_1 \leqslant Y < Y_2 \\ \text{立即投资，无论 } j \text{ 是否已投资}, & Y \geqslant Y_2 \end{cases}$$

基于该最优策略，均衡形态可能是：

（1）当目前 Y 小于 Y_1，两位投资者都选择等待；

（2）一旦 Y 达到 Y_1 或目前 Y 处于 $[Y_1,Y_2)$ 区间，i 抢先投资，则 j 等到 Y 发展为 Y_2 时投资，彼时再形成共同投资；

（3）当目前 Y 已达到或超过 Y_2 时，两位投资者均立即投资，形成共同投资。

（四）投资者异质条件下的联合投资决策

1. 互补关系下联合投资具有策略占优性

如前所述，当投资者之间具有异质性时，例如投资者之间存在资源方面的差异，或能力方面的差异，此时投资者之间容易形成互补，互补关系在模

型中表达为 $D(2)>D(1)$。在该条件下，相对于单独投资，联合投资策略总是占优，因为联合投资下能够利用互补产生的协同效应，使投资效果改善，给每个投资者带来更好的回报，由此可以判断，联合投资的市场门槛不会高于单独投资的市场门槛，$Y_2 \leqslant Y_1$。既然在单独投资之前已达到联合投资点，并且联合投资更为有利，因而理性投资者总是不会选择单独投资，只在不投资与联合投资两个策略之间进行选择，其结果是：当 $Y \in [0, Y_2)$ 时，无人投资；当 $Y \in [Y_2, \infty]$ 时，联合投资。

投资者异质性也可能导致投资触发点不同。如果投资触发点不同，上述联合投资占优性的判断是否仍然成立？不失一般性，我们假设投资者 j 因某种资源优势或更强的风险偏好而有 $Y_{j1}<Y_{i1}$，$Y_{j2}<Y_{i2}$，$Y_j^*<Y_i^*$。根据上面所述 $D(2)>D(1)$ 情况下投资者策略选择的规律，对于任意投资者 j，有 $Y_{j2}<Y_{j1}$，因而 j 在 $Y \in [0, Y_{j2})$ 区间选择不投资；在 $Y \in [Y_{j2}, \infty]$ 区间选择联合投资，其中 $[Y_{j1}, \infty]$ 区间在联合投资不能达成情况下选择单独投资。最终投资者 i,j 策略耦合的结果是：

（1）在一般情况下（$Y_{i2}<Y_{j1}$）。$Y_{i2}<Y_{j1}$ 是较常见的情况，是指两个投资者之间的差异并不十分巨大，i 的联合投资触发点不至于超过 j 的单独投资触发点。在该条件下，在 $Y \in [0, Y_{i2})$ 区间，无人投资，在 $Y \in [Y_{i2}, \infty]$ 区间，联合投资（如图 3.3a 所示）。在 $[Y_{j2}, Y_{i2}]$ 区间，j 有联合投资意愿，发出联合投资邀请，但 i 认为市场条件未达到投资起点，无法实现联合。

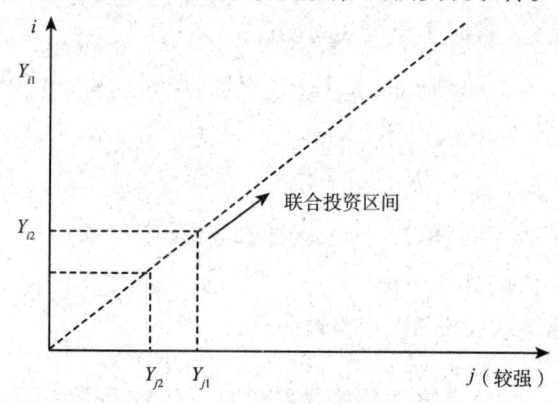

图 3.3a 一般情况下的联合投资区间

(2) 在极端情况下 ($Y_{i2} > Y_{j1}$)。$Y_{i2} > Y_{j1}$ 表明两投资者存在巨大差异，以至于 j 的单独投资点低于联合投资点。例如 j 具有很强的实力，在市场还很不明朗时也具备单独开发该产业的能力（须注意到，如果 i 愿意合作，联合投资仍然是更有利的）。此时，在 $Y \in [0, Y_{j1})$ 区间，无人投资，在 (Y_{j1}, Y_{i2}) 区间，i 单独投资，在 $Y \in [Y_{i2}, \infty]$ 区间，联合投资，如图 3.3b 所示。可见，不考虑信息不对称问题且两投资者具有互补性的情况下，只在 (Y_{j1}, Y_{i2}) 这一很小的范围内单独投资才会发生。因此，可以认为互补关系下联合投资策略占优具有一般性。

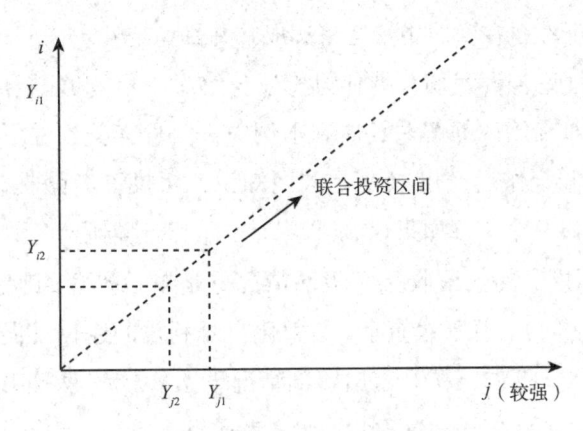

图 3.3b 极端情况下的联合投资区间

2. 信息完美（相互信任）时的联合投资博弈

互补关系下的联合投资，明显不同于第（二）部分竞争关系下的共同投资，此时投资者之间存在相互依赖性，存在合作的潜在需求，但合作的实践形成取决于双方对合作方案能否达成一致，因此，双方的合作博弈成为核心问题，博弈的关键是收益分配等问题。下文首先在完美信息条件下讨论两者的合作博弈，其次拓展到信息不对称条件下的合作博弈。

信息完美条件下，合作双方不存在事前和事后的信息不对称，双方都了解对方及合作的前景。记 H 为联合后能够实现的市场总开发（如总销量或总收入），它应不小于分散投资时的各收益之和（$H \geq D_i(2) + D_j(2)$）。信息完美即 i，j 对 H 有相同判断，$H_i = H_j$。此时，合作博弈的核心是各方在项目中的出资和收益份额的谈判决定问题。出资和收益是紧密关联的一个问题，两者之差是投资者在项目中的实际利益，如前文所述，我们将出资标准化，以实际收益（即考虑了出资成本之后的收益）作为讨论变量，记为 v。

（1）纳什讨价还价解。完美信息下的合作博弈问题实际上是一个基于特定"蛋糕"分配的讨价还价问题。那么，怎样的分配方案才是有效率的呢？需要注意到，合作博弈与非合作博弈明显不同的地方是，合作博弈通常存在多种均衡（解），我们需要做的是讨论什么样的解最"合理"，它同时满足个体理性和集体理性，在实践中最容易达成，并具稳定性。

合作博弈理论告诉我们，纳什讨价还价解是一个能够融合个体理性和集体理性的解，即有效率的解。具体到本例中：信息完美条件下，合作市场条件 $Y \in [Y_{i2}, \infty]$ 和合作后产出 H 都是共同知识，两投资者就收益分配 $v = (v_i, v_j)$ 讨价还价，以分享 H，如果谈判破裂，各自只能得到自己的保留收益 $v_0 = (v_{i0}, v_{j0})$，即不投资的保留收益（极端情况下是单独投资的收益，如图 3.3b 中的 (Y_{j1}, Y_{i2}) 区间）。任意投资者 i 最大化自身利益的途径是促成合作的情况下尽可能提高 v_i，例如，在既定出资额情况下索要较高股权比例，或在既定股权比例下减少出资额。在这里我们将 v_i 表述为：

$$v_i = YHs_i \tag{19}$$

其中，s_i 是 i 的权益比例，由于将出资进行了标准化处理，因而可省略投资金额变量 I，这样既简化了模型，又不影响对问题实质的分析，例如，既定股权比例下投资额的减少可视同为 s_i 的上升，因而此处的 s_i 是考虑了各自出资情况的权益比例，可能不同于名义股权比例。

记 F 是所有可能达成的报价组合 v 的集合（图 3.4 中 F 所在三角形区域），即 $F = \{v = (v_i, v_j) | s_{i0} \leq s_i \leq 1; s_{j0} \leq s_j \leq 1 - s_i\}$，由于这是一个实质性的讨价还价问题，$F$ 集合能够满足闭凸集特征，因为实质性问题不会存在一个无限发散的报价组合 v，而任意两个 v 的线性组合能成为另一个可行报价组合。F 内任意点 v 代表了 i, j 报价 (v_i, v_j) 的一个组合，显然图中 v 点不是最终谈判结果，因为此时存在不减少一方收益情况下增加另一方收益的

空间；原点 (v_{i0}, v_{j0}) 代表的是合作无法达成时各自的保留收益，即意见不一致点。

纳什（1944）证明，在这样一个实质性的讨价还价问题中，有且只有一个解同时符合个体理性和集体理性，即 F 边界与纳什积 $(v_i - v_{i0})(v_j - v_{j0})$ 曲线相切的切点，如图 3.4 中的 v^* 所示。

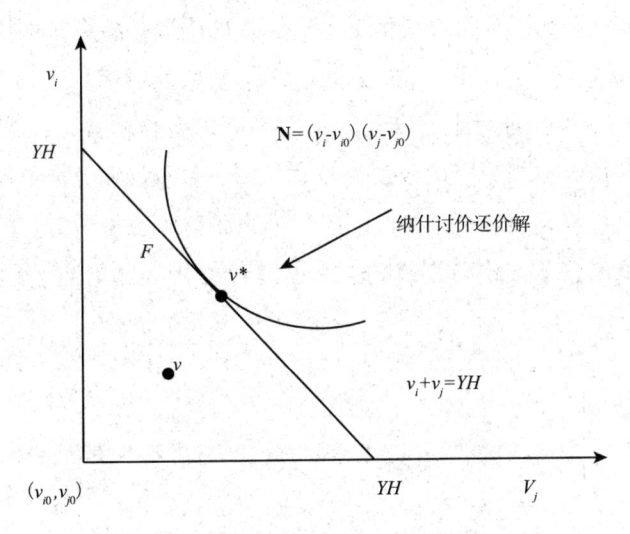

图 3.4　完美信息条件下联合投资博弈解

该点位于 F 边界上，达到了帕累托最优，即任意投资都无法在不减少对方收益的情况增加自己的收益，体现了集体理性。F 边界表达式是最大可供分配收益，即 $v_i + v_j = YH$；同时，v^* 点是可行集中纳什积最大点，即式 $N = (v_i - v_{i0})(v_j - v_{j0})$，此时有最大的 N 值，体现了个体理性。利用一阶条件，可解得该点对应的 s_i 值：

$$s_i = \frac{1}{2} + \frac{v_{i0} - v_{j0}}{2YH} \tag{20}$$

在 v^* 点，i 与 j 的收益对比是：

$$\frac{v_i}{v_j} = \frac{YHs_i}{YH(1-s_i)} = \frac{YH + (v_{i0} - v_{j0})}{YH - (v_{i0} - v_{j0})} \tag{21}$$

由式（21）可知，最后的分配关系取决于各自保留收益（"底线"，即 v_{i0}

与 v_{j0}）的对比，保留收益在谈判中能起到"威胁"作用，例如，"我单干也有好收益，如果分少了我就不合作"。若 v_{i0}，$v_{j0}=0$，则此时两人平分收益，分配关系为1∶1。

（2）保留收益对合作博弈解的影响。如式（21）所示，保留收益对合作解有关键影响，保留收益组合（合作博弈论中称为意见不一致点）改变将导致分配关系改变。v_{i0}，v_{j0}是市场情况 Y 等变量的函数，将图3.4映射到 Y 坐标空间能直观观察点（v_{i0}，v_{j0}）的改变对分配关系的影响。图3.4中，（v_{i0}，v_{j0}）作为原点，分析的是保留收益既定情况下的合作博弈，而图3.5转换了坐标以体现保留收益组合点的改变，若意见不一致点向右下方移动，在图3.5中由（v_{i0}，v_{j0}）移动到（v'_{i0}，v'_{j0}），此时 i 的保留收益下降，j 的保留收益上升，合作解也向右下方移动，分配关系也向着有利于 j 的方向变动，j 的分配份额上升。

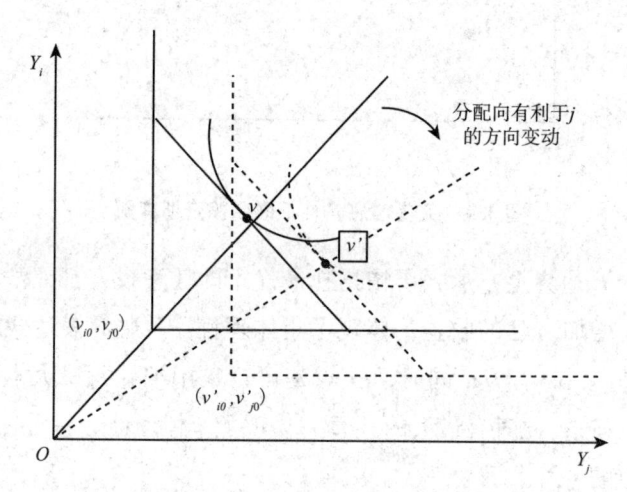

图3.5 保留收益改变对联合投资博弈解的影响

大体归纳起来，影响（v_{i0}，v_{j0}）的因素有两种：一是项目外保留收益的影响，即不投资于该项目能获得的最高收益；二是项目内保留收益的影响，即在某些 Y（市场条件）的条件下，投资者选择单独投资可获得的收益。

3. 信息不对称时的联合投资博弈

与完美信息不同，现实的情形是投资者通常并不了解对方的类型，因而对合作后销量 H 并不能准确获知，投资者根据自己掌握的信息和经验对合作后的产出进行估计 $H_i = \phi_i H$，ϕ_i 取值在 1 附近，其大小由 i 的信息量决定，当信息完全时 $\phi_i = 1$。

在 i 和 j 的合作谈判中，不失一般地，我们假定 j 作为领投者，具有完全信息，即有 $\phi_j = 1$；而 i 的信息不完全，例如，i 可能不了解对手真正能为项目带来什么帮助，他会认为 j 总是倾向于夸大合作前景，夸大自己的实力，因此他会对 j 所宣称的项目产出 H 持保守态度，即对信息劣势方 i 而言通常会存在 $\phi_i < 1$。此时，对于 i 而言，他有新的收益函数：

$$v'_i = \phi_i Y H s_i = \phi_i v_i \tag{22}$$

信息不对称带来两个方面的变化。

（1）谈判可行集 F 发生改变，合作空间减小，分配关系改变。如图 3.6a 所示，新的可行集 F' 的边界如下：$v'_i + \phi_i v_j = \phi_i Y H$，该边界与纵轴交于 $\phi_i Y H$，

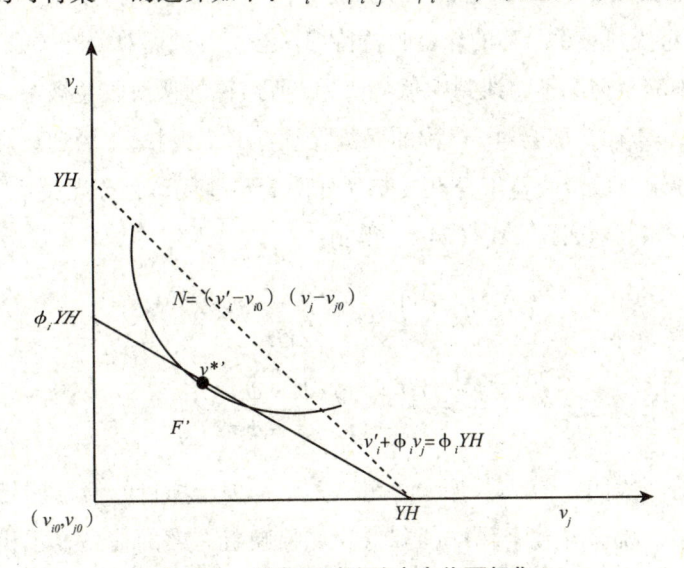

图 3.6a 信息不对称改变合作可行集

即 i 在谈判时认为即使将项目全部收益给他也只不过是 $\phi_i YH$。显然，$F' \leq F$，信息不对称问题导致合作空间减小。如果双方都是信息不完全者，可行集会进一步缩小。

可行集改变自然导致合作解（纳什积最大点）发生改变，由点 v^* 移到 $v^{*\prime}$，导致 i 与 j 的收益对比关系改变，i 收益的相对份额上升，具体计算如下：

重新求解纳什积 $\mathbf{N} = (v_i' - v_{i0})(v_j - v_{j0})$ 最大化时的 s_i，有：

$$s_i' = \frac{1}{2} + \frac{v_{i0}/\phi_i - v_{j0}}{2YH} \qquad (23)$$

比较式（23）和式（20），易见，由于 $\phi_i < 1$，导致 i 的权益比例上升，即 $s_i' - s_i = \left(\frac{1-\phi_i}{\phi_i}\right)\frac{v_{i0}}{2YH}$。相应地，$i$ 与 j 的收益对比关系改变为：

$$\frac{v_i'}{v_j'} = \frac{YH s_i'}{YH(1-s_i')} = \frac{YH + (v_{i0}/\phi_i - v_{j0})}{YH - (v_{i0}/\phi_i - v_{j0})} \qquad (24)$$

比较式（24）与式（21），i 的福利增进，其效果与 i 保留收益提高相似。并且，ϕ_i 取值越小，i 的收益份额就会越大。

（2）对谈判对手所称的保留收益持谨慎态度，进而对分配关系产生影响。在 i 信息不完全情况下，谈判中他会认为 j 所声称的保留收益被夸大，因而在 i 看来，$v_{j0}' = \phi_i v_{j0}$，即会对 j 声称的保留收益打一个折扣，j 为达成合作，可能迁就 i 的要求，保留收益组合点改变（如图3.6b所示），分配关系同样向 i 变动。重新求解式（23）、式（24），得到：

$$s_i' = \frac{1}{2} + \frac{v_{i0}/\phi_i - \phi_i v_{j0}}{2YH} \qquad (25)$$

$$\frac{v_i'}{v_j'} = \frac{YH + (v_{i0}/\phi_i - \phi_i v_{j0})}{YH - (v_{i0}/\phi_i - \phi_i v_{j0})} \qquad (26)$$

以上分析表明，信息不对称问题，无论是关于项目的信息还是关于合作对手的信息，都会导致合作空间降低。如果缺乏有效的信息显示机制，信息优势方为吸引相对保守或不太了解情况的投资者参加风险性合作，必须给出一定的利益让渡。

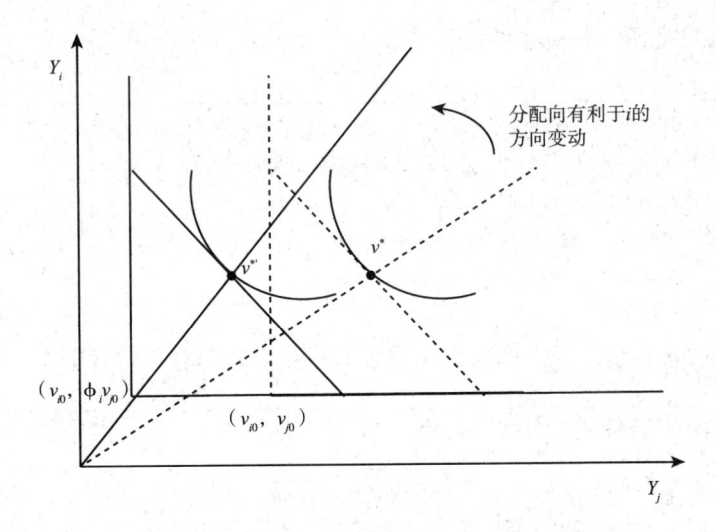

图 3.6b　信息不对称改变保留收益组合点

三、模型总结及对促进资孵合作的路径启示

(一) 模型整体框架及主要分析结果

1. 项目投资机会期权价值及相关决定因素（假定市场只存在单个投资者）

(1) 在 $P < P^*$ 时的等待期权价值（式（13））：$V(P) = (P/P^*)^\beta \cdot [P^*/(r-\alpha) - I]$

(2) 投资触发点（式（11））：$P^* = Y \times D(\cdot) = (r-\alpha)I \cdot \dfrac{\beta}{\beta-1}$

(3) 风险因子（式（10））：$\beta = \dfrac{1}{2} - \alpha/\delta^2 + \sqrt{\left(\alpha/\delta^2 - \dfrac{1}{2}\right)^2 + 2r/\delta^2}$

其中，α 为某产品市场增长率，δ 为市场波动率，r 为资本市场平均投资收益率

2. 两投资者及其关系类型

(1) 投资者特征决定机会利用时的效用（式（2））：
$D(n) = f(n, \lambda, \chi)$，式中，$\lambda$ 为投资者偏好，χ 为禀赋和能力
(2) 投资者同质/异质性表达（式（3））：$\mu = D(2)/D(1)$
同质时 $D(2) < D(1)$，$\mu < 1$，$Y_1 < Y_2$；异质时 $D(2) > D(1)$，$\mu > 1$，$Y_1 > Y_2$
(3) 同质时为竞争关系；异质时为互补关系

3. 同质投资者之间共同投资（领投与跟投）的非合作博弈解

求解动态竞争下的子博弈策略均衡：

(1) 跟投触发点（式（15））：$Y_2 = \dfrac{(r-\alpha)I}{D(2)} \cdot \dfrac{\beta}{\beta-1}$

(2) 抢先投资触发点（式（17））：$Y_1 = [(r-\alpha)I\beta] / \Big\{ D(2)(\beta-1) + D(1)\beta - \dfrac{D(1)[D(1)-(r-\alpha)]}{D(1)-D(2)} \Big\}$

(3) 策略均衡：$E_i(Y) = \begin{cases} 等待, & Y < Y_1 \\ 抢先投资, 如果 j 尚未投资, & Y_1 \leq Y < Y_2 \\ 立即投资, 无论 j 是否已投资, & Y \geq Y_2 \end{cases}$

同质 → 异质

4. 异质投资者之间联合投资的合作博弈解

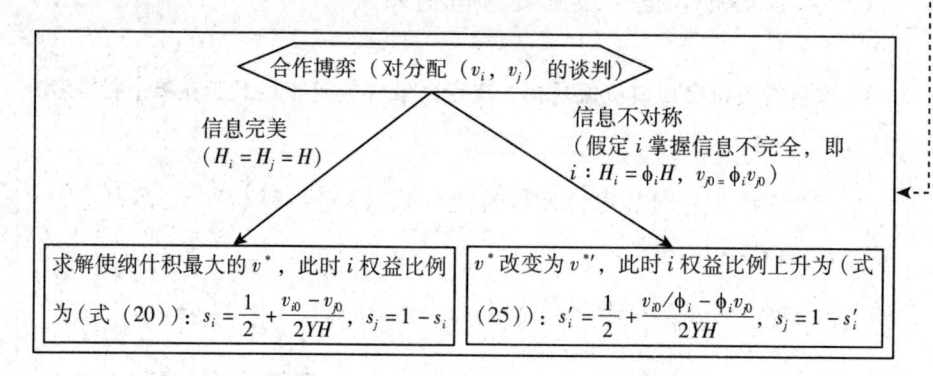

合作博弈（对分配 (v_i, v_j) 的谈判）

信息完美
$(H_i = H_j = H)$

信息不对称
（假定 i 掌握信息不完全，即
$i: H_i = \phi_i H, v_{j0} = \phi_i v_{j0}$）

求解使纳什积最大的 v^*，此时 i 权益比例为（式（20））：$s_i = \dfrac{1}{2} + \dfrac{v_{i0} - v_{j0}}{2YH}$，$s_j = 1 - s_i$

v^* 改变为 $v^{*'}$，此时 i 权益比例上升为（式（25））：$s_i' = \dfrac{1}{2} + \dfrac{v_{i0}/\phi_i - \phi_i v_{j0}}{2YH}$，$s_j = 1 - s_i'$

（二）对促进资孵合作的主要路径的原理性启示

前述模型分析厘清了资孵合作中项目（创业企业）、投资者及其属性、信

息在合作形成中的影响，明确了相互关系和角色，依据模型，我们可以归纳出促进资孵合作的三条主要路径，即。

1. 组织路径

参数 μ 在模型中代表两投资者之间的同质或异质性，而它又是投资者偏好 λ、禀赋和能力 χ 等要素的函数。若投资者之间具有异质性，则能形成互补，产生主动合作需求。分析表明，同质情况下投资者之间是竞争关系，共同投资是一种被动结果，需要靠市场压力推动；而异质情况下，若不考虑机会主义问题，联合投资优于单独投资，而机会主义问题可以通过适当的利益协调解决，因而合作形成主要考虑利益协调问题。

模型虽未显性表达，但明确地将同质/异质性作为投资者偏好和投资者资源、能力、偏好等因素的函数，这些要素都是投资者个体组织层面的要素，因而利用组织机制优化个体组织要素是促进资孵合作的一条基本路径，例如，寻找与项目特征和自身条件相匹配的投资者进行合作；培育投资者自身特色，形成能力、偏好方面的差异性等。在本书所研究的资孵合作问题中，其具体含义是风险投资的发展应注意差异化，孵化器的发展也应注重培育自己的特色和核心能力，既不能发展为一般的风险投资者，也不能成为一般化的物业公司，只有培育自身核心能力，与风险投资形成差异和互补，合作需求才能大幅提升。

2. 市场路径

模型中参数 r 代表资本市场平均收益率，市场平均收益率越高，意味着投资风险项目的机会成本越高，从而提高了投资触发点（式（11）），即推迟了投资者对风险企业的介入时间；同时也就降低了持有项目机会的期权价值（式（13））。

在模型中项目期权价值及其投资触发点是基础因素，同样，在现实中投资机会成本也是风投市场发展的基本要素，是投资者投资决策的基本考量。因而，投资机会成本的高低、影响投资机会成本的市场结构因素等都是影响资孵合作的重要因素，所以，利用市场机制完善市场结构是促进资孵合作的一条基本路径，例如，壮大投资者队伍，拓宽退出渠道，改善风险收益等，都可以影响到投资机会成本，进而影响到资孵合作。

3. 关系（社会网络）路径

模型分析展示，即使在存在互补利益的背景下，信息不对称仍是一个重大障碍，信息不对称导致信息劣势方产生不信任或较强的风险规避意识，对预期收益进行保守估计，合作形成难度增加。例如，式（25）中的 $\phi_i < 1$ 时，了解项目的信息优势方 j 想要达成合作就须向信息劣势方 i 让渡利益，若不愿让渡或让渡的利益不够多，合作就无法形成。

ϕ_i 是两类因素的函数：i 与 j 的关系 $\Re_{ij}$ 和合作契约的完备程度 Φ，可记为 $\phi_i = f(\Re_{ij}, \Phi)$，关系越密切，契约越完备，$i$ 的收益不确定性就越小，合作就越容易形成。其中，契约方面已受到学者们的较多关注，已进行了大量研究，提出了分期投资、收益保障（如可转换优先股的使用）、相机抉择的现金流分配权（如可转债的使用）等主要契约手段（例如，Gebhard & Schmidt, 2006），但这些手段的实践应用效果有限，尤其在消除合作对手机会主义行为风险方面存在局限。而对关系方面的研究则未受到足够重视，研究仍不充分。实际上，关系及嵌入其中的社会资本在风险投资实践中常被作为一种应对不确定性的重要手段，因而，如何构建和维护社会关系、如何利用社会网络机制促进资孵合作是亟须研究的另一条路径。

附：符号含义汇总

为了便于阅读，此处将全书出现的所有符号的含义进行汇总说明。

i, j：任意的两位投资者。

L, F：分别表示在竞争关系下两位投资者中的领投者和跟投者。

P：项目投资后预期的每期净利润；相应地，P^* 为投资触发点，即当项目达到 P^* 时，投资者会马上投资。$\hat{P}$ 为未来全部利润的现值。

Y：项目利润（即上述变量 P）决定中的随机因素部分，如市场需求增长的不确定性，或市场价格水平等。Y_1 是两个投资者竞争情况下，能够使投资者抢先投资的市场水平，而 Y_2 则是两个投资者都会立即投资的市场水平。

$D(n)$：项目利润决定中受投资情况影响的确定性部分。即在特定市场需求条件下，n 个投资者投资该项目，单个投资者能从项目中获得的利益，如可实现的产品销售份额。例如，$D(1)$ 表示垄断投资时能实现的市场销售，$D(2)$ 表示存在两个投资者投资该项目时，单个投资者能实现的销售。相应地，$D_i(n)$ 是具体指投资者 i 在市场有 n 个投资者投资该项目时其能够实现的市场销售。

α：漂移率，即市场的预期增长率。

δ：市场增长率波动方差。

r：市场平均投资收益率。

V：项目对某投资者而言的价值。

H：联合投资时的供给量或销量，$H \geq D_i(2) + D_j(2)$。

T, T^*：在项目的期权价值决定中，投资实际发生与决策时点的时间间隔。

μ：投资者之间同质性参数，用 $D(n)/D(1)$ 度量，当 n 个投资者是同质时，它们之间是竞争关系，共同投资使单个投资者分享的利润小于垄断利润，即 $\mu < 1$；当 n 个投资者互补时，联合投资产出超个单个投资，即 $\mu > 1$。

s_i：投资者 i 获得项目的价格，具体含义可理解为：投资者 i 在既定出资额下获得的产出分配比例的高低，或者在既定分配比例下出资额的高低。投资者总是追求以较低的价格取得项目，在出资金额标准化处理情况下，较低的价格等价于较高的分配比例，即 s_i 取较大值。

λ_i：i 的效用参数，它是由风险偏好或市场势力等因素决定的投资者对特定分配数额的效用差异。λ_i 越小表明投资者对既定数额分配的效用小，它意味着投资者此时较为保守，或它的市场势力较大，市场势力大意味着某单个项目对其吸引力小。

N：纳什积。

M：有保证的收益额，指在采用优先股证券形式时 i 从项目产出固定获得的收益额。M^* 为最优的 M 值。

v_i：在合作博弈情况下 i 的收益函数，指分配组合中 i 能得到的收益额（信息完美条件下）；v_i'：信息不对称情况下 i 的收益函数；v_i''：信息不对称但经某种信息显示机制作用后 i 的收益函数。

ϕ_i：投资者之间的信息参数，ϕ_i 取值在 1 附近，其大小由 i 的信息量决定，当信息完全时 $\phi_i=1$，对信息劣势方 i 而言通常会存在 $i<1$。

本章参考文献

[1] 冯宗宪,谈毅,冯涛,等. 风险投资理论与制度设计研究 [M]. 北京：科技出版社,2010.

[2] Myers S C. Determinants of corporate borrowing [J]. Journal of Financial Economics,1977,5 (2)：147 – 175.

[3] Sharpe W F. Capital asset prices with and without negative holdings [J]. The Journal of Finance,1991,46 (2)：489 – 509.

[4] Kester W C. Today's options for tomorrow's growth [J]. Harvard Business Review,1984,62 (2)：153 – 160.

[5] Porter M E. Towards a dynamic theory of strategy [J]. Strategic Management Journal,1991,12 (S2)：95 – 117.

[6] Gulati R. Alliances and networks [J]. Strategic Management Journal,1998,19 (4)：293 – 317.

[7] Dixit A K,Pindyck R S. Investment under uncertainty [M]. Princeton UP,Princeton,1994.

[8] Gebhardt G,Schmidt K M. Conditional Allocation of Control Rights in Venture Capital Finance [EB/OL]. http：//epub. ub. uni-muenchen. de/13449,2006 – 12 – 18.

第四章 促进资孵合作的组织机制研究[①]

——基于资孵投资合作样本的实证分析与政策建议

从本章开始,我们基于第三章理论分析得出的提升资孵合作的基本线索,用三章篇幅分别从机构个体的组织因素、风险投资市场的市场因素、机构之间的社会关系因素三个方面,深入分析促进资孵合作的相关机制和具体对策。

本章研究资孵合作中孵化器和风险投资两类机构个体的组织因素在合作形成中的影响,并提出相应的对策建议。按照组织理论,对一个机构的组织特征的考察有两类角度:一是结构性维度,它侧重于从组织的内部对组织特征进行描述;二是关联性维度,它侧重于从组织与环境的相互关系角度对组织特征进行描述,如组织的目标、组织的资源富集性、组织的技术水平、组织的规模、组织产权特征等。有鉴于本书研究的是两类机构之间合作的形成,属于组织与外部的关系考察,因此,本章拟从关联性维度分析组织特征对资孵合作的影响。借鉴战略联盟资源基础理论、战略协同理论、联盟契约理论的相关成果,我们认为影响资孵合作的最重要的组织要素主要是资源禀赋、组织目标、产权差异等方面,因此,本章分别从组织目标、产权属性、资源禀赋三个维度来刻画机构的组织特征,考察组织因素对资孵合作形成的影响。

---

① 本部分主体内容已作为项目的阶段性成果向期刊投稿并被接收。

一、组织因素影响资孵合作的具体分析：假设的提出

（一）组织间目标兼容性对合作形成的影响

组织目标从根本上决定着组织行为。孵化器和风投在形式上可能都表现为公司，但它们在目标定位上有着显著差异。风投基本属于纯粹逐利者，而孵化器往往具有多重目标，除了经济目标外，还会有非经济目标，如促进就业、培育新产业等。实践中，孵化器有许多不同类型，一般可归纳为两种大的类别：一是事业型孵化器，指由政府科技部门、开发园区、高校及科研机构创办的孵化器。它们中的多数在法律意义上是以企业形式存在，但在目标上仍然具有类似事业单位的特色，非经济目标占据重要位置。例如，各地科技厅局设立的高新技术创业服务中心，一般以促进创业活动、小微企业成长和培育科技企业为基本使命和愿景；科研院所设立的孵化器往往强调服务本单位的科技成果转化。二是商业型孵化器，指由实业企业或财务型投资机构设立的孵化器，例如联想集团设立的联想之星企业孵化器。商业孵化器会有一些非经济目标的考虑，但总体上经济目标占据主要位置。

风投、事业型孵化器和商业型孵化器三类组织的目标差异，可用洛克和拉瑟姆（Locke & Latham, 1990）的目标设置理论进行详细解析。该理论建议从目标内容和目标强度两个维度解析组织目标。其中，目标强度又可进一步解析为两个子维度：目标重要程度和目标承诺程度。前者反映了目标内容可供选择和可被接受的状况，例如上级组织是否明确将某一目标作为考核的主要指标；后者反映了组织内个体被目标吸引、为达到目标而努力的程度。根据这一框架，我们对上述三类组织的目标特征进行了对比解析，详见表4.1。

表 4.1　　　　三类组织目标特征的对比解析（基于目标设置理论）

组织类型	目标强度维度	目标内容维度		
		即期现金流目标	长期增长目标	非经济目标
风险投资机构	重要程度（考核要求）	H	M	—
	承诺程度（自发追求）	H	M	—
事业型孵化器	重要程度（考核要求）	L	M	H
	承诺程度（自发追求）	L	L	H
商业型孵化器	重要程度（考核要求）	M	H	—
	承诺程度（自发追求）	M	H	—

注：表中 H、M、L 分别代表高、中、低三个水平的目标强度。

在组织目标存在差异的情况下，能否形成合作，取决于不同目标之间的兼容性。战略协同理论指出，跨部门（即不同类组织）的协作有可能形成协同效应，即产生"1+1>2"的效果（Song et al.，1993）。协同成败的决定因素中，战略目标明确与否、兼容与否是首要因素（Teng，1999）。就一般企业而言，协同效应可通过交叉销售、产品连接、资源与技术共享，以及市场信息获取能力和整合效率提高而实现（Campbell & Luchs，1998）。那么，对于本章研究的三类组织，在仅考虑其目标差异的情况下，其协同潜力（即兼容性）如何？我们可根据目标的两个维度，从竞合角度进行解析。在同类机构间，比如说风投与风投之间，它们的目标内容和强度是一致的，竞争关系比较明显，因而目标兼容性低。而风投与商业型孵化器之间，目标内容相同，但强度存在差异，孵化器比风投更看重长期增长目标。目标内容相同，意味着合作后的总体努力方向一致，而目标强度有差异，意味着竞争关系不是那么强烈，此时，我们认为其目标兼容性较高。再如，风投与事业型孵化器之间，目标内容与目标强度均存在差异，此时竞争关系较弱，存在一定的目标兼容性，但目标内容的较大差异，如事业型孵化器更看重非经济目标，会导致合作的价值判断存在较大差异，因而目标兼容性并不太高。据此，我们对资孵合作中三类组织的目标做出兼容性假设，见表 4.2。

表 4.2　　　　　　　　　三类组织目标兼容性假设

	风险投资机构	事业型孵化器	商业型孵化器
风险投资机构	L		
事业型孵化器	M	L	
商业型孵化器	H	L	L

注：表中 H、M、L 分别代表高、中、低三个水平的目标兼容性。

假设1：组织间目标的兼容性对合作形成有显著影响，合作形成概率从高到低依次是风投与商业型孵化器、风投与事业型孵化器、同类投资机构。

（二）组织间产权差异对合作形成的影响

不同产权属性的企业表现出不同治理特征，也存在不同的社会认知，使得合作协商中出现机制和认知方面的阻力。本书研究的对象涉及国有、民营、外资三类产权形式，不同产权的投资机构之间，尤其是在国有与非国有组织之间，治理机制差异明显，合作形成中容易出现机制和认知阻力。例如，机制阻力方面，国有投资机构的决策时间可能较长，涉及审批环节较多。认知阻力方面，国有投资机构的投资者在考虑与非国机构合作时，还会存在监管方面的压力，担心一旦投资失败会受到国有资产流失的质疑；另外，不同产权下治理机制差异带来不同的管理文化，同类文化容易形成相互认可和便于沟通理解，因此，管理文化差异也导致了认知阻力。合作问题中，机会主义风险和项目风险一样突出，是制约合作形成的关键因素，机制和认知方面的阻力，使投资者对合作可能出现的机会主义风险有更多的担心，从而导致合作概率较低。因此，我们假设：

假设2：两组织间存在产权差异时，会因认知和机制方面的阻力导致合作概率相对较低。

（三）组织的资源禀赋对合作形成的影响

组织的资源禀赋是指组织拥有的现时资源或未来获取资源的能力。已有研究首先将合作的驱动因素指向资源，如同资源基础理论（resource-based theory）所言，合作是实现资源互补的一种策略，联盟形成过程实际上是企业寻找具有互补资源的合作伙伴的过程。弗拉瑞（Ferrary，2010）在研究中将投资者分为风险投资、投资银行、产业公司、私募基金四种类型，以毛斯（Mauss，1923）的"礼物交换"理论（gift exchange theory）为工具，分析认为：风险投资公司具有不确定性管理方面的优势，这种优势源自风险投资家与创业企业家的深度交往所获得的隐性知识，因此，种子期项目首轮投资最好是由风投执投。在后续投资中，原风投公司基于金融资源方面的考虑，如缺乏后续扩张投资的足够资金，或寻找上市通道等，会邀请其他投资者参与。其他类型投资者虽具有资金或 IPO 通道等优势，但缺乏项目内部信息，难以准确把握项目，需要与先期投资的风投公司合作，这种资源互补效果被称为"礼物交换"。由此认为，合作概率随着成员间资源互补性的增强而提高。

在资孵合作的投资活动中，资源的互补具体指什么？创业项目投资主要需要两类资源：一是资金；二是经验。具体讲，当面对一个创业期的投资项目时，由于前景不明，投资机构往往希望：第一，采取较少金额的尝试性投资策略；第二，参阅第三方的投资意见（Fluck et al.，2009）。为此，寻找一个有实力的投资机构进行合作就显得十分有意义，因为合作者能够分担出资、提供不同视角的投资意见，此即合作风险投资中的资源互补。

资源互补强调"互惠性"，在寻求合作时，因机构实力的对比关系不同，可能出现三种情形，其互补潜力也就存在差异：一是"强强"合作，双方都是实力强的投资机构，意味着它们均具有较强的出资能力，经验丰富，在合作投资中，协作效应明显，资源互补性强。二是"强弱"合作，由于实力相差较大，合作带来的利益是不对称的，强势的一方难以从与弱势方的合作中获得资源支持，因此此时的资源互补性较弱。三是"弱弱"合作，即双方都实力较弱，难以为对方提供支持，资源互补性最弱。

据此，我们就组织的资源禀赋对合作投资形成的影响做出以下假设：

假设 3：组织的资源禀赋特征对合作形成有显著影响，依据互补效应的强弱，合作出现概率从高到低依次是强强合作、强弱合作、弱弱合作。

将以上假设归纳起来，即如图 4.1 所示。

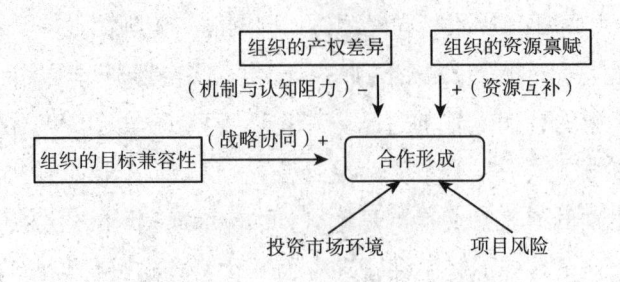

图 4.1 组织因素与合作形成之间的关系

二、实证分析

(一) 变量设计

1. 目标兼容性与产权差异度量

我们根据孵化器创办者身份的几种典型情形来区分目标类型,将由政府科技部门、开发园区、高校及科研机构创办并直接管理的孵化器界定为事业型孵化器,而将其他机构如实业集团或金融投资集团创办的孵化器,界定为商业型孵化器。根据前文的分析,商业型孵化器与风险投资机构有最高的兼容性,记为 2;风险投资机构与事业型孵化器有一定的兼容性,记为 1;而同类机构之间的兼容性最低,记为 0。产权属性则区分为国有、民营、外资三种类型,当产权属性相同时,记为 0;而产权不同时,记为 1。

2. 资源禀赋的度量

由于资源禀赋概念强调可利用资源的潜力,并且涉及多类型资源要素,因此,本章使用投资机构的市场排名作为度量指标,而不使用管理资本金的多寡来度量。较高的排名总是与较强的筹资能力、较高的市场认可、较丰富的投资经验相关(Dimov et al., 2007; Lee, Pollock & Jin, 2011),因而市场排名包含的资源内涵比单纯的资金概念要丰富,并且面向未来,不像管理资本金是个静态指标。另外，该指标相对容易取得，因为目前已有专业机构对投资领域的机构进行排名，如清科集团自2001年开始每年对投资机构的前50名进行排名，排名的主要依据包括管理资本量、新募集基金资本量、投资案例个数、投资资本量、退出案例个数、退出金额和回报水平等。

为了增强度量的稳健性，本章不对排名进行过细划分，只区分为前50名和50名之外，因为名次的细微差别可能并不代表显著差异。当投资者排名出现变化时，我们取其平均值。据此，两合作者（或潜在合作者）之间的资源互补度量指标是：第一，弱弱合作，双方均未进入前50名，互补性最低，赋值为0；第二，强弱合作，即前50名与50名之外的机构合作，赋值为1，有中等的互补性；第三，强强合作，即前50名机构之间的合作，赋值为2，互补性较强。

3. 控制变量

控制变量主要包括投资者其他方面的差异、投资市场环境变量和作为投资对象的项目风险性变量。

（1）投资者其他方面的差异，具体包括年龄差异、位置差异、投资策略差异。其中，投资策略指投资专门化还是综合化的问题，这是投资机构的一个基本经营竞争策略问题。专门化是指将投资聚焦于某个特定的范围，如特定的行业范围、特定的地域范围，这便于积累经验（Brown & Duguid，1991）、减少人员需求（Matusik & Fitza，2012），而综合化投资则对投资行业和地域没有明确限制，该策略更易于开拓投资机会。对于投资策略的专门化程度的度量，我们借鉴赫芬达尔指数（Herfindahl-Hirschman Index，HHI）并予以改进，其原始定义为：HHI = $\sum P_k^2$，其中，P_k 为投资者在 k 行业（或地域）进行的投资占其全部投资的比例。由于不同投资者参与投资的次数有较大差异，我们在计算中加入了投资次数因素，即 HHI = $\sum n_k \cdot P_k^2$，其中，n_k 是投资机构在 k 行业（或 k 地域）进行投资的宗数，这使得指标能够体现那些投资次数多且集中度高的投资者有更强的专门化策略指向。而两投资者 i 与 j 之间的投资策略差异则是 HHI = $\sum (n_{ik} \cdot P_{ik} - n_{jk} \cdot P_{jk})^2$。

(2) 投资市场环境，包括两方面的因素：第一，投资退出环境。这与我国证券市场发展程度有直接关系，因为风险投资项目退出的第一选择是上市退出。中小企业板、创业板的设立是我国证券市场发展中影响风险投资退出的重大事件，中小板的设立降低了风险项目上市退出的门槛，而创业板的设立则进一步降低了门槛。因此，我们以资本市场发展阶段哑变量作为投资退出环境的变量，如果投资发生在中小板设立前（即2004年5月之前），记为0；投资发生在中小板设立后到创业板设立前（2004年5月~2009年10月），记为1；投资发生在创业板设立后（2009年11月之后），记为2。第二，投资地的市场环境。在中国科技发展战略研究院所进行的我国风险投资系列调查中，都将北京、上海、深圳作为单独区域进行专门分析，因为这三个地方是我国风险投资发源地和最热门的地区，投资市场的竞争程度较高，配套体系也最为发达，对投资人的策略和项目选择也会产生影响。因此，我们在实证中加入了项目地域控制变量：项目所在地为这三大城市时，记为1；否则记为0。

(3) 项目风险性，也包括两个方面：项目本身的风险性和项目与投资者的行业距离。对于项目本身的风险性，根据现有文献的有效做法，以如下指标反映：一是是否为高新行业。我们根据中国科技发展战略研究院对我国风险投资行业调查中对传统与非传统产业的分类方法，项目属于传统产业的记为0；属于非传统产业的记为1。二是是否为首轮融资。当风险企业从未向投资机构融资过时，投资者能从第三方获得的信息十分有限，因而风险较高。是首轮融资记为1；否则记为0。项目与投资者的行业距离能反映投资者是否熟悉拟投资的行业，是对投资风险另一侧面的反映，我们借鉴迪莫夫和米拉诺夫（Dimov & Milanov，2009）的做法，当合作双方（或潜在合作双方）都从未在当前项目所在行业进行过投资时，记为2；当仅对其中一方而言当前项目是新行业时，记为1；当对两者而言都不是新行业时，记为0。

研究中使用的变量定义如表4.3所示。

表 4.3　　　　　　　　　　　　　变量定义表

标识	变量	定　义
因变量		
Rel	合作关系	机构 i 和 j 之间有合作取 1，无合作取 0
解释变量		
Fincomp	资源互补性	以市场排名反映资源能力。i 与 j 均未进入排名，为"弱—弱"关系，取 0；一方进入前 50 名、另一方未进入，为"弱—强"关系，取 1；双方均进入前 50 名，为"强—强"关系，取 2
Oricomp	目标兼容性	i 与 j 为商业孵化器与风险投资合作取 2，为事业型孵化器与风险投资合作取 1，为孵化器之间合作取 0
Owndiff	产权差异	i 与 j 产权属性相同时取 0，否则取 1
控制变量		
Inddiff	行业投资策略差异	以历史投资的行业分布差异 HHI 指标衡量，取对数，其中 $HHI = \sum (n_{ik} \cdot P_{ik} - n_{jk} \cdot P_{jk})^2$，式中 k 为行业
Areadiff	地域投资策略差异	同上，但 k 表征地域
Locationdiff	机构位置差异	i 与 j 在同省取 0，国内不同省取 1，其中一方为海外取 2
Agediff	机构年龄差异	i 与 j 的年龄之差
Marketstage	投资时创业板、中小板是否设立	融资时资本市场的发展阶段。均未设立取 0；中小板设立取 1；创业板设立取 3
Bigcity	项目所在区域	项目所在地为北、上、深取 1，否则取 0
Newind	项目行业距离	是 i 和 j 首次投资的行业取 2，是任一方首次取 1，不是任一方首次取 0
Hightech	是否为高新项目	项目风险性。传统产业取 0；高技术或新兴产业取 1
FirstRound	是否首轮融资	项目风险性。首轮融资取 1，其他取 0

（二）样本与数据来源

本书研究基于中国情境，因而样本全部来自中国的投资事例，投资者既有国内投资者也有国外投资者。数据主要来自 CVSource 数据库及笔者调研和公开资料，CVSource 数据库是目前国内少数对非公开股权投资事件进行广泛调研和资料收集的数据库。在数据库截至 2014 年 12 月的 15 880 宗投资事件所涉及的

9 000多家投资机构中,我们搜集到孵化器31家,它们涉及投资事件489宗,其中,合作投资134宗,单独投资355宗。这489宗事件是本章分析的核心。

由于分析中必须将合作投资与非合作投资进行比较,即需要建立对照组,而对非合作投资只涉及一个投资者,即只有投资者i,没有投资者j,因此,我们必须对单独投资的355宗事件进行虚拟配对,将i与所有可能的j进行配对,以作为潜在合作样本。循环配对将产生大量潜在合作样本,与实际合作样本的数量相差悬殊。为了解决这个问题,我们采用了随机抽样方法,抽样比例设置为5%。为了保证稳健性,进行3次抽样,形成3组样本,每组样本由134条实际合作记录与2164条潜在合作记录组成。随机抽样和虚拟配对的研究方法在格瑞夫(Greve,2009)、古拉蒂和加吉洛(Gulati & Gargiulo,1999)、鲍威尔等(Powell et al.,2005)、索仑森和斯图尔特(Sorenson & Stuart,2001)等对联盟形成问题的研究中广泛采用,是一种有效的研究合作形成问题的方法。统计结果见表4.4。

表4.4 数据描述性统计

变量	观察数	均值	标准差	最小值	最大值	分类变量频数分布(%) 0	1	2
合作关系	2298	0.0474	0.213	0	1	95.26	4.74	—
资源互补性	2298	0.897	0.696	0	2	23.93	50.48	25.59
产权差异	2298	0.602	0.490	0	1	39.77	60.23	—
目标兼容性	2298	0.359	0.654	0	2	41.56	34.99	23.46
地域投资策略差异	2298	1.189	3.033	-8.742	7.939	—	—	—
行业投资策略差异	2298	0.532	3.028	-9.197	7.617	—	—	—
机构位置差异	2298	0.890	0.560	0	2	21.80	67.41	10.79
机构年龄差异	2298	6.823	6.793	0	55	—	—	—
项目所在区域	2298	0.624	0.484	0	1	37.55	62.45	—
市场发展阶段	2298	1.650	0.634	0	2	8.70	17.62	73.67
是否为高新项目	2298	0.755	0.430	0	1	24.46	75.54	—
是否为首轮融资	2298	0.790	0.408	0	1	21.02	78.98	—
是否首次涉足行业	2298	0.834	0.743	0	2	37.29	42.04	20.67

注:基于第1组样本,第2组、第3组样本略。

（三）回归分析

根据问题特征，此处我们选择 logit 回归分析方法，模型基本形式是 $\hat{y}_{ijt} = X'\beta + \varepsilon_t$，式中，$\hat{y}_{ijt} = prob(y_{ijt} = 1 | X, \beta)$，$\hat{y}_{it} = x'_{it}\beta + u_i + \varepsilon_{it}$，$\hat{y}_{it} = prob(y_{it} = 0 | x_{it}, \beta, u_i)$ 是在因素向量 X 作用下，在对 t 项目的投资决策中，孵化器 i 选择与另一机构 j 合作投资的概率。具体有两个模型：

模型一只纳入了机构之间的差异变量，即：

$$\hat{y}_{ijt} = c + fincomp_{ij}\beta_1 + oricomp_{ij}\beta_2 + owndiff_{ij}\beta_3 + inddiff_{ij}\beta_4 + areadiff_{ij}\beta_5 + locationdiff_{ij}\beta_6 + agediff_{ij}\beta_7 + \varepsilon_t$$

模型二在模型一的基础上加入了投资市场环境变量和项目风险性变量，即：

$$\hat{y}_{ijt} = c + fincomp_{ij}\beta_1 + oricomp_{ij}\beta_2 + owndiff_{ij}\beta_3 + insdiff_{ij}\beta_4 + areadiff_{ij}\beta_5 + locationdiff_{ij}\beta_6 + agediff_{ij}\beta_7{}_t + marketstage_t\beta_8 + bigcity_t\beta_9 + newind_t\beta_{10} + hightech_t\beta_{11} + firstround_t\beta_{12} + \varepsilon_t$$

回归结果如表 4.5 所示。

表 4.5　　　　　　　　　回归结果表

因变量：合作关系	基于第一次配对样本		基于第二次配对样本		基于第三次配对样本	
	模型 1	模型 2	模型 1	模型 2	模型 1	模型 2
截距	-4.930 *** (0.514)	-4.240 *** (0.824)	-5.099 *** (0.516)	-3.526 *** (0.867)	-5.040 *** (0.512)	-3.795 *** (0.823)
产权差异	-0.668 *** (0.246)	-0.631 ** (0.261)	-0.632 *** (0.245)	-0.668 ** (0.260)	-0.857 *** (0.243)	-0.834 *** (0.261)
目标兼容性（=1）	3.997 *** (0.438)	4.287 *** (0.451)	3.915 *** (0.436)	4.124 *** (0.446)	3.937 *** (0.438)	4.414 *** (0.461)
目标兼容性（=2）	4.104 *** (0.462)	4.447 *** (0.497)	3.979 *** (0.459)	4.362 *** (0.491)	4.265 *** (0.465)	5.004 *** (0.530)
资源互补性（=1）	0.648 ** (0.304)	0.597 * (0.321)	0.591 * (0.306)	0.559 * (0.326)	0.729 ** (0.310)	0.692 ** (0.331)

续表

因变量：合作关系	基于第一次配对样本		基于第二次配对样本		基于第三次配对样本	
	模型1	模型2	模型1	模型2	模型1	模型2
资源互补性（=2）	1.047*** (0.363)	1.005** (0.392)	0.945*** (0.358)	0.839** (0.384)	1.040*** (0.368)	1.095*** (0.392)
地域投资策略差异	0.078 (0.138)	0.091 (0.148)	0.121 (0.142)	0.054 (0.148)	0.138 (0.146)	0.071 (0.156)
行业投资策略差异	-0.075 (0.133)	-0.068 (0.144)	-0.080 (0.139)	-0.015 (0.147)	-0.101 (0.143)	-0.014 (0.153)
机构位置差异（=1）	-1.561*** (0.246)	-1.657*** (0.265)	-1.301*** (0.237)	-1.427*** (0.259)	-1.418*** (0.241)	-1.630*** (0.266)
机构位置差异（=2）	-0.727* (0.401)	-1.171*** (0.433)	-0.593 (0.395)	-0.770* (0.422)	-0.657* (0.386)	-0.877** (0.420)
机构年龄差异	-0.011 (0.020)	-0.001 (0.020)	-0.001 (0.019)	-0.001 (0.019)	-0.012 (0.020)	-0.014 (0.021)
项目所在区域		-0.112 (0.269)		-0.424 (0.269)		-0.546** (0.270)
市场发展阶段（=1）		0.715 (0.599)		0.325 (0.603)		0.998* (0.591)
市场发展阶段（=2）		0.983* (0.550)		0.291 (0.573)		0.795 (0.542)
是否为高新项目		-0.497 (0.306)		-0.451 (0.289)		-0.690** (0.313)
是否为首轮融资		-1.516*** (0.274)		-1.378*** (0.261)		-1.687*** (0.273)
是否首次涉足行业（=1）		-0.374 (0.284)		-0.302 (0.276)		-0.212 (0.286)
是否首次涉足行业（=2）		-0.699 (0.441)		-1.058** (0.450)		-0.943** (0.460)
模型估计效果							
样本数	2 298	2 298	2 298	2 298	2 298	2 298
Log likelihood	-283.158	-256.902	-289.747	-265.809	-285.673	-254.839

续表

模型估计效果						
LR chi^2	310.991	363.504	297.813	345.690	305.962	367.628
Pseudo R^2	0.354	0.414	0.339	0.394	0.349	0.419
预测为1时的正确率（%）	47.05	72.41	47.28	73.12	58.33	78.57
预测为0时的正确率（%）	95.57	96.12	95.25	95.93	95.53	96.16
整体预测正确率（%）	95.21	95.82	95.21	95.34	95.34	95.95

注：显著性标记为：*p<0.1；**p<0.05；***p<0.01。括号内为标准误。

回归结果表明：第一，三组样本的估计结果和模型效果非常相近，反映了抽样方法的有效性。并且主要解释变量的作用都符合我们的预期，模型设置和分析有效。第二，目标兼容性对合作形成的影响非常突出，在所有估计中都有高显著，并且系数最大。该结果验证了前文假设的有效性，说明孵化器的目标定位对合作投资有最重要的影响，商业型孵化器与风投的目标协同性强，合作概率最高（变量取值2时的系数显著大于取值1时）。第三，产权差异对合作形成有负面影响，表明同类产权性质更易形成合作，支持了前文对同类产权更易在合作中形成相互认同的假设。第四，资源互补性对合作形成也有显著影响。由于回归中比照值为变量取0，变量取值1和2时的系数显著，且取值为2的系数要高很多，说明强强合作概率高于强弱合作，强弱合作概率又高于弱弱合作。第五，控制变量中，机构位置差异对合作有负面影响，机构之间的距离反映两者熟悉程度和沟通成本，较远的距离会产生较高的沟通成本，熟悉程度也较低，因而导致合作意愿降低。其他控制变量中只有反映项目本身风险性的一些变量显著，且系数均为负，尤其是首轮融资变量。这表明项目风险高，合作投资概率就低，其原因可解释为：进行合作投资时，将面临合作者的机会主义风险，如果此时项目本身风险也比较高，两者叠加，总风险较高，降低了合作形成概率。

三、结论与政策建议

(一)组织目标的战略协同对合作形成有最重要的影响,发展商业型孵化器有助于推动资孵合作

1. 发展商业型孵化器的必要性

从实证分析结果看,目标兼容性变量的作用最显著,系数值最大,反映出它对合作投资具有最重要的影响。根据研究中的度量方法,其具体含义指:风投与商业型孵化器的合作投资概率明显高于风投与事业型孵化器、孵化器之间的合作。

目前我国孵化器行业中,事业型孵化器占据主体。该结果提示我们应该更多地发展商业型孵化器,以促进孵化产业与风投产业更紧密地融合,解决企业孵化过程中的资金短板。在本章研究的31家孵化器中,有14家属于事业型,其中由各类开发园区创办的7家,高校及科研院所创办的4家,科技厅局创办的3家,在其他条件相同的情况下,它们与风投合作的概率相对较低。就全国孵化器而言,事业型孵化器所占比例更高,以2014年底的608家国家级孵化器为例,其中由政府部门直接创办的孵化器有161家,占比26.5%;由各类开发园区创办的有188家,占比30.9%;由高校和科研院所创办的有35家,占比5.8%。三者合计占比达63.2%[①]。虽然这些孵化器多数以企业法人形式存在,但其创办者的非经济目标在很大程度上导致了这些孵化器的目标多元性。

商业型孵化器的核心含义是实现孵化器的企业化运营,真正以市场为导向孵化企业,也才会在经济动机驱使下主动承担经营风险,才会主动地、有效地进行孵化投资和寻求合作投资者。以色列的实践经验证明了商业型孵化

---

① 根据《中国火炬统计年鉴(2015)》和公开资料计算。

器发展的重要性。以色列是孵化行业发展比较成功的国家，在早期阶段，以色列建立了许多公立孵化器，但后来将大量公立孵化器私有化，实现企业化运作，目的就是借助市场力量迫使孵化器提高自身的运作效率（Shmuel，2002）。有学者较早就指出事业型孵化器会存在激励机制不足的问题，从而限制孵化器的发展，将孵化器企业化，就可以解决激励问题（林民书和张树全，2005）。在笔者的调查中，也有人担心孵化器企业化运营会导致孵化器尽可能将成本转嫁给在孵企业，降低孵化效果。本书认为，企业化运营的孵化器基于自身利益考虑，会在成本分担和服务吸引力之间进行平衡，如同任何市场化企业在产品价格与产品功能、质量之间进行平衡一样。同时，孵化器企业化运营并不等同于完全市场化，基于孵化效果的外部性，政府应当适当给予补贴，完全市场化模式下则不存在政府补贴问题。

孵化器的商业性定位与政府补贴的必要性，归根结底在于孵化服务在经济学意义上的"混合物品"属性，即兼具公共物品和私人物品两种属性。孵化器的公共物品性质是因为孵化器通过服务促进企业成长，可对当地就业、经济发展做出贡献，但它并不将这些效益完全据为己有，存在正的外部性。例如，美国企业孵化器协会（NBIA）的研究显示，每向孵化器投入1美元公共资金，就能产生大约30美元/每年的税收收入。但从另一个角度，我们又不能把孵化器简单地定义为公共物品，因为孵化器的服务不是免费的，企业只有在支付一定数量费用（如房屋租金等）后才能享受到孵化服务。根据公共经济学对混合物品的细分，孵化服务属于第Ⅰ类，即可市场竞争经营的公私混合物品，类似物品还包括医疗、教育、公园等，它们的基本特征是具有私人属性，也具有某种程度的公共性，并且其公共性程度在行业内部的差异也很大。这类物品的价格应由市场经营价格（私人价格）和政府补偿两部分组成，如果没有政府补偿，物品提供者以私人边际收益作为供给或支出的预算约束线，其供给量会低于社会福利最优量。政府应当根据物品具体的公共性程度确定补偿标准，在政府确定合理补偿比例过程中，存在成本信息不对称问题，混合物品提供者可能虚增成本来获取更多补偿，为了解决这一问题，有效的做法是鼓励混合物品提供者之间的相互竞争，通过竞争来揭示其内部信息。增强竞争的有效措施之一就是让混合物品提供单位参照企业运作。

2. 多形式分类推动孵化器商业化运营的途径

发展商业型孵化器，要注意与完全市场化的区别，依据实际服务目标，采取多种形式实行商业化运营。

采取多种形式来推动商业化运营的必要性来自经济学上混合物品提供模式的多样性。如上文所述，公共性程度是决定混合物品提供者经营模式的关键变量，具体到一个地区，具体到一个特定的孵化器，它的公共性程度会有不同表现。例如，在经济和科技相对落后、就业压力相对较大的地区，当地政府创办一个孵化器，它的公共性目标和公共性职能就会表现得较强一些；相反，在经济较为发达的地区，或孵化器已发展到较为成熟的阶段，其公共性就表现得较弱一些。因此，我们认为孵化器的商业化运营应当区分不同情况分类实施。

孵化器的公共性程度，以其所处的发展阶段、其实际提供服务的内容以及其具备的社会功能为划分标准。宋德文（2000）在考察美国孵化器发展经验的基础上，把孵化器分为四个发展阶段：第一个阶段是以帮助企业组织创立为目的的发展阶段。这种类型的孵化器以降低失业率为目的，大多数以非营利机构和混合型企业孵化器为主。第二个阶段表现为由单个孵化器向孵化系统转变，此时孵化器运营过程强调与政府相关部门的协调。第三个阶段是孵化器的企业化经营阶段，即随着孵化器创业服务功能和自我发展能力的加强，开始尝试商业化运营。第四个阶段是风险投资发展阶段，此时孵化器增强了风险投资功能。景俊海（2001）则把孵化器的发展阶段划分为经典综合型企业孵化器、现代综合型企业孵化器、专业人才企业孵化器、国际企业孵化器、虚拟企业孵化器和风险投资集团孵化器等不同发展阶段。

参考上述研究，在主要考虑孵化器公共性程度的情况下，我们将孵化器可分为三种类别：一是基础孵化器，也就是宋德文（2000）所言的第一阶段，该阶段具体指那些处于经济相对欠发达地区，以促进地方就业和经济增长为主要目的，仅能够为在孵企业提供物业、工商税务和一般商务及信息服务的孵化器。这类孵化器一般是综合性孵化器，对入驻对象没有明确的行业限制。我国二三线城市所建的孵化器有许多都停留在该阶段，美国许多社区型孵化器也属于此类。二是"明星"孵化器，处于该阶段的孵化器自身在资金、技术服务等方面已具备较强的实力，自我发展能力较强，孵化服务的目标是培育行业细分领域内具有高成长潜力的公司，即"明日之星"，其社会功能主要是促进当地经济或特定产业在未来的竞争力。这类孵化器在经济发达城市或大型产业集团中较为多见。三是延伸孵化器，这是处于以上两者之间的一种状态，此时孵化器承担的基础孵化职能仍然非常重要，但不同于初级阶段，由于自身实力的积累和地区经济的发展，在孵企业有需要而孵化器也有条件提供技术、资金等方面的延伸性增值服务，孵化器的公共性职能体现为为地区经济和产业增长点的培育做出更大贡献。这三个阶段的关键差别如表4.6所示。

表4.6　　　　　　　　　孵化器公共性程度区分

发展阶段	公共性	优先目标	主体服务功能	典型例子
基础孵化	高	提高企业成活率，促进就业，服务社区	提供低成本经营场所和工商财税上的协助	高明沧江工业园科技企业创业中心、江门市科技创业服务中心等众多二三线城市举办的孵化器
延伸孵化	中	从事基础孵化的同时，试图培育产业或地区经济增长点，孵化追求由数量向质量转型	由基础服务初步向专业技术服务、投融资服务拓展	中山火炬高技术创业中心有限公司、广州市高新技术创业服务中心等
明星孵化	低	发掘和培育细分行业领域的未来"新星"，追求高回报，服务产业升级	以技术与商业咨询协作、投融资及资本运作为主	联想之星、深港产学研基地等

3. 不同商业化运营模式案例

（1）政府建设，由企业性单位（多为国有）进行管理运营，并由政府给予补贴的模式。实践中，与其他商业化运营模式相比，该模式较为多见。如天津科丽泰科技企业孵化器是由天津市东丽区科委为主体兴建的一家国家级孵化器，它的管理运营由专门设立的孵化器有限公司负责，该公司注册资本

600万元，管理人员10人，在区科委领导下独立运营，实行总经理负责制。同样的例子还有涪陵高新技术孵化中心，该中心也是一家国家级孵化器，由重庆市科委和涪陵区政府为主体于2003年开始建设，并于2004年设立金渠企业孵化器有限责任公司负责孵化中心的运营管理。广东省的中山火炬高技术创业中心与此情况大体相似。在该模式下，负责园区运营的企业单位在产权上往往是公有性质，采用企业化管理的目的主要是使孵化器能够自收自支，逐步培育孵化器的自主发展能力。政府在运营中通常还会通过专项投资、孵化基金拨款甚至运营成本补助等不同形式给予资金支持。

（2）政府成立全资公司进行开发和管理运营，并可获取政府补贴的模式。例如，广东拓思软件科学园是国家"863"软件专业孵化器广东基地，是专业培育软件企业的孵化器，其目标是构建软件共性技术支撑体系、产业配套服务体系和资源整合平台，为中小软件企业提供公共技术资源服务和综合服务，促进科技成果转化。软件科学园的开发建设以及运营管理都是由广东省科技厅2002年4月筹建的国有独资企业——广东拓思软件科学园有限公司负责，广东省生产力促进中心为公司的国有资产管理部门。

（3）政府提供土地等基本条件，由企业负责开发和管理运营，并由政策提供补贴的模式。例如，位于江苏苏州的太仓LOFT工业设计园，是江苏省首个以工业设计创新与孵化为主题的孵化器基地，位于太仓CBD核心区域，占地3万平方米，建筑面积3.6万平方米。它是在太仓市政府利用土地转换出来的一个旧不锈钢厂厂房的基础上，由深圳灵狮文化产业投资有限公司进行改造而成，该园的运营管理同样由灵狮公司负责，灵狮公司是国内较早专注于中国工业设计产业运营的企业，它在全国拥有4个以工业设计为主体的园区。在设计园的发展中，政府只负责从产业发展政策、园区总体配套及公共平台建设等方面给予政策和资金扶持。

（4）政府与企业成立合资公司进行开发和管理运营，并由政府提供补贴的模式。例如，苏州国环节能环保创业园是坐落在苏州国家高新区内的以环保产业培育为主题的孵化器，它是在2003年1月由苏州高新区、中节能实业发展有限公司、中国环境保护公司、苏州新区创新科技投资管理有限公司共同出资5 000万元成立的苏州国家环保高新技术产业园发展有限公司开发建设而成，并由该公司设立的苏州国环节能环保创业园管理有限公司负责运营，在运营中，高新区政府给予资金方面的补助与支持。

（5）完全由市场化企业建设和运营，由政府提供引导性补贴的模式。例如，广州联炬科技企业孵化器是2009年11月国家科技部认定的国家级孵化器，也是广州市第一家民营国家级孵化器。它最初是2003年在广州白云区政府支持下，由广东大华仁盛科技有限公司投资建设，其管理运营权先后在广州白云区科技局生产力促进中心、国有的广州八六三科技服务有限公司、广州民营科技园管理委员会，最终于2008年4月交回广东大华仁盛科技有限公司，该公司专门设立广州联炬科技企业孵化器有限公司负责运营管理，从而最终实现了企业建设、企业运营的完全市场化模式。另外的例子还有深圳南山创业服务中心的第7孵化基地——深圳市军工科技产业园，该园由深圳市南航电子工业集团于2009年9月投资兴建，实行企业投资、企业管理。

上述各类商业化运营模式体现于政府等公共部门在孵化器发展运营中的不同参与程度，政府参与程度越高，它所体现的公共性程度也就越高，因而也就适应于不同发展阶段和不同功能定位的孵化器。当局根据孵化器所处阶段和外部条件进行恰当选择，并且模式选择并非一成不变，同一阶段也存在多种企业化模式可供选择，实践中还可不断创新运营模式，唯有提高孵化服务效率的目标恒定不变。

（二）组织的资源禀赋是影响合作形成的重要原因，加强孵化器自身实力能够推动资孵合作

1. 加强孵化器自身实力的重要性

实证结果显示，资源互补对合作形成有显著的正向影响，强强合作易于强弱合作，而强弱合作又易于弱弱合作。该结果的政策含义是：加强孵化器自身实力是促进资孵融合的重要方面。自身实力（资金、经验、声誉等）是承担投资风险的前提，只有在孵化器具备相当实力的条件下，才有能力与其他投资者共同向风险企业进行投资，合作也才相对容易形成。在本章研究的

31个孵化器中，有些拥有数亿元的可投资资金，如创新工场为5亿美元，联想之星为人民币4亿元，起点创业营为人民币2亿元，有些则比较少，如上海紫竹是7 000万元。而就全国孵化器而言，多数孵化器的实力较弱，以官方公布的孵化基金指标为例，在截至2014年底的统计数据中，全国1 748家孵化器平均每家拥有孵化基金1 301万元，东北地区最低，只有658万元。如果以在孵企业数量平均，则可用于每家在孵企业的孵化基金只有29万元，东北地区为16万元。与此同时，在孵企业能够获得的外部风险投资也很少，按在孵企业数平均后，每家只能获得18万元风险投资（见图4.2）。

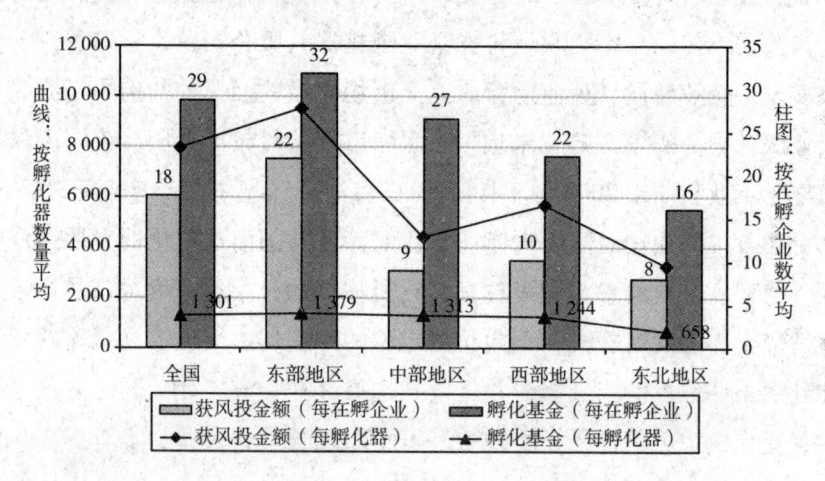

图4.2 全国孵化器资金实力与获风投情况对比

资料来源：科技部，中国火炬统计年鉴2015［R］. 北京：中国统计出版社，2015。

2. 增强孵化器自身实力的途径

（1）孵化器实力建设重在增强其专业能力。要增强孵化器自身实力，增加资金筹措和投入方面自不必说，但从与风险投资合作的角度看，孵化器应当培育的特色和优势并不在于资金实力的提高，而在于专业服务能力的提高。孵化服务也是一项专业活动，实际上，许多国际组织和学者早已把当代孵化器归入专家型服务组织（professional service firm, PSF）一类（Aaboen, 2009）。1996年经济合作与发展组织发表题为《以知识为基础的经济》的报告指出，现代经济是建立在知识生产、分配和消费之上的经济，相应地，社会上产生了许多专业服务公司，如会计师事务所、律师事务所、管理咨询公司、工程咨询公司、各类科技服务中介等。有学者通过对典型专业服务组织的分析，总结了专业服务组织不同于传统经济组织的典型特征：服务内容具有较高的知识密集性；服务团队具有较高的专业水平；组织运作所需资金不是关键要素，资金多少不能决定其服务质量。由于服务内容的知识密集性，专业团队的构建以及专业团队知识学习、积累和利用是专家型服务组织组织发展的关键。

当代孵化器已明显不同于第一代孵化器。第一代孵化器主要通过办公场所和设施的共享来获取"范围经济"（scope economy），以此降低创业成本，帮助创业企业成长，而当代孵化器的服务向延伸发展，除了一般性商务服务外，知识性服务的比重和作用越来越突出，"组织学习"（organizational learning）成为孵化器的重要功能。所谓组织学习，是指孵化器要通过服务，压缩创业企业在技术商业化、融资、市场营销与内部管理等方面摸索学习的时间、成本，以此帮助创业企业成功。大量案例和调查研究也已证实，能够提供有效的专业服务成为当前决定孵化服务质量的关键，这些专业服务包括技术顾问、市场营销、资本运作等（Wang & Gu, 2012; Sun et al., 2007）。

因此，孵化器实力建设重在培育它在所服务的细分行业中具备一定的专业专长，这种专长可体现为了解行业前沿动态信息，对行业发展动向和前景有洞察力，或体现为具备专业所需的关键技术设施和技术咨询服务能力，抑或对本行业具有丰富的投资和企业管理经验，能够为创业者提供企业管理方面的真知灼见。

培育孵化器的专业能力，就能够打造其自身的组织禀赋优势，从而吸引风险投资的关注和合作；同时，它又是一种保障，专业能力越强，对孵化项目的筛选、对孵化企业的培育和支撑都会有更好的效果，从而提高风险投资与其合作投资的效果。

（2）应将提高专业型孵化器的份额作为战略举措。专业型孵化器是相对于综合孵化器而言的，综合孵化器的服务对象没有严格限定，而专业孵化器通常只服务于特定行业内的创业企业。从孵化器发展历程来看，最初的孵化器都采用综合模式，如我国最早的孵化器"武汉东湖创业中心"、美国1959年由乔·曼库索创办的世界第一个企业孵化器等，孵化器都没有对申请入孵的企业进行行业限制，这主要是出于孵化器本身生存的需要，希望有更多的企业入驻，或者是出于促进当地社区就业的考虑，鼓励各种类型的创业。

随着孵化行业的发展，综合孵化模式很快就暴露出先天的不足，即对入驻企业迫切需要的技术服务的服务能力不足，例如，服务团队因缺乏专业知识，在技术转移、技术开发、实验检测等方面难以提供有效服务。而实际上，对于科技创业企业，物业、法律、财务代理等方面的服务往往不及技术上的帮助来得重要。而专业孵化器具有明显优势，它针对特定行业需求建设，配备相应的技术设施和服务人员，服务能力更为突出，能够切实贴近入驻企业的技术、管理等方面的服务需求（李云鹤和李湛，2010），专业孵化更易产生范围经济效果、学习效率提升的效果。

根据调研，目前孵化器在数量上仍以综合孵化器为主，但专业孵化器扮演着越来越重要的角色。广东全省孵化器中，综合类占到82%，专业孵化器只占到18%，专业孵化锁定的目标行业集中于软件业、服装业和集成电路产业等。在专业孵化器中，国家级的只有1家，其余均为省级，规模和实力相对较小。但同时我们也注意到，有许多孵化器正在尝试将综合孵化与专业孵化相结合，通常的做法是在孵化器内部设置专业孵化模块（基础）。这种模式是基于我国孵化器发展历史做出的现实选择，但从孵化器整体看，它服务的对象仍然是多元化的，各孵化模块也不具备独立的资源筹集能力或筹集能力较弱，当孵化资源有限时，该模式仍然不能实现孵化目标和资源的凝聚。

以美国的经验为对照，其综合孵化器所占比例为54%，比我国的比例明显低一些。美国在20世纪末就开始大量涌现专业孵化器，近年其比例大体维持稳定。产业聚焦是美国孵化器发展的重要特征，即使是综合类型的孵化器，也会把孵化集中放在极少数的几个行业中。根据实际入驻企业情况统计，没有产业聚焦的孵化器只占到38%。在聚焦的产业中，信息技术产业排名第一，占到26%；生物科技居第二，占到22%；计算机软件、能源、环保技术分别占18%（NBIA，2012）。美国孵化器产业聚焦情况如表4.7所示。

表 4.7　　　　　　　　　　美国孵化器产业聚焦情况

行业类别	服务于该行业的孵化器数量占比（%）	行业类别	服务于该行业的孵化器数量占比（%）
特定行业目标	38	新材料	7
信息技术	26	计算机硬件	7
生物科学（生命科学）	22	媒体	7
计算机软件	18	纳米技术	7
能源	18	安防设备与服务	6
环境（包含清洁技术）	18	航天	4
医疗与保健技术	15	医疗与保健服务	4
医疗器械	13	其他	4
互联网	12	艺术	3
一般服务与专业服务行业	12	建筑	3
移动应用	11	零售	3
无线技术（RFID、Wi-Fi等）	11	非营利组织	2
电子与微电子	10	木材/林业技术	1
通信	10	时尚	0.5
生物科学（农业与种植）	9	旅游	0.5
餐饮	9		

资料来源：NBIA，2012。

3. 孵化器专业能力建设案例

【案例借鉴1】

英国"可持续发展加工产业中心"通过行业内共性技术设施建设提高孵化器专业能力

专业孵化最大的好处是将有限的资源凝聚于特定领域，提高了孵化器的专业技术"精深"服务能力，例如，可将有限资金用于构建共性技术服务设施，从而降低入驻企业的技术研发成本；再如，孵化器在场所和服务人员有限的情况下，可把更多精力放在联络行业专家，组织专门技术交流活动，增强服务的针对性，并且容易产生入驻企业间的相互学习，形成"组织学习"

效果。而在综合孵化模式下，入驻企业需求千差万别，这一点是很难实现的。

这方面的成功例子有很多，英国东北地区有一家科技企业孵化器，名为"可持续发展加工产业中心"，它专注于低碳科技领域的生物燃料、碳回收、垃圾变能源、燃料电池、氢能源等可持续发展能源。该中心为入驻企业提供大量该领域研发所需的实验设施和测试仪器，如燃料电池测试实验室、化工产品发酵车间、工业生物科技实验室、化工原料加速反应设备以及结晶器和纳米仪设备等。化工产品发酵车间分为上下两层，楼上无菌反应室有若干1 000升发酵罐，并通过管道导入楼下分类罐，无用的反应剩余物直接丢弃，有用的成品或直接提取或与其他制品混合。这些发酵罐可以帮助企业生产酵母、酶等一系列化工、生物化学产品。公共实验设施的存在使创业企业无须购置昂贵的专用设备或负担设备的日常维护成本，显著地降低了入驻企业研发成本和创业门槛。

【案例借鉴2】

上海聚科生物园区依托技术"领头羊"打造专业团队来提升孵化器专业能力

在孵化器专业能力建设中，比技术设施更重要的是人力资本建设，要搭建一支既有精英又有众多良好专业素养的专业技术人员组成的专业服务团队，这是打造孵化器核心竞争力、增强服务能力和吸引创业资本的关键要素之一。

"忽略专业孵化器建设中的专业化服务团队打造，就是制约目前专业孵化器建设质量的重要问题。……孵化器团队对所属专业孵化器的行业状况、领域形势、产业链上下游市场情况等，必须具备起码的知识和技能，具备起码的感知感悟，具备起码的资源整合能力；否则，孵化服务从何谈起。"这是西安高新技术创业服务中心主任王自更面对访问时所谈的对我国孵化器专业化发展问题的看法，这些话恰好说明了我国孵化器专业团队建设的重要性和紧迫性。"领头羊"就是某个领域的行业精英，它本身是一种重要的智力资本，同时还在领域内具有一定的号召力，有了"领头羊"，就有了专业团队建设的基点和"磁场"，就如同本案例所展示的那样。

上海聚科生物园区是聚焦于生物医药的专业孵化器，其服务团队和入园企业从始至终未离开生物医药这个产业。其总经理张炯可谓这支团队的"领头羊",他具有临床医学、基础医学、生物技术等多重背景,并具备多年国际合作的经验,对生物企业的战略发展、企业运作等具有丰富的经验,他在团队建设中发挥了关键作用。

2003年初,在结束了长达七年的国外学习工作生活后,张炯回到中科院上海生命科学研究院工作。不久,受领导委托,他带着200万元启动资金到徐汇区开始创建上海聚科生物园区,很快就积聚了十几家刚刚创立的生物医药企业。它们有些从事药物靶点的发现,有些从事小分子药物的合成与筛选,有些从事诊断试剂的开发,有些从事技术服务。这些企业有一个共同点,就是几乎每家企业的老板都是博士,这些人的专业技能都比较扎实。

张炯在国外生活工作的时间较长,对国外的情况相对熟悉,能很快把国外的动向和趋势告知企业,他也会时常和这些博士讨论生物技术企业的发展环境及企业发展中遇到的难题。作为园区的管理者,张炯无形中承担起培养专业服务团队的重任,承担起对孵化器工作人员、企业联络员进行培训、辅导的使命,以提升园区工作人员的孵化服务能力。从建园开始,张炯就围绕客户企业需求,吸纳各方面专业服务人才,打造聚科团队,现在团队成员中包括生物技术、临床医学、工商管理、经济管理、创新管理等多个专业领域的人才,分别扮演专业技术服务、专业孵化管理、市场营销协助和平台操作等不同角色。这种多元化的学科背景,保证了园区能够为在孵企业提供全方位、专业化的服务,帮助园区企业在技术开发和市场拓展上获得成功。"聚科人已经成长为国内中小生物技术企业的'孵化专家'。"张炯自豪地说。建园以来,聚科团队核心成员没有一个人离开,这在孵化器行业中极为罕见。

【案例借鉴3】

以色列的 Meytav

Meytav 是一家著名的科技企业孵化器,也是以色列最大的孵化器之一,它培育出了诸如 Protalix 生物医药公司等一些知名公司。Meytav 于1991年由以色列工贸及劳工部的首席科学家办公室和谢莫纳城(Kiryat Shmona)地方政府共同出资设立，2003 年私有化，2005 年被上市公司 Biomedix 孵化器有限公司收购（Biomedix 由几家大型投资公司控股）。Meytav 在生物医药和医疗设备方面具有卓著的孵化投资能力，这与它拥有一个专家型管理团队有关，它的 CEO 艾格蒙（Ido Agmon）具有生命科学专业背景和 MBA 学位，艾格蒙以及 CTO 和其他管理团队成员都具有丰富的生物医药领域从业经验，他们曾服务的公司包括 Teva 医药公司和 UBT 医药公司等，前者是世界最大的常规药物生产商之一，他们在这些公司中拥有董事等高管职位。正是由于团队深厚的专业背景，才成就了 Meytav 在生物医药领域不菲的孵化成绩。

（三）产权差异妨碍合作形成，应当鼓励更多民营和外资孵化器的发展

实证结果提示，产权差异对合作投资的形成有显著的不利影响，这种不利影响可能来自管理体制和认知方面差异产生的协调困难。目前在我国孵化器行业中，绝大多数孵化器产权属于国有性质，例如，我们近期对 748 家有一定规模的孵化器进行资料搜集，发现约 90% 的孵化器产权属国有性质。而在风险投资市场，虽然国有机构仍占据重要份额，但其趋势表现为产权的日益多元化，外资和民营资本比重有所上升。因此，根据本书的结论，为了推动资孵融合，应当促进孵化器产权的多元化，鼓励更多民营、外资企业创办或参与孵化器建设，民营、外资企业较高的逐利性有利于孵化器更积极地寻求外部资金合作，并更积极地对有前景的项目进行自有资金投资。同时，外资孵化器的发展还可能带来国外的经验和资源。例如，上海张江高科技开发区 2002 年引进美国橡子园公司，在开发区内设立了橡子园风险投资管理（上海）有限公司和上海橡子园孵化器，该公司总部坐落于美国硅谷，是一家高科技创投基金及加速孵化中心，对它的引入有助于对接硅谷的创业资本和创新资源。再如，2011 年，哈尔滨创投公司与以色列英飞尼迪公司合作成立了哈尔滨哈以孵化器，目的就是引进以色列玛雅风险投资公司的先进孵化器运营模式，为在孵企业提供一系列的服务支持。

本章参考文献

[1] Daft, R. L. Essentials of Organization Theory and Design [M]. 李维安等译. 北京: 机械工业出版社, 1999.

[2] Ferrary M. Syndication of Venture Capital Investment: The Art of Resource Pooling [J]. Entrepreneurship: Theory & Practice, 2010, 34 (5): 885 – 907.

[3] 左志刚. 风险投资战略联盟动机研究 [J]. 战略决策研究, 2014, (03)

[4] Fluck Z, Garrison K, Myers S. Holding Hands or Tying Hands? A Theory of Syndication in Venture Capital Investments [M]. Michigan State University, 2009.

[5] Brown J S, Duguid P. Organizational Learning and Communities-of-practice: Toward a Unified View of Working, Learning, and Innovation [J]. Organization Science, 1991, 2 (1): 40 – 57.

[6] Matusik S F, Fitza M A. Diversification in the Venture Capital Industry: Leveraging Knowledge under Uncertainty [J]. Strategic Management Journal, 2012, 33 (4): 407 – 426.

[7] Dimov D, Milanov H. The interplay of need and opportunity in venture capital investment syndication [J]. Journal of Business Venturing, 2010, 25 (4): 331 – 348.

[8] Greve H R. A Matching Theory of Alliance Formation and Organizational Success: Complementarity and Compatibility [J]. Academy of Management Journal, 2009. 52 (5): 975 – 995.

[9] Yerushalmi S. Incubators in Israel: ten years of experience also belongs to category [J]. The International Journal of Entrepreneurship and Innovation, 2002, 3 (4): 295 – 299.

[10] 林民书, 张树全. 科技型企业孵化器企业化运营问题研究 [J]. 软科学, 2005, 19 (6): 90 – 93.

[11] NBIA. Defending Incubator Budgets During Tough Economic Times [EB/OL]. http://www.nbia.org/njbin/oct10/defending.php, 2009.

[12] 伍世安, 王万山. 混合物品的价格形成与优化分析 [J]. 当代财经, 2004 (1): 14 – 21.

[13] 宋德文. 美国孵化器的发展沿革 [J]. 政策与管理, 2000 (9): 16 – 22.

[14] 景俊海. 企业孵化器的科学分类及社会关系分析 [J]. 科学学与科学技术管理, 2001 (1): 53 – 56.

[15] Aaboen L. Explaining incubators using firm analogy [J]. Technovation, 2009, (29): 657 – 670.

[16] Von Nordenflycht A. What is a professional service firm? Toward a theory and taxonomy of knowledge-intensive firms [J]. Academy of Management Review, 2010, 35 (1): 155 – 174.

[17] Wang Y, Gu Y. The Comparative Analysis of University Incubators and Non-University Incubators [J]. Journal of Convergence Information Technology, 2012, 3 (7): 18 – 26.

[18] Sun H, Ni W. Joseph L. Critical Success Factors for Technological Incubation: Case Study of Hong Kong Science and Technology Parks [J]. International Journal of Management, 2007 (24), 2: 346 – 363.

[19] 李云鹤, 李湛. 专业孵化器及其在我国发展中的问题研究 [J]. 科技管理研究, 2010, (13): 58 – 61.

[20] NBIA. 2012 State of the Business Incubation Industry [R], U.S.: NBIA Publications, 2012.

[21] 吴洁. "专业"、"精准"、"有效"——海外孵化器孵化服务的关键词 [J]. 华东科技, 2012 (7): 44 – 45.

[22] 郭霞. 专业是孵化器的本质精神——上海聚科生物园区"专业孵化器"建设之路 [J]. 华东科技, 2011 (7): 68 – 69.

第五章　促进资孵合作的市场机制研究

——基于投资者早期、联合投资倾向的市场决定因素视角

市场机制是指借助价格、供求关系和竞争机制实现资源的优化配置，其中供求关系影响竞争格局，而竞争格局影响市场价格。前文理论分析中指出的影响资孵合作的收益参数就是市场机制中的价格因素，具体指投资收益率。本章从投资收益水平、收益结构、投资者结构等方面，实证分析促进资孵合作的市场机制。

由于资孵合作问题主要在于调动风险投资对早期项目（孵化器内项目基本都属于早期项目）的投资积极性，以及与其他机构（如包括孵化器）的联合投资积极性，同时考虑到资孵合作实践数据非常有限，本章是基于投资者早期项目投资倾向、联合投资倾向的角度来研究促进资孵合作的市场机制，我们认为只要提高风险投资的早期项目偏好和联合投资偏好，就能够显著促进资孵合作。

一、市场结构因素

（一）投资者规模结构

1. 我国市场风险投资机构的规模结构情况

依据历年《中国创业风险投资发展报告》的数据，2010 年，管理资金在

5 000 万元以下的风险投资机构数量占全部机构总数的比重是 25.7%，5 000 万~1 亿元的机构占比是 26%，两者在 2014 年分别下降到 25.2%、24.1%，延续了自 2008 年就开始的下降趋势。相反，大机构的占比有所上升，其中管理资本在 5 亿元以上的机构数量增长最为明显，提高了 1.4 个百分点。而在管理资本总量的对比中，5 亿元以上规模机构所管理资本增长了 10 个百分点，其余档次机构管理资本量占比均有所下降，这展现了我国风险投资市场机构大型化的趋势。

2. 大机构与小机构相比是否存在早期投资倾向差异

（1）样本与数据。我们分析了 CVSource 数据库收录的截至 2014 年 12 月的 15 875 宗投资案例，涉及风险投资机构 9 508 家。我们对投资机构的规模从两个方面进行衡量：其一是市场排名，采用清科集团自 2001 起发布的 VCPE 机构排名，该排名的主要依据包括管理资本量、新募集基金资本量、投资案例个数、投资资本量等，排名靠前的机构，无论是资本规模、人员规模还是投资规模一般都较大。具体操作中采用了二分类法和五分类法两种做法：二分类即将所有机构分为前 50 名和未进入前 50 名两类；五分类法即将所有机构分为未进入前 50、排名 21~50 名、11~20 名、6~10 名、1~5 名。

（2）不同规模风险投资机构的早期投资倾向直观比较。我们基于二分类标准，对不同规模的风险投资机构在 2000~2014 年间各年的平均投资阶段进行了分析，如图 5.1 所示。从图 5.1 中可见，未进入前 50 名的机构（即较小规模的风险投资）各年的平均投资阶段都要高于排名前 50 的机构，说明小规模风险投机构更多投向中后期项目，而大规模机构的早期投资倾向相对较高，市场中的早期项目投资更多地是由较大规模的机构所支持。

（3）投资者规模影响早期投资倾向的回归分析。由于图 5.1 仅是数据描述性的直观分析，机构所表现出的投资阶段差异可能受多个因素影响，为了验证机构规模这一因素在投资阶段偏好决定方面的影响所具有的显著性，本书进行了回归分析。分析中使用的变量定义见表 5.1。数据描述性统计见表 5.2。

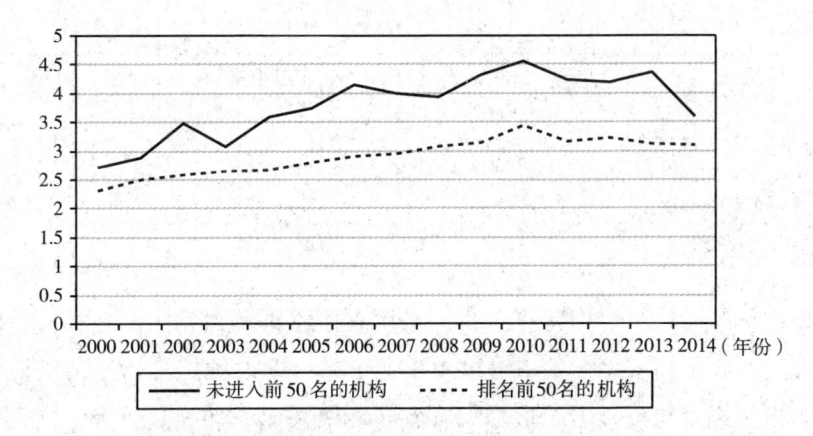

第五章 促进资孵合作的市场机制研究

图 5.1 不同规模风险投资机构的平均投资阶段差异

资料来源：依据 CVSource 数据计算。

表 5.1 变量定义表

变量	含义
因变量	
融资轮次	融资轮次越低，越代表早期项目，投资者可参考的决策信息越少
解释变量	
投资者市场排名	表征投资者规模，排名越靠前，规模越大。采用二分类和五分类两种标准
控制变量	
是否联合投资	联合投资时取 1，否则取 0
融资企业年龄	以企业成立以来自然年份数度量
融资企业省份	反映不同地区的可能差异
融资企业行业	反映不同行业的可能差异，以 CVSource 一级行业代码度量
融资年份	反映不同时期的可能差异

表 5.2 数据描述性统计

变量	样本数	均值	标准差	最小值	最大值
企业融资轮次	15727	3.566	2.280	1	9
投资者市场排名（二分类）	14161	0.430	0.495	0	1
投资者市场排名（五分类）	14161	1.200	1.580	0	4
是否联合投资	15875	0.198	0.399	0	1

续表

变量	样本数	均值	标准差	最小值	最大值
企业年龄	14 907	6.959	8.932	0	186
融资企业省份	15 491	12.93	10.41	1	33
融资企业行业	15 502	7.821	11.62	1	99
融资年份	15 869	2010	3.549	1988	2014

根据问题特征和数据特点，我们采用有序逻辑回归方法进行估计，结果报告在表5.3中。从表5.3中可以看出：第一，以市场排名衡量的投资机构规模，机构规模与投资者阶段偏好存在负相关关系，即规模越大，投资介入的平均阶段越早（模型一）。第二，从模型二的多分类考察结果看，在排名前50的机构中，最后的（21~50名）机构具有最高的负相关系数，而其他几类仍然体现为显著负相关，但与（21~50组）比较，系数略小。该现象说明超大规模机构虽然较那些未进入前50名的中小机构有相对较高的早期投资倾向，但由于其市场势力较强，获取中后期项目机会较多，因而其早期投资倾向与其他一般大型机构（例如21~50组的机构）相比则略低一些。

综合以上分析，实际数据表明，规模大的投资机构，平均的投资阶段相对较小的投资者要靠前一些，即早期投资倾向较高一些。而在大型机构内部比较，较大规模的投资者比超大规模的投资者具有更高的早期投资倾向。

表5.3 机构规模与早期投资倾向的回归结果

	系数报告		几率比报告	
	模型1（二分类）	模型2（多分类）		
因变量：企业融资轮次				
投资者市场排名（是否进入前50名）	-0.581*** (0.036)			
投资者市场排名（前21~50名）		-0.711*** (0.064)		
投资者市场排名（前11~20名）		-0.552*** (0.061)		

续表

	系数报告		几率比报告	
	模型1 （二分类）	模型2 （多分类）		
投资者市场排名（前6~10名）		-0.526*** (0.058)		
投资者市场排名（前1~5名）		-0.554*** (0.047)		
投资者管理资本				
是否联合投资	0.689*** (0.039)	0.682*** (0.039)		
融资企业年龄	0.064*** (0.004)	0.064*** (0.004)		
融资企业省份	-0.002 (0.002)	-0.002 (0.002)		
融资企业行业	0.007*** (0.002)	0.007*** (0.002)		
融资年份	0.048*** (0.005)	0.048*** (0.005)		
模型估计统计量				
ll	-1.7e+04	-1.7e+04		
r2_p	0.178	0.179		
N	13223	13223		

注：(1) 括号内为标准误；(2) 分类变量的分类影响报告略，表中仅为整体影响。$*p<0.1$；$**p<0.05$；$***p<0.01$。

（二）投资者产权结构

1. 现状：我国市场风险投资机构的产权结构情况

我国风险投资市场是在政府的扶持推动下逐步发展起来的，因而国有产权的风险投资机构一直扮演着十分重要的角色。目前风险投资市场的资本来源中，国有资本比例有所下降，例如《中国创业风险投资发展报告（2015）》显示，政府与国有独资投资机构合计占比31.3%，较2011年下降了近2个百分点，但绝对出资额基本持平。个人出资已占据重要份额，在2014年达到14.99%。其余资本主要来自非上市企业，占比达38.04%，然而这一统计并未区分这些出资企业的产权性质，显然，其中也不乏国有企业，构成了国有资本间接出资风险投资的一种渠道。

在CVSource数据库的9 000多家投资机构中，有明确国有控股关系或国有独资的机构619家，占比约6%；外资控股或独资的机构1 114家，占比约12%；而其他是民营资本控股的机构，在数量上占据主体，为7 685家，但部分民营控股机构中也存在国有资本参股的情形。详见图5.2（a）。

就三类机构的投资案例数看，虽然每年的波动较大，但也存在一定的趋势性，其中，国有风投的案例数总体呈下降趋势，而民营风投的案例数总体呈上升趋势，而外资风投的投资案例数存在较明显的行业景气特征，详见图5.2（b）。

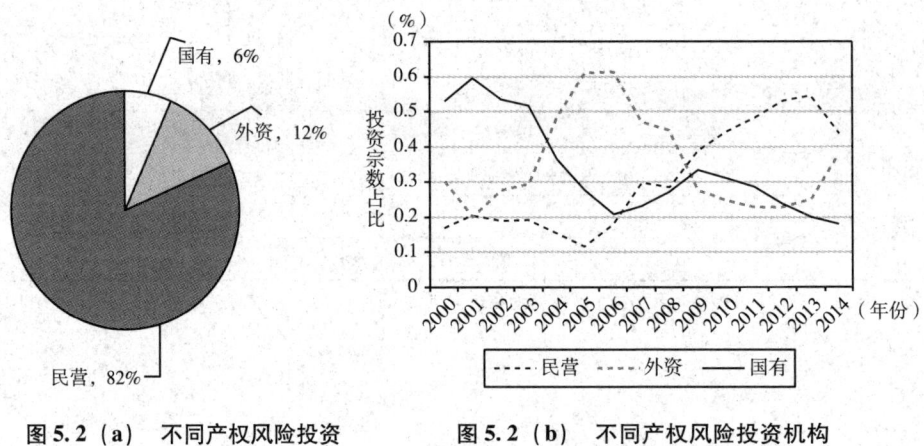

图5.2（a） 不同产权风险投资机构数量对比

图5.2（b） 不同产权风险投资机构投资宗数对比

2. 假设的提出：产权特征为什么会影响早期投资和联合投资倾向

不同产权属性的企业表现出不同的治理特征，也有不同的资源能力和市场竞争力，这些都会影响到投资决策偏好。

（1）不同产权投资机构存在治理差异。首先，治理差异表现在目标偏好上。目标偏好首先表现在投资目标中是否包含公共职能。政府设立风险投资的首要目的就是要弥补市场失灵，解决创新投入不足的问题，因而国有风投在设立之日起就肩负有一定的公共职能，投资早期项目是其职责所在。例如，2008年国务院《关于风险投资引导基金规范设立与运作的指导意见》就明确指出的"投资种子期、起步期企业""不与市场争利"等原则。Lerner（1999）基于社会福利理论分析，同样地认为，国有风险投资基于政策目标的约束应当会优先支持具有社会或环境外部性的早期项目。显然，外资和民营风投在其目标函数中并不会包含公共职能，即使其投资在客观上可能起到促进创新创业的作用。也有研究认为国有风投在投资风险承担方面偏于保守（Wallsten，2000），其依据主要是国有风投存在更严峻的委托代理问题，因为国有风投的委托方实际上是多层级，受到本级政府和上级政府的国资部门及其他相关部门的多种约束。也有文献从人力资本视角论述这一问题，他们指出风险投资有效运作高度依赖于人力资本，即具有丰富经验和勤勉尽责精神的投资人，国有风投可能在招募优秀投资人方面缺乏竞争力（Leleux & Surlemont，2003）。但笔者认为委托代理问题导致的风险偏好差异不一定表现为偏于保守，也可能表现为更为激进，因为委托代理问题可能导致投资失败责任难以落实，风险投资人会基于私利更愿意冒险。

其次，治理差异表现在决策时效性上。风险投资决策不仅强调风险敏感性，也强调决策时效性，因为许多创新创业项目机会稍纵即逝，尤其是那些被普遍认同具有良好前景的项目机会。相比于民营和外资风投，国有风投受到的制度约束要多一些，尤其在财务制度方面，这就有可能导致国有风投的决策耗时会相对长一些。国有风投的决策时效差异不仅表现为投资前决策，也表现在投资后，例如，国有资本介入的项目，在项目拟上市退出时，需要履行较烦琐的审批程序，这影响到创业企业家和合作投资者接受国有资本投资的意愿。张学勇和廖理（2011）在研究风险投资背景对被投公司发展的影响时，发现政府背景风险投资所投公司的上市等待期最长。

（2）不同产权投资机构的资源和能力存在差异。由于发展历史和政策因素等原因，我国不同产权类型的风险投资机构在资源筹集能力和市场竞争力方面表现出普遍的差异。

外资风投主要来自欧美发达国家，尤其是来自美国的机构较多，近年也出现了一些来自日本、韩国、以色列等国家的机构。这些国家的风险投资发展历程较长，规模较大，经验较为丰富，能够进入中国市场的一般是其中较为成功的机构。自 1989 年第一家跨国风险投资机构 IDG 进入中国，外资风投在华投资已有 20 多年的历史，这些机构经过长期经营，已在中国形成了较大的影响和市场认可。以清科集团 2000 年以来对风险投资机构的市场排名数据进行分析，我们把三类产权机构的历年平均市场排名进行了对比，结果如图 5.3 所示。图 5.3 中使用的是五级分类标准，即将投资机构市场排名区分为 0～4 五个等级。显然，外资风投的平均排名在任何年份都明显高于国有和民营风投。

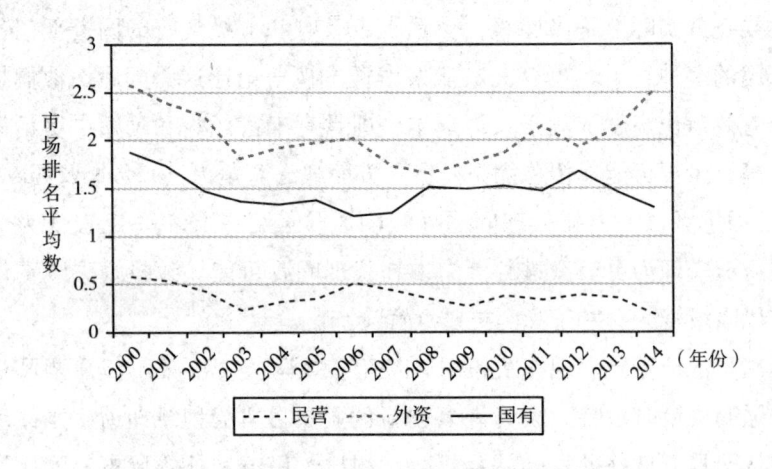

图 5.3　不同产权类别风险投资机构的市场排名对比

当然，外资风投的中国投资也面临一些相对劣势，例如，在投资时部分产业项目可能受到外资进入比例的限制，被投企业赴海外上市也要接受是否符合相关政策要求的审查，这必然导致其投资的政策风险增加。另外，本地化问题也是外资风投在中国投资必须解决的一个问题。由于外资风投与中国企业存在地理距离和社会文化差距，只有采用本地化策略，才能更好地嵌入社会关系网络，以便更好地收集隐性信息，更好地与创业企业家建立关系和信任。较早进入中国的外资风投已通过雇员本地化和设立本地办公室，较好地解决了本地化问题，但对新近进入的外资风投，这仍然是一个挑战。

民营风投在我国的发展起步较晚，机构数量增长迅速，在三类机构中已经成为数量最多的一类。但平均资本实力和市场影响普遍较低，如图5.3所示，任意年份，民营风投的市场排名都与国有风投有较大的差距，与外资风投的差距则更大。

国有风投在我国发展最早，受到政府大力扶持，不仅在设立时注入了大量财政资金和其他形式的国有资本，并在经营中得到了各种形式的风险分担和资金支持，如贴息贷款、风险补偿基金补贴等。经过多年的积淀，国有风投中也涌现出了许多著名的公司，如深圳创新投、江苏高科投、苏州元禾等，因而也具有较强的竞争力，但相对于老牌外资风投，还是有一定的距离。从图5.3可以看出，国有风投的平均市场排名与外资风投比较接近，但差距也是比较明显的。

（3）治理差异和资源及能力差异共同决定了投资偏好。治理差异和资源及能力差异从需要和可能两个角度共同决定了不同产权类型投资机构对早期项目投资、联合投资的偏好。

首先，早期投资倾向方面。影响国有风投的早期项目投资倾向的因素，从需要角度讲，根据上文分析，存在一些正面影响因素。例如，肩负促进就业、提升经济活力等公共职能，就需要开展对早期项目的投资；再如，国有风投在后期优质项目的竞争中，受决策时效、退出政策约束等方面的影响，竞争力可能出现不足，因此也需要将早期项目纳入投资视野。从可能角度讲，国有风投在资金实力上普遍具备一定规模，并且受到政策鼓励和支持；同时，其考核机制中一般也会考虑其服务地方经济和创业就业的情况，相对于外资和民营风投的考核环境要略为宽松，这些使其有能力进行早期项目投资。

对于外资风投的早期项目投资倾向，虽然外资风投在经验和资源等能力要素方面有一些长处，但对早期项目的投资需要总体较弱，这主要是因为外资风投的市场优势地位使其容易获得后期项目，从而削弱了其从事早期项目投资的动机。

就民营风投的早期项目投资倾向而言，其市场化程度高，社会关系嵌入较深，但其发展相对较晚，实力较弱，因此，在竞争那些后期项目（如 pre-IPO 阶段的项目）时处于不利地位，竞争压力迫使民营风投必须将早期项目作为投资考虑范围，但也正因为其实力较弱，筹资能力相对落后，它们在投资时会强调投资回报的稳健性，这又会限制其早期项目的投资。综合上述因素，比较起来三类产权风险投资机构在早期项目投资偏好方面，从强到弱依次应当是国有风投、民营风投、外资风投（见表5.4）。

表5.4 产权属性与早期投资倾向的关系假设

产权类型	早期投资的动机（需要）	从事早期投资的能力（可能）	倾向假设
国有	正面因素： ·担负一定的公共职能，需要履行对早期创业项目的支持。 ·因决策时效、人力资本等方面的不足，对后期优质项目的竞争力一般，需要将早期项目纳入投资范围。 负面因素： ·因代理问题，投资人风险厌恶度可能较高。	正面因素： ·较强的筹资能力，较多的政府扶持和风险分担； ·因公共职能所致目标考核中并不把短期投资绩效放在首位，能够承受较长的退出等待期。	高
外资	负面因素： ·市场声誉较高，竞争力强； ·不存在政策负担，上市退出时不受国有资本管制政策影响。 以上两点使外资风投获得后期项目相对容易。	正面因素： ·经验丰富，风险管理能力较强。 ·筹资能力较强。 负面因素： ·社会关系的嵌入程度相对较弱，不利于早期项目评估和管控。	低
民营	正面因素： ·市场竞争力较弱，需将早期项目纳入投资范围 负面因素： ·实力较弱，激励机制较强，注重投资的稳健性。	正面因素： ·较强的激励机制，风控意识强。 负面因素： ·筹资能力相对较弱。	中

在不同产权风险的早期项目投资偏好方面，已存在一些零散的经验证据，例如，张学勇和廖理（2011）基于国内133家有风投支持的上市公司的分析发现了外资风投介入项目的阶段要相对较晚。当然，这种早期偏好存在明显的行业差异，例如，深交所在2009年以上市公司为观察样本针对外资风投的

专门分析发现，在广义IT行业，外资风投介入较早一些，而在生物技术、医疗健康、教育培训等行业则要晚一些。对于后者，投资介入时企业多数已实现盈利，企业成立时间也相对较长，已在细分行业中处于龙头地位。其原因主要在于广义IT行业的项目多数以海外市场为退出目的地，受国内上市政策的影响较小，而传统行业项目一般以国内为退出目的地，外资风投面临政策风险较显著，投资以晚期项目为主。

其次，在联合投资偏好方面。外资风投联合投资的偏好应当最强，因为从需要角度讲，外资风投在中国投资需要解决一个本地嵌入问题，因为社会关系上的陌生、文化习惯差异，使得与项目有关的信息收集、与创业者的交流变得不方便（Masulis et al., 2012），虽然一些早期进入的外资风投已经采取了本地化策略，但总体上讲外资风投不具备民营和国有风投那样的社会关系网络的广度与深度，因此，它们会积极借助联合投资来加强本地嵌入。同时，由于我国对某些行业的外资进入比例存在政策限制，外资风投也会借助联合投资来达到合规。而从另一角度讲，外资风投较强的实力和良好的市场声誉对合作伙伴有较大的吸引力，合作形成的可能性相对较大。至于民营风投，它们存在通过联合投资扩大投资机会、学习行业龙头的投资经验的动机，但由于它们实力相对较弱，能给合作伙伴提供的帮助较少，因而合作形成的可能性较低。

而就国有风投而言，从需要角度看，基于风险规避的考虑，它们一方面希望借助联合投资的第三方的参考意见和投资经验来降低投资风险，但另一方面也担心合作会产生新的关系风险，即合作伙伴的机会主义行为。从可能性来讲，国有风投有自己的特色资源，如政府支持、与监管层和金融部门的良好关系、对政府政策的理解和预判能力，这些都成为吸引合作伙伴的重要因素。综合以上因素，比较起来三类产权风险投资机构在联合投资偏好方面从强到弱依次是外资风投、国有风投、民营风投（见表5.5）。在现在经验证据中，在汉弗雷-詹纳和苏查德（Humphery-Jenner & Suchard, 2013）以及张学勇和廖理（2011）的研究中都发现了外资风投有更强联合投资偏好的证据。

表 5.5　　　　　　　　产权属性与联合投资倾向的关系假设

产权类型	联合投资的动机（需要）	吸引联盟伙伴的能力（可能）	偏好假设
国有	正面因素： ·较强的风险规避需求，希望通过联合投资来降低项目风险。 负面因素： ·联合投资又增加了额外的关系风险，不符合规避风险的初衷	正面因素： ·较强的资源能力和政商关系，对合作伙伴有较强的吸引力 负面因素： ·国有资本管制较多，决策时效性差，降低了对伙伴的吸引力	中
外资	正面因素： ·地理、文化方面的距离，使信息获取相对不便，希望通过联合投资更好地嵌入当地社会网络； ·外资进入存在行业政策限制，希望通过联合投资达到合规要求	正面因素： ·实力强，声誉效应明显，对联盟伙伴吸引力强	高
民营	正面因素： ·实力相对较弱，希望通过联合投资获取更多投资机会和学习投资经验	负面因素： ·实力相对较弱，能够为合作伙伴带来的利益较少，吸引力低	低

基于以上分析，我们提出两个假设：在早期投资倾向方面，从高到低的次序是国有＞民营＞外资；在联合投资倾向方面，从高到低的次序是外资＞国有＞民营。

3. 回归分析：产权属性与投资倾向的关联

我们同样使用前文提到的 CVSource 数据库收录的截至 2014 年 12 月的 15 875 宗投资案例进行分析，分别对产权特征与早期投资倾向、产权特征与联合投资倾向进行实证分析。相关变量定义与描述性统计同表 5.1 和表 5.2，只是改变了因变量。在早期投资倾向分析中，我们分别使用企业融资轮次、企业发展阶段作为识别早期项目的表征，以投资者的产权属性为解释变量，并控制了投资者市场排名及融资企业的区域、行业、融资年份等因素。在联合投资倾向分析部分，我们将因变量换成是否联合投资这一哑变量，解释变量和控制变量基本相同。回归结果如表 5.6 和表 5.7 所示。从表中可以看出：第一，产权属性对早期项目投资倾向有明显影响。以民营风投为参照时，外资产权属性在回归中系数显著为正，说明其早期项目投资倾向较之要低（因变量取值越大越代表阶段靠后);而同样以民营风投为参照,国有产权属性在回归中系数显著为负,说明其早期项目投资倾向较之要高。第二,产权属性对联合投资倾向也有明显影响。以民营风投为参照,外资产权属性、国有产权属性两个变量的系数都显著为正,表明它们都比民营风投有更高的联合投资倾向。而外资风投与国有风投对比,外资风投的系数及相应的几率比高很多,表明外资风投联合投资倾向更高。以上结果都支持了前文对产权属性与投资倾向关系的假设。

表5.6　　　　　　　不同产权风险投资的早期项目投资倾向差异

	系数报告		几率比报告	
	模型1	模型2	模型1	模型2
因变量:	投资轮次	被投企业发展阶段	投资轮次	被投企业发展阶段
产权属性(外资)	0.730*** (0.047)	0.501*** (0.048)	2.076*** (0.098)	1.650*** (0.079)
产权属性(国有)	-0.210*** (0.049)	-0.102** (0.045)	0.810*** (0.040)	0.903** (0.041)
投资者市场排名	-0.614*** (0.039)	-0.117*** (0.038)	0.541*** (0.021)	0.890*** (0.034)
融资企业年龄	0.065*** (0.004)	0.109*** (0.006)	1.067*** (0.004)	1.115*** (0.007)
融资企业省份	0.000 (0.002)	0.004** (0.002)	1.000 (0.002)	1.004** (0.002)
融资企业行业	0.006*** (0.002)	0.004*** (0.001)	1.006*** (0.002)	1.004*** (0.001)
融资年份	0.062*** (0.005)	-0.022*** (0.006)	1.064*** (0.006)	0.979*** (0.006)
模型估计统计量				
ll	-1.7e+04	-1.4e+04		
chi2	3308.163	4601.073		
r2_p	0.182	0.242		
N	13223	13276		

注:(1)括号内为标准误;(2)分类变量的分类影响报告略,表中仅为整体显著性;(3)以民营风投为比较基准;(4) *p<0.1, **p<0.05, ***p<0.01。

表5.7　　　　　不同产权的风险投资的联合投资倾向差异

	系数报告		几率比报告	
	模型1	模型2	模型1	模型2
因变量：是否联合投资				
产权属性（外资）	0.468*** (0.058)	0.488*** (0.058)	1.597*** (0.093)	1.630*** (0.094)
产权属性（国有）	0.220*** (0.061)	0.207*** (0.061)	1.247*** (0.076)	1.230*** (0.075)
投资者市场排名	0.921*** (0.049)	0.841*** (0.048)	2.511*** (0.124)	2.319*** (0.111)
融资企业省份	-0.004* (0.002)	-0.004* (0.002)	0.996* (0.002)	0.996* (0.002)
融资企业行业	-0.009*** (0.003)	-0.009*** (0.003)	0.991*** (0.003)	0.991*** (0.003)
融资年份	0.048*** (0.006)	0.057*** (0.007)	1.049*** (0.007)	1.059*** (0.007)
融资轮次	0.129*** (0.011)		1.138*** (0.012)	
融资企业发展阶段		0.382*** (0.031)		1.465*** (0.045)
模型估计统计量				
ll	-6.5e+03	-6.5e+03		
chi2	910.345	932.097		
r2_p	0.171	0.173		
N	13 208	13 261		

注：(1) 括号内为标准误；(2) 分类变量的分类影响报告略，表中仅为整体显著性；(3) 以民营风投为比较基准；(4) * $p<0.1$，** $p<0.05$，*** $p<0.01$。

（三）国有风投的市场引导作用微观考察[①]

本部分对市场中投资者产权结构的影响进行进一步考察，考察的具体角

---

① 本部分主体内容已作为项目阶段性成果向期刊投稿。

度是在创业项目的多轮次融资中,如果国有风投前期介入,能否提高非国有风投后期跟投的概率,它在理论上回答国有产权属性对多机构共同投资(领投和跟投)形成的影响,在政策上回答人们普遍关心的国有风投引导作用发挥情况的问题。

1. 国有风投的市场引导作用定位及实际效果的争议

(1)市场引导作用定位。现有研究较早就认识到风投市场失灵问题的存在,并提出政府干预的必要性,但对于各国市场中国有风投发挥的实际作用却存在较大争议。在文献数量上,国外文献较丰富,国内文献还非常有限。

国有风投的存在是政府直接干预市场的结果,而政府干预的必要性在于风投市场的市场失灵,即在自由市场资源配置机制下,私人资本对创业项目的投资总量低于社会创新创业所需最优水平(Lerner,1998),这一点得到了多数学者的认同。市场失灵的根源有两个方面:一是创业项目信息不对称问题严重。创业者倾向于保守自己的技术或商业秘密,投资者在信息不透明的情况下很难做出投资决策,进而导致投资不足。二是创业企业可抵押资产少,难以通过抵押、担保方式显示信息,面临更严重的信贷配给问题,债务融资困难。

面对市场失灵,政府采取间接方式或直接方式进行干预,前者如设置创业投资税收优惠激励政策、改善创业投资市场环境等,后者则包括设立国有风投直接开展创业投资活动、设立引导基金参与或支持创业投资活动等。从国内外实践来看,政府更关注直接干预方式,因为它更显性、更直接。在市场经济国家,国有风投直接开展创业投资活动并不是为了取代民营资本,因而政府的直接干预即国有风投发展被限定于市场失灵领域,如创业早期项目,国有风投主要发挥引导作用,这在我国相关政策文件中有明确表述,在国外相关创业投资发展公共计划中均有体现(Munari & Toschi,2015)。换言之,根据政策目标,国有风投不能光追求财务绩效,其投资应具有正外部效应,即引导效应。

政府干预风投市场的基本目标是引导投资和培育市场,国有风投的市场基本定位是"引导",这一点在相关政策文件上体现得很清楚。例如,在我国风投发展之始的1998年，政协"一号提案"就提出通过"国家注入适量资金作为启动……广泛吸引企事业单位及社会各方面的投资……（建立）以市场调节为主的风险投资经营公司"。2008年，国务院颁布的我国第一部引导基金规范性文件——《关于创业投资引导基金规范设立与运作的指导意见》也明确了"主要通过扶持创业投资企业发展，引导社会资本进入创业投资领域……"。近期国务院颁布的《推进大众创新创业的指导意见》明确将完善创业投融资机制作为支持创新创业的八大任务之一，并在其配套文件中描绘了我国风投市场发展的基本要领，提出坚持市场导向是创新创业的首要原则，财政资金在风投市场主要发挥引导作用，扩大创业投资的首要措施是完善创业投资引导机制等。

然而，我们面临的现实问题是：国有风投的规模已经比较大，并且政府明确将直接干预的基本目标界定为引导，在这样的背景下，风投市场仍然存在早期项目、高新项目投资不足，这是否意味着国有风投并未如政策预期那样有效发挥引导作用呢？国有风投发展和管理上是不是存在重要的政策缺陷？

（2）实际效果的争议。为了检验国有风投在市场中的实际外部效应，国外文献进行了较丰富的实证检验，但针对中国市场的检验还很少见。从方法上讲，现有实证分析可分为市场和个体两个层面，包括市场总量、市场结构、被投企业绩效、投资本身效果四类检验标准，得到的结论有明显冲突。

首先是市场层面的检验。基于市场层面宏观数据检验国有风投的市场影响，主要有两类实证思路。

其一，以风投市场资本规模的变化来检验引导效应（总量视角）。例如，有研究以加拿大为例，分析了政府设立劳工保证创业投资基金（Labour Sponsored Venture Capital Corporation，LSVCC）之后风投行业资本总量的变化，结果发现LSVCC导致了行业总资本的下降，因而得出国有风投存在挤出效应的结论（Cumming & Macintosh，2002）。但莱勒克斯和苏莱蒙特（Leleux & Surlemont，2003）对此持不同意见，他们基于15个欧洲国家的面板数据，虽然也观察到风投市场国有资本比例与行业资本总量的负相关关系，但他们进一步进行了格兰杰分析以考察动态因果关系，分析显示国有资本介入程度是风投市场总体变化的结果而不是原因，因而并不支持挤出效应，但同时也否定了引导效应。

其二，以市场中早期/后期投资比例的变化来检验引导效应（结构视角）。例如，达·林等（Da Rin et al.，2005）曾分析了欧洲14国政府设立各类公立风投计划或机构后早期/后期投资比例的变化，结果为无显著相关性，因而认为干预政策没有效果。类似地，左志刚（2011）以早期投资/GDP比例为度量，以27个经合组织国家为样本，实证分析得出增加风投市场资金供应并不能带来早期投资比例的上升。但是，结构视角的分析受到了卡明（Cumming，2013）的激烈批评，卡明针对达·林等（Da Rin et al.，2005）的研究指出，欧洲国家实施政府干预计划后，风投市场资本供应总量增加，应当认为政策有效；而使用早期/后期投资比例作为政策效果度量存在内生问题，早期投资与后期投资均受政策刺激、经济环境影响会产生共振，后期投资增长更快并不一定是坏事，它可能只是前期的早期投资增长的自然结果，不能由此否定政策的有效性。

其次是微观层面的检验。多数实证文献是从微观个体层面展开检验，这类研究对行为和效果刻画比较细致，也存在两种实证思路：

其一，以被投资企业绩效的改变衡量国有风投介入效果。所使用的企业绩效标准差异较大，主要有以下几种：一是企业增长指标，如销售收入、雇员人数。实证结果明显不一致，美国数据的分析结果是正相关（Lerner，1998），欧洲数据的分析结果是国有风投单独投资时无作用，而国有民营混合投资时有正向影响（Grilli & Murtinu，2014）。二是企业效率指标，如劳动生产率、利润率。英国的结果是显著但较小的正向影响（Cowling et al.，2009）；比利时的结果是显著负相关（Alperovych et al.，2015）。三是企业创新指标，如专利产出数量、R&D投入等。由于技术创新通常具有正外部效应，因此该类分析可以作为福利效应假说的直接检验证据。澳大利亚的分析结果是正向影响（Cumming & Johan，2012）；而欧洲的分析结果是当国有民营混合投资时有正向影响，但国有风投单独投资时则无影响（Bertoni & Tykvova，2015）。

其二，站在投资者角度，以投资组合偏好与投资本身效果推断国有风投对市场的影响。具体包括：一是投资组合偏好角度。投资组合偏好指标主要有机构层面的早期/后期投资比例、高新项目投资比例、投资持有时间长度。卡明（Cumming，2005）分析认为澳大利亚 IIFs 支持的风投有更高的早期和高新项目投资比例；戴尔-帕拉西奥等（Del-Palacio et al.，2012）对西班牙的分析同样认为 2001 年政府直接干预风投市场后，风投机构的早期和高新项目投资比例提高。张学勇和廖理（2011）基于上市公司数据发现国有风投上市前持股时间最长，不像民营资本和外资机构那样"急功近利"，这些结果支持引导效应，但与莱勒克斯和苏莱蒙特（Leleux & Surlemont，2003）基于欧洲宏观数据分析的结论恰好相反。余琰等（2014）基于中国上市公司的数据也发现了国有风投介入时间较非国有机构晚的证据。二是投资本身效果角度。主要以成功退出率、后续成功融资率衡量。该类分析的目的是回答国有风投是否存在鉴证效应问题，效果好则鉴证效应存在，反之亦反。同样是基于欧洲多国数据，吉尔里尼和库阿斯（Guerini & Quas，2016）分析得出国有风投的投资有更高的成功退出率、更容易得到后续融资；而布兰德等（Brander et al.，2010）、布扎奇等（Buzzacchi et al.，2013）和卡明等（Cumming et al.，2014）的结论是降低了成功退出率，但他们没有检验后续成功融资率问题。

　　（3）产生争议的可能原因。国有风投的实际效应检验结果不一致，在原理上其原因可能来自国有风投作为政策代理人，存在委托代理利益冲突问题，这是一个操作层面的机构治理问题。在不同治理情况下，可能表现出不同投资偏好和外部效应。现有的一些文献曾探讨过这种代理冲突的具体表现，归纳起来主要有如下观点：一是双重目标问题（Grilli & Murtinu，2014）。国有风投具有政策目标和经济效益双重追求，与民营风投目标存在显著差异，可能会导致两者"背道而驰"，引导作用难以发挥。二是投资管理团队的能力问题（Leleux & Surlemont，2003）。国有风投管理团队成员主要来源于政府部门有关，这些投资人被认为并不能提供有效的商业咨询等增值服务。三是风险偏好差异（Grilli & Murtinu，2015），在项目筛选时所使用的标准可能不符合民营风投的风险—收益标准，导致政策引导功能难以发挥。四是来自外部的非正常干扰（"pork barrel" spending，Lerner，2002）。例如，某些地方政府可能为了追求短期政绩，要求所辖国有机构投资一些项目，而忽视了项目本身的财务考量。

检验结果不一致的另一原因则可能来自检验方法上的局限，上述经验研究中宏观方法存在量化难题和内生性问题，微观方法存在逻辑上的弱关联性问题。

具体讲，宏观方法的局限指：风投市场变化是大量因素的综合结果，很难找到合适的总量或结构指标来刻画国有风投介入后的效果，在变量设计和数据获取方面存在困难。例如，第一，有些研究使用市场中早期项目投资比例作为市场效果度量，但该变量存在严重的内生性问题，因为若某段时间早期项目投资比例上升，之后这些项目将逐渐进入中后期并再次融资，必然带来后一段时间市场中后期项目投资比例上升。第二，在解释变量设计方面，存在如何将市场整体变化归因于国有风投微观行为的困难。即使我们找到合适的总量指标反映市场变化，也难以找到合适的市场总量指标体现国有风投行为，也就难以判断市场变化是否是国有风投主动追求的结果。现有研究中较多的是将某项政府风投计划的设立简单地以哑变量形式作为解释变量，这在反映国有风投行为方面显然过于笼统。第三，数据获取困难。目前几乎所有国家都不存在风投市场完整的、系统的统计数据，风投活动不是官方统计规定的必须报告事项，即使是在欧美风投发达国家，数据也都是通过问卷等自愿形式收集，并不能保证数据的完整性、连续性、系统性，其加总指标的效度也就难以保障。

而在微观研究方面，虽然在方法论上讲微观分析方法能够捕获风投机构的一些行为特征和后果，便于分析国有风投的能力和动机，但现有两类微观研究主要分析被投企业绩效、机构投资组合偏好和投资本身绩效，以绩效和组合特征来推断国有风投可能对市场产生的影响。显然这不是对引导作用的直接回答，引导作用问题关注的是国有风投对民营风投的影响，是机构之间的一种相互关系，而基于绩效和组合特征的研究只能够反映国有风投自身的能力和行为特征问题，例如，如果国有风投的投资绩效好，则反映其挑选项目能力强，能力强的结果即可用于支持鉴证效应，表明国有风投有发挥引导作用的潜力，但能力强也可用于与民营风投竞争，产生排挤效应。因此，从绩效和投资组合特征来推断国有风投是否存在市场引导作用，在逻辑上关联性不强。

（4）本书拟做的拓展。首先，本书在研究对象上进行了拓展。国有风投引导作用问题是一个国家风投市场发展的重要政策问题，但现有研究文献主要来自国外，国内对该问题的讨论还很少，尤其缺乏基于非上市公司数据的实证研究。本书则基于中国风投市场中 2 900 多家非上市公司的约 7 000 宗投资事件及相关数据，实证检验中国市场国有风投外部效应的现实表现，并探讨可能的改进路径，在地域上和数据类型上拓展了现有研究的分析对象。其次，本书在研究方法上进行了拓展。一方面，我们是使用较大样本的中国市场投资事件微观数据进行分析，通过微观分析回答宏观问题，使研究更深入和细致，避免了宏观方法的一些困境。另一方面，我们是基于投资序列内两类机构相互关系的考察直接检验国有风投外部效应，避免了现有微观研究的逻辑上弱关联问题。

本书认为，国有风投引导作用的基本含义就是国有风投对民营风投的影响，微观上直接观察这种影响的理想对象是投资序列，而不是投资机构个体或被投资企业。对投资序列的观察之所以可行，是因为分阶段投资是创业投资的典型特征，分阶段投资的结果是产生一个个投资序列。在控制被投企业特征、前期投资绩效、市场环境变量等指标后，观察这些序列内国有风投的介入时机、介入后对民营风投参与概率的影响，能够提供国有风投引导作用发挥情况的更稳健、更直接的证据，也能为探索改进路径提供更牢靠的依据。

2. 国有风投市场引导作用机理及检验假设的提出

（1）引导作用机理。国有风投如何发挥市场引导作用？其机理目前有几种不同的理论解释：一是市场培育（seeding hypothesis，Leleux & Surlemont，2003）。该理论指出，政府设立国有风投，为市场直接注入资金，可以对风投极不发达的地区或行业起到市场培育作用。例如，以色列通过 Yozma、澳大利亚通过 IIFs、美国通过 SBIR 计划等渠道将政府资金注入风投市场。这是一种宏观经济学上的表述，对于如何实现培育并无细节上的讨论。二是修正效应（herding hypothesis，Devenow & Welch，1996）。所谓修正是指对投资中的羊群效应的修正。创业投资具有典型的从众性，总是集中于少数行业或区域，国有风投在政府政策导向下率先在被忽略的地区或产业中寻找投资机会，示范和引领民营风投跟进，修正投资兴趣领域。三是福利效应（spillover hypothesis, Buzzacchi et al., 2013）。国有风投基于公共目标，更有兴趣关注具有正外部性的投资项目，进而直接或间接影响所参股基金投资于这些项目。但目前从这一视角展开研究的并不多，因为项目正外部性较难检验。

上述三种理解解释偏于宏观思维或仅考虑了国有风投侧的因素，并没有真正解释清楚国有风投引导作用发生的基础和过程。另外一种理论，即鉴证效应理论则较好地回答了引导作用是如何发生的。鉴证效应理论（certification hypothesis, Guerini & Quas, 2016）的观点是：在面临严重信息不对称又缺乏信息显示手段的情况下，民营风投把一个企业受到了国有机构投资当成一个积极信号（"stamp of approval", Lerner, 2002），从而增强了民营风投加入该企业投资的信心和积极性。Guerini 和 Quas（2016）提出：基于以下原因，国有风投在筛选（screening）新项目时有相对优势，其投资行为具有参考价值。首先，国有风投可以利用政府技术部门的专家资源更深入理解创业企业的技术特性；其次，相对于民营风投，创业企业对国有风投的评估活动较少存在盗用技术秘密方面的担心（appropriability concerns），从而使国有风投能获取更多信息；最后，国有风投在投资评估活动方面更勤勉，因为较少担心信息评估"搭便车"问题，"搭便车"问题是指民营风投不愿意花费较高成本实施评估，而直接参考其他投资者的评估结果。该理论抓住了引导作用的基础即信息传递与风险降低问题，综合考虑了引导方国有风投和被引导方民营风投两方的因素，可以作为讨论国有风投引导作用的理论基础。

（2）检验假设的提出。

第一，"鉴证"效应是引导作用微观基础，引导作用应体现为两类机构的"先行—跟进"关系。现有理论中，"鉴证"效应理论（Guerini & Quas, 2016）较好地剖析了引导作用发生的微观行为机理。依据该假说，也如同我国相关政策规定所设定的预期，国有风投的引导作用应当体现为国有风投与民营风投在投资中的"先行—跟进"关系。具体讲：国有风投基于承担的政策职能和某些组织优势，如专家资源优势、声誉优势、人力资本投入等，有能力识别出那些被忽略但却有着较好远景的项目，眼下这些项目前景并不明朗，风险性强，民营资本较少介入，而国有风投基于公共目标有更高的介入积极性。在国有风投实施了初始投资之后，项目不确定性逐渐降低，若不具备追加投资价值，投资终止，不再发生后续轮次投资；若具备追加投资价值，项目开展后续轮次融资，此时如果投资机会是向民营风投开放的，民营风投会把前期的国有风投介入视为积极信号，从而有更大概率跟进投资，鉴证效应得以发生，引导作用得以实现。简言之，在对特定项目的投资中，在存在后续轮次投资的前提下（即表现为一个投资序列），国有风投的尝试性先行投资对民营风投后期跟进投资的影响应当是积极的，这种积极影响是引导作用的关键。

民营风投为什么会把国有风投的先行介入视为积极信号？鉴证效应假说认为是国有风投具备资源、社会信任等优势，而反对者对此提出了批评。本书认为，即使国有风投不具备这些优势，也不妨碍国有风投的信号作用，因为其先行投资具有客观的试错功效，试错的结果是降低了项目的不确定性，为投资者决策提供了更丰富、更可靠的信息。依据这些信息，一批不具追加投资价值的项目会被淘汰出投资者视野，而对于那些具有追加投资价值的项目，投资者可借助先期投资信息帮助确定投资方案和投资价格。

需要说明的是，从单纯市场竞争角度看，先行—跟进关系的设定把国有风投置于一个不利的竞争位置。但不能忽略，国有风投的设立是作为一种政策手段，目的是弥补风投市场前端部分（创业项目早期）的投资不足，市场后端部分尤其是 Pre-IPO 领域已聚集了大量民营资本，存在较激烈的竞争，并不需要国有风投过多介入，而在市场前端，国有风投通过积极介入创业项目首轮投资并带动民营风投跟进后续投资，就显得十分重要。我国政府对国有资本在风投市场中的作用一直有清晰定位，即主要发挥引导作用，而不是作为一般性竞争者。除了 2008 年国务院颁布的《关于创业投资引导基金规范设立与运作的指导意见》对此有明确界定外，在最近国务院颁布的综合性文件《推进大众创新创业的指导意见》中，也规定了八项支持创新创业的重点任务，其中有两项与创业投资相关，关于政府资金在风投市场发展中的作用，文件明确"运用阶段参股等方式，引导创业投资机构投资于初创期科技型中小企业""发挥财政资金杠杆作用，通过市场机制引导社会资金和金融资本支持创业活动"。因此，在引导作用定位下，先行—跟进关系是国有风投作为政策工具应当与民营风投形成的一种合理关系。

不过在实际运作中,由于治理差异,国有风投行为可能偏离这种关系设定。因为实践中国有风投通常会被作为一个普通国有企业进行管理,业绩考核和人员晋升受利润贡献因素影响很大,而国有风投管理者同样是理性经济人,受管理体制影响,国有风投可能忽略其创办者的政策初衷而与民营风投展开直接竞争,其结果是可能表现出更强的风险厌恶,实际市场中国有风投可能并不能发挥引导作用,而只是一般的投资竞争者。

第二,"先行—跟进"关系可在投资序列内予以观察。如前所述,"先行—跟进"关系是检验国有风投是否发挥了引导作用的标准,这种关系是否存在可在微观层面的投资序列内予以直观考察。所谓投资序列是指对同一创业企业的一系列(即多轮次)投资事件所形成的序列。以投资序列为观察对象之所以可行,是因为风投活动的两个一般性特征:分阶段投资特征和以退出方式实现收益的特征。所谓分阶段投资特征(staging capital infusion),是指投资者在严重信息不对称问题面前,早期采用较少金额的尝试性投资,随后根据项目进展情况相机抉择扩大投资,这是一种逐渐获取内部信息、降低"套牢"风险的有效策略,在风投领域非常普遍(Ferrary,2010),因而投资序列是一种普遍存在。所谓以退出方式实现收益,是指创业投资在持有期间产生收益较少,主要通过退出实现收益,若成功退出,投资者则可获得数倍甚至数十倍的回报。在我国,上市退出的平均投资收益是 4~7 倍(《中国创业风险投资发展报告(2015)》),美国为 4~8 倍(NVCA,2015)。正由于如此,后期投资成为市场争夺的焦点。基于这两个特征,同一项目的多轮投资形成的序列成为观察引导效应的合适对象,如果国有风投较早进入序列,并带动民营风投参与后续投资,则印证了国有风投的引导作用;相反,如果国有风投在序列内进入时间靠后,或进入后对民营风投参与产生负面影响,则国有风投演化为一般投资竞争者,争夺后期高盈利项目。

在实证中,记 t 为投资轮次,记 x 为某轮投资国有风投介入情况,x_t 有三种取值:$x_t=2$(国有风投主导投资,即领投或单独投资);$x_t=1$(国有风投非控制性参与投资);$x_t=0$(无国有风投介入)。我们要考察的是投资序列内国有风投介入的一般时点,以及国有风投介入后对后续轮次民营风投参与概率的影响。在控制项目差异、绩效差异、市场环境差异的情况下，如果国有风投介入较早，且介入后民营风投参与概率较前期无国有风投的情形要高，则国有风投发挥了引导作用，反之则无引导作用，即验证以下假设：

假设：在控制项目差异、绩效差异、市场环境差异的情况下，国有风投的市场引导作用体现为：在投资序列内国有风投的先期介入对后期民营风投参与概率有正向影响；否则则未有较发挥引导作用。

3. 实证分析

（1）数据与变量。

首先是数据。数据来自 CVSource 数据库，该数据库是目前国内对风险投资事件覆盖最全的数据库，原始数据包括投资事件 1.5 万宗，剔除关键信息缺失和仅有一轮投资事件的投资项目后，有效记录为 6 788 条，涉及被投资企业 2 929 家，即有投资序列 2 929 个，每家企业的投资轮次最少为 2 次，最多为 16 次。这些企业为非上市企业，对非上市企业的投资尤其是早期投资才是风险投资的本质，更符合创业投资研究的需要，但这也使数据收集困难。这些投资事件涉及投资机构 1 383 家，其中国有风投 252 家，占比 18.22%，非国有风投 1 131 家，占比 81.78%。样本数接近《中国创业风险投资发展报告》所调查的 1 408 家机构的数量，数据有代表性。

其次是变量。因变量是 i 企业在 $t(t \in \{2, n\})$ 轮融资时民营风投参与情况，记为 y，有三种取值：$y=2$（民营风投主导投资）；$y=1$（民营风投非控制性参与投资）；$y=0$（无民营风投介入）。自变量有以下几个：一是作为解释变量的前期国有风投参与投资情况。二是作为控制变量的项目本身情况，包括被投资企业行业、年龄、区位、盈利能力、融资金额。三是市场环境变量，同样作为控制变量，包括投资退出环境，用中小企业板、创业板是否设立表征；创业投资政策环境，用 2007 年、2010 年、2013 年分别出台的三项主要创业投资税收鼓励政策表征。对于连续变量，为消除异常值影响，进行了 1% 的缩尾处理。各变量的定义见表 5.8。变量的描述性统计见表 5.9。

表 5.8　　　　　　　　　　　　变量定义表

标识	含义	度量
Y_t	t 轮投资民营风投参与情况	第 t 轮投资由民营风投领投或单投，取 2；参投取 1，无则取 0
X_{-t}	前期国有机构参与情况	第 $t-1$ 轮投资由国有风投领投或单投，取 2；参投取 1，无则取 0；
Policies	政策环境	以创业投资税收鼓励政策出台表征，2007 年之前取 0，2007 年之后取 1，2010 年之后取 2，2013 年之后取 3
Market	投资退出环境	以资本市场发展阶段度量，中小板设立之前取 0，设立后取 1，创业板设立后取 2
Location	区位环境	根据《中国创业风险投资发展报告》，北、上、深三地投资热度高，市场环境相对成熟。被投企业位于北、上、深取 1，否则取 0
Age	项目成熟性	以被投企业年龄度量
Hightech	项目行业属性	根据《中国创业风险投资发展报告》，将被投企业区分为高新产业（以 TMT 为主，取 1）和传统产业（取 0）
ROA	项目盈利能力	被投企业融资上年的资产净利率。对于后续轮次，该指标实际上也反映了前期投资绩效
Amount	融资金额	取绝对金额（万元）的对数

表 5.9　　　　　　　　　　　　变量描述性统计表

	观察数	最小值	最大值	均值	中值	标准差	偏度	峰度
Y_t	6788	0	2	1.570	2	0.794	-1.386	3.026
X_{-t}	3858	0	2	0.519	0	0.860	1.097	2.253
Age	6641	0	24	6.892	5	6.987	2.443	11.990
Hightech	6752	0	1	0.578	1	0.494	-0.315	1.099
Location	6771	0	1	0.469	0	0.499	0.125	1.016
Market	6788	0	2	1.499	2	0.615	-0.819	2.668
Policies	6788	0	3	1.546	2	0.970	-0.183	2.049
ROA（%）	1060	-50.002	61.255	12.213	11.319	15.542	-0.506	6.607
Amount	3992	4.174	12.416	8.327	8.294	1.530	-0.043	3.317

(2) 直观检验：投资序列组合模式的聚类分析。聚类分析作为探索现象特征的一种方法，虽然不能解释现象的原因，但具有直观性优势。本书此处运用聚类分析，依据各轮次国有风投参与情况识别出投资序列的主要组合模式，能够直观地呈现各模式下国有风投是否参与、何时参与、由谁接手下轮投资的情况，因而可作为对上述回归分析结果的一种验证，结果如表 5.10 所示。

结果显示，除模式 1、模式 3 外，其他均有国有风投参与，这其中又以模式 2、模式 4 为主，它的频数占到全部序列的 22.1%，占到有国有风投的序列数的 89.2%。模式 2、模式 4 都表现为前期国有风投参投（由民营风投领投），而后期国有风投主导投资，这一证据直观提示国有风投的市场引导作用尚未得到有效发挥。

表 5.10　　投资序列机构组合模式的聚类分析

轮次	1	2	3	4	5	6	7	8	9	10
R1	1	2	1	2	2	2	1	2	1	1
R2	1	3	1	2	1	1	1	2	1	1
R3			1	3	2	2	1	1	1	1
R4			1		3		1	1	1	1
R5					1	3		2	1	1
R6							1	1	2	1
R7							2	1	1	1
R8								3	1	1
R9									1	1
R10									1	3
R11									1	1
R12									1	
R13									1	
R14									1	
R15									2	
频数 ($N=2929$)	0.5736	0.1676	0.0615	0.0539	0.0140	0.0068	0.0044	0.0007	0.0007	0.0003

注：表中 1 表示无国有风投参与，2 表示国有风投参投；3 表示国有风投领投或单投。

(3) 回归分析。根据问题和数据特征，本书采用多值 Logit 模型进行回归分析，模型基本形式是 $\hat{y}_{it} = x'_{it}\beta + u_i + \varepsilon_{it}$，式中，$\hat{y}_{it} = \text{prob}(y_{it} = 0, 1, 2 | x_{it}, \beta, u_i)$ 是在一系列变量作用下，i 企业 t 次融资时民营风投参与（跟随投资或主导投资）或不参与的概率。由于样本中各序列内存在组内自相关，因而在估计中使用了聚类稳健标准误。模型估计结果如表 5.11 所示。

结果显示：第一，当前期由国有风投主导投资时，对后期民营风投参与概率有显著负面影响，尤其是对后续轮次民营风投领投或单独投资出现概率的负面影响较大，体现为 $X_{-t} = 2$ 时其系数显著为负，并且作用于 $Y_t = 2$ 的系数比作用于 $Y_t = 1$ 的系数显著性要更高，系数绝对值更大。当前期国有风投仅为参与投资时，则没有显著影响。第二，资本市场的发展（创业板的设立）增大了民营风投参与的概率，体现为 Market = 2 时系数显著为正。地区变量也有一定影响，位于热点地区的项目民营风投参与概率显著较高。第三，lnAmount 系数显著为正，其意义是融资金额越大，单个投资者面临的资金压力越大，此时更有可能把投资机会开放给其他投资者，因而民营风投参与概率越高。第四，ROA 指标不显著，表明绩效并非影响民营风投参与的显著因素。行业变量影响不显著可能与我国风投在传统领域投资和高新领域投资比例相当有关。

表 5.11　　　　国有风投介入对后续轮次影响的回归分析结果

	基本模型		加入融资金额变量		加入绩效变量	
Y_t	(=1，民参)	(=2，民控)	(=1，民参)	(=2，民控)	(=1，民参)	(=2，民控)
X_{-t} (=1)	0.191 (0.511)	−0.373 (0.300)	0.063 (0.706)	−0.542 (0.414)	13.298 (1.012)	13.51 (0.337)
X_{-t} (=2)	−0.459* (0.180)	−1.913*** (0.102)	−0.500+ (0.259)	−1.886*** (0.141)	−0.619+ (0.446)	−1.543*** (0.263)
Age	−0.007 (0.010)	−0.005 (0.005)	−0.016 (0.012)	−0.013 (0.007)	−0.009 (0.013)	−0.008 (0.008)
Hightech	0.337 (0.189)	0.140 (0.098)	0.600 (0.258)	0.234 (0.136)	0.186 (0.424)	0.012 (0.253)

续表

Y_t	基本模型		加入融资金额变量		加入绩效变量	
	(=1，民参)	(=2，民控)	(=1，民参)	(=2，民控)	(=1，民参)	(=2，民控)
Location	0.026 (0.197)	0.466 *** (0.100)	−0.230 (0.273)	0.538 *** (0.144)	−0.153 (0.469)	0.191 ** (0.276)
Market (=1)	0.611 (0.839)	0.378 (0.246)	0.136 (0.872)	0.154 (0.313)	13.947 (0.934)	0.751 (0.856)
Market (=2)	1.638 * (0.764)	0.803 ** (0.237)	0.439 * (1.001)	0.446 ** (0.404)	14.258 * (1.370)	0.699 ** (1.068)
Policies (=1)	0.812 + (0.442)	−0.024 (0.168)	0.373 (0.483)	−0.238 (0.193)	−0.176 (0.700)	−0.431 (0.368)
Policies (=2)	0.082 (0.246)	−0.396 + (0.144)	0.477 (0.681)	−0.499 (0.322)	0.162 (1.300)	0.062 (0.751)
lnAmount			0.449 *** (0.075)	0.259 *** (0.044)	0.199 ** (0.125)	0.078 ** (0.092)
ROA					−0.011 (0.013)	−0.005 (0.010)
截距	−2.686 *** (0.763)	1.523 *** (0.222)	−5.588 *** (1.062)	−0.117 (0.434)	−16.534 *** (1.296)	0.843 (1.142)
模型估计参数						
Pseudo lnL	−2.1e+03		−1.1e+03		−2.2e+03	
χ^2	405.390		335.944		475.204	
Pseudo R^2	0.135		0.151		0.129	
$N(Y_t=2/1/0)$	3791 (2963/183/645)		2141 (1685/97/359)		510 (385/35/90)	

注：(1) 括号内为标准误。(2) 显著性：*** $p<0.001$，** $p<0.01$，* $p<0.05$，+ $p<0.1$。

4. 引导作用在行业层面的检验

从原理上讲，引导作用既可能体现在某项目（创业企业）的投资序列内，也可能体现在不同项目（不同投资序列）之间。也就是说，对于某些被市场所忽略的行业，国有风投率先投资于其中的一些项目并一直负责这些项目的后续轮次投资，而等到该行业发育成熟时，民营资本才开始介入，其介入方式并不是接手国有风投的后期项目，而是自己从早期项目做起。在这种情形下，国有风投与民营风投并不会在某项目的投资序列内有交集，而是表现为序列间的"先行—跟进"关系,是国有风投对一些项目的率先投资,引导了民营风投对另一些项目的投资。

前述实证表明了两类机构在投资序列内无"先行—跟进"关系,此处,本书拟考察是否存在行业层面的不同项目上的"先行—跟进"关系。基本思路是:如果国有风投与民营风投在某行业内存在不同项目间的"先行—跟进"关系,则两类机构在该行业的进入时间会有较大差异,国有风投进入时间将显著早于民营风投。本书基于 CVSource 数据库样本,以各个细分行业两类机构首轮投资事件的平均发生年份为分析指标,考察了是否存在行业层面的"先行—跟进"关系,结果如图 5.4 所示。图 5.4 中行业分类使用 CVSource 分类标准,该标准对风险投资主要关注领域进行了行业细分,而其他领域则分类较粗,较其他标准更适合于风投问题研究。结果显示,在全部 86 个细分行业中,只有 24 个行业国有风投进入时间早于民营风投 1 年以上,其中差异最大的是 3.2 年,平均差异为 1.5 年,因此,要以一个投资序列(项目)示范带动民营风投对另一个项目的投资兴趣,上述时间差异显然过小。因此,由于多数行业由民营风投领先进入或进入时间基本相同,或者国有风投领先进入的行业,但与民营风投进入的时间差距也不大,本书认为我国市场也不存在两类机构间在行业内不同序列间的"先行—跟进"关系。

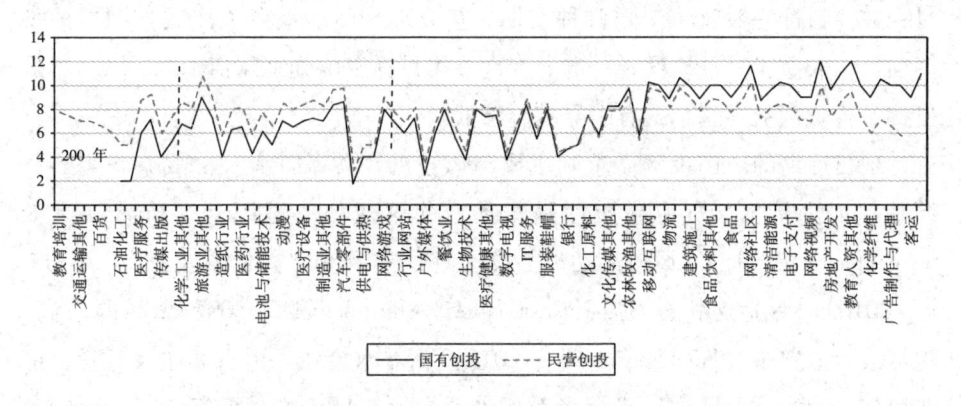

图 5.4 两类风投机构在细分行业中的进入年份对比

注:使用 CVSource 数据库样本和风险投资行业分类标准,涉及 86 个二级细分行业,部分行业名称略。

5. 改进国有风投市场引导作用的可能路径探索：基于个体效应差异的分析

上文实证发现国有风投的引导作用并未得到有效发挥，此处我们通过考虑不同风投机构的特征差异来探索其内在原因，从而揭示可能的改进路径。

（1）机构个体因素与其引导作用的差异。依据前文对国有风投引导作用的理论分析，归纳起来，本书认为引导作用有效发挥对国有风投个体提出了两项要求：一是应当具备追求早期投资的动机。只有投资早期项目，才能弥补市场投资不足，才能体现鉴证功能。二是应当具有协作需求。若无协作需求，则国有风投会垄断已介入的优质项目的投资机会，此时，即便国有风投具备鉴证能力，也无从发挥引导作用。这是由国有风投管理层的经济人理性所决定的。

早期投资动机和后期协作需求均与风投机构的个体因素有关。国有风投的早期投资动机可能受以下因素影响：一是机构的目标定位。国有风投的设立主体和设立依据具有多样性，例如，其设立主体有各级政府部门、开发园区、国有资本运作平台机构、事业单位等多种类型，这种多样性导致国有风投目标定位存在差异，重要差异之一就是关注的目标投资阶段不同。依据CVSource数据库提供的机构投资策略信息和手工搜集的信息，本书发现国有风投的投资阶段目标定位大体分为三种情形：重点关注种子期、创业初期项目；关注目标一般化，未强调种子期、扩张期项目；重点关注成长期、扩张期项目，兼做VC、PE投资。本书将这三类目标定位分别赋值1、2、3。二是机构是否管理引导基金或有引导基金参股。

项目后期的协作投资需求则主要与风投的资源条件有关。战略联盟的资源基础理论指出，资源异质性是驱动合作形成的关键因素（Eisenhardt & Schoonhoven, 1996）。风投活动中，投资者经常因项目资金需求较大（Ferrary, 2010）、专业技术性较强（Casamatta & Haritchabalet, 2007）、风险较高、地域或行业壁垒（Hochberg et al., 2010）而寻求合作、引入其他投资者，这些协作动因实际上展现了投资者对额外资金、知识、关系等有形或无形资源的需求。

借鉴这些研究，本书从资金、经验、本地关系三类资源形式寻找表征风投资源条件的变量,以体现其潜在协作需求,具体包括:第一,机构的资本实力,表征投资者寻求外部资金的潜在需求;第二,机构年龄,表征投资经验;第三,机构与项目企业的地理距离,表征投资者是否具备本地关系。以是否隶属同一省哑变量度量,若不在同一省,引入当地机构以更好地处理当地关系的需求增加。国有风投个性特征如表5.12所示。

表5.12　　　　　　　　　　国有风投个体特征描述

变量	含义	观察数	最小值	最大值	均值	中值	标准差
investorAge	年龄	252	2	31	11.4130	11	5.8843
Capital	资本实力（取对数）	252	4.1510	16.8112	9.3593	9.1937	1.9345
Orientation	目标定位	252	1	3	2.2540	2	0.4960
GF	引导基金相关	252	0	1	0.0952	0	0.2941
samePro	与项目企业同省	252	0	1	0.1706	0	0.3769

（2）回归分析。本书将风投个体特征变量与前期国有风投介入变量的交乘项纳入回归分析,以检验个体特征对其外部效应的影响,结果报告于表5.13。根据前文已得结果,本部分未包含前期国有风投参与式投资的样本。另外,为了使结果更直观,本书还按国有风投目标定位区分为两组,定位于种子期和创业初期的为一组,其余为另一组,重新对表5.11中的模型一、模型二进行估计,结果报告于表5.14中。

结果显示,在6个个体因素中,目标定位、机构年龄、机构资本实力、与项目企业同省4个变量对后期民营风投参与概率都有不同显著度的负面影响,尤其是目标定位变量,在1%水平上显著。目标定位变量表征的早期投资动机,体现国有风投的公共利益诉求程度,显著为负的系数反映越是偏离早期投资追求,将自身混同于一般财务投资者的国有风投,挤出效应越明显。另3个变量表征资金、经验、本地关系三类资源,均为负值,表明自身资源强的国有风投挤出效应越明显,但3个变量的显著性程度有所差异。另外,引导基金关联变量不显著,可能与引导基金主要委托给大型综合投资机构管理且缺乏有效后期考核机制有关（投中研究院,2016）。

表 5.13　考虑个体特征的国有风投介入对后续融资轮次影响分析结果

Y_t	基本模型 (=1, 民参)	基本模型 (=2, 民控)	加入融资金额变量 (=1, 民参)	加入融资金额变量 (=2, 民控)	加入绩效变量 (=1, 民参)	加入绩效变量 (=2, 民控)
$X_{-t} * samePro$	−0.684* (0.283)	−0.384* (0.149)	−0.990* (0.389)	−0.298* (0.208)	−1.297* (0.840)	−0.445* (0.423)
$X_{-t} * GF$	0.086 (0.331)	0.056 (0.187)	0.537 (0.471)	0.373 (0.270)	0.789 (0.888)	0.363 (0.483)
$X_{-t} * Orientation$	−0.864** (0.295)	−0.543** (0.194)	−2.326*** (0.635)	−0.778** (0.285)	−16.536*** (1.051)	−0.354** (0.596)
$X_{-t} * investorAge$	−0.014 (0.026)	−0.020+ (0.016)	−0.055 (0.045)	−0.035+ (0.022)	−0.144 (0.067)	−0.100+ (0.051)
$X_{-t} * Capital$	−0.002+ (0.035)	−0.006* (0.021)	−0.089* (0.044)	−0.018+ (0.028)	−0.192* (0.090)	−0.037* (0.051)
Age	−0.004 (0.010)	−0.003 (0.006)	−0.012 (0.012)	−0.011 (0.007)	−0.002 (0.012)	−0.005 (0.009)
Hightech	0.347 (0.192)	0.138 (0.099)	0.583 (0.271)	0.225 (0.140)	0.206 (0.444)	0.120 (0.260)
Location	0.012 (0.198)	0.444*** (0.102)	−0.211 (0.281)	0.537*** (0.150)	0.011 (0.502)	0.150* (0.293)
Market (=1)	0.461 (0.837)	0.249 (0.254)	−0.217 (0.874)	−0.076 (0.317)	12.886 (1.278)	0.017 (1.100)
Market (=2)	1.334* (0.773)	0.574* (0.248)	0.126* (1.036)	0.075* (0.436)	13.983** (1.522)	0.190* (1.335)
Policies (=1)	0.746+ (0.442)	−0.037 (0.169)	0.326 (0.486)	−0.260 (0.196)	0.147 (0.822)	−0.322 (0.375)
Policies (=2)	0.173 (0.257)	−0.373+ (0.145)	0.600 (0.719)	−0.447 (0.347)	−0.313 (1.286)	−0.080 (0.848)
lnAmount			0.499** (0.081)	0.277** (0.043)	0.249* (0.136)	0.071* (0.092)
ROA					0.018 (0.014)	−0.007 (0.011)
截距	−2.496** (0.763)	1.667*** (0.234)	−5.655*** (1.085)	−0.034 (0.437)	−16.451*** (1.594)	1.559 (1.371)

续表

模型估计参数	基本模型	加入融资金额变量	加入绩效变量
Pseudo ln$L$	$-1.9e+03$	$-1.1e+03$	$-2.1e+03$
χ^2	383.626	323.969	414.056
Pseudo R^2	0.145	0.165	0.137
$N(Y_t=2/1/0)$	3693（2876/179/638）	2085（1635/95/355）	492（371/34/87）

注：(1) 括号内为标准误。(2) 显著性：*** $p<0.001$，** $p<0.01$，* $p<0.05$，+ $p<0.1$。

表 5.14　　　　按国有风投目标定位分组估计结果

	目标定位早期组				目标定位中后期组			
	基本模型		加入融资金额变量		基本模型		加入融资金额变量	
Y_t	(=1,民参)	(=2,民控)	(=1,民参)	(=2,民控)	(=1,民参)	(=2,民控)	(=1,民参)	(=2,民控)
$X_{-t}(=1)$	0.136 (0.510)	-0.411 (0.301)	0.019 (0.718)	-0.572 (0.425)	0.193 (0.511)	-0.371 (0.300)	0.068 (0.707)	-0.535 (0.414)
$X_{-t}(=2)$	-0.234 (1.132)	-0.850 (0.560)	1.482 (1.201)	-1.070 (1.066)	-0.445* (0.182)	-1.937*** (0.103)	-0.521* (0.261)	-1.889*** (0.141)
Age	-0.007 (0.014)	-0.016+ (0.008)	-0.006 (0.017)	-0.019+ (0.012)	-0.004 (0.013)	-0.004 (0.007)	-0.011 (0.017)	-0.014 (0.009)
Hightech	0.547 (0.256)	0.329 (0.139)	0.931 (0.360)	0.486 (0.191)	0.340+ (0.188)	0.138 (0.098)	0.590 (0.259)	0.232+ (0.136)
Location	-0.224 (0.258)	0.391** (0.140)	-0.404 (0.370)	0.529** (0.200)	0.056 (0.198)	0.462*** (0.101)	-0.204 (0.277)	0.527*** (0.146)
Market (=1)	0.236 (0.986)	0.636 (0.499)	0.045 (1.063)	0.515 (0.663)	0.608 (0.839)	0.375 (0.246)	0.132 (0.872)	0.147 (0.311)
Market (=2)	-0.185 (0.872)	-0.018 (0.448)	-0.849 (1.202)	-0.233 (0.648)	1.652* (0.766)	0.747** (0.238)	0.470 (1.005)	0.452* (0.414)
Policies (=1)	-0.013 (0.625)	-0.751+ (0.333)	-0.669 (0.681)	-1.030+ (0.403)	0.808+ (0.443)	-0.030 (0.169)	0.360 (0.484)	-0.237 (0.194)
Policies (=2)	0.678+ (0.351)	-0.207 (0.170)	0.802 (0.837)	-0.319 (0.383)	0.055 (0.253)	-0.344+ (0.146)	0.420 (0.689)	-0.506 (0.333)

续表

| | 目标定位早期组 || 目标定位中后期组 ||
	基本模型	加入融资金额变量	基本模型	加入融资金额变量
lnAmount		0.404*** 0.239*** (0.099) (0.054)		0.438*** 0.254*** (0.075) (0.044)
截距	-1.451+ 2.099*** (0.866) (0.453)	-4.468*** 0.378 (1.348) (0.722)	-2.718*** 1.533*** (0.766) (0.224)	-5.521*** -0.071 (1.062) (0.436)
模型估计参数				
Pseudo ln$L$	-1.3e+03	-686.541	-2.1e+03	-1.1e+03
χ^2	66.941	80.215	503.416	336.444
Pseudo R^2	0.025	0.058	0.120	0.150
N	2 886	1 629	3 763	2 135

注：(1) 括号内为标准误。(2) 显著性：*** $p<0.001$，** $p<0.01$，* $p<0.05$，+ $p<0.1$。

（3）可能的改进路径。上述经验证据表明，操作层面的一些管理因素确实会对国有风投引导作用的发挥产生重要影响，越是投资目标"靠后"、本地的、资本规模大的国有风投，越难以发挥引导作用。分组估计中，也只有目标定位靠后的组对民营风投后期参与概率产生显著负面影响。

由此，我们认为做好目标管理和资源管理是改进国有风投引导作用的两条基本路径。所谓做好目标管理，就是政府部门或其授权单位在创立国有风投，以及设立后的监督管理中，要把政策目标转变为国有风投的自身目标，如明确限定那些承担政策职能的国有风投公司或基金应当以早期项目为主要投资对象，甚至明确规定早期项目投资宗数或投资金额应占全部投资的比重。并且在后期运营考核中，也将这一指标作为主要考查对象。只有这样，政策目标和机构本身目标才能一致起来。所谓做好资源管理，指不是所有的国有风投都应贪图"大而全"，众多的国有风投机构应当形成不同的层次和类别，只有各有所长、各有所专，存在资源差异，才能形成协作需求，才能使先期介入的国有风投发挥引导作用，即为吸引民营风投加入投资留下空间。

二、市场收益因素

(一) 收益水平的影响

1. 收益水平影响投资总量

风险投资市场的投资收益,就像商品市场上的商品价格,能对投资者行为起到指挥棒的作用,收益水平越高,投资越积极。我们分析了2000年以来的投资退出回报情况与市场投资热情之间的关系,如图5.5所示,以账面回报倍数衡量的投资退出收益年度变化与以投资宗数衡量的投资热情之间有明显的关联性,变动趋势基本一致。例如,2008年到2011年,退出回报有明显上升,2010年、2011年市场的投资数量就明显上升。当然,我们也观察到变动趋势从年度看也并非完全吻合,这是因为收益变化信号的发出到投资者观察与接收需要一个过程,并存在一些其他因素的影响。

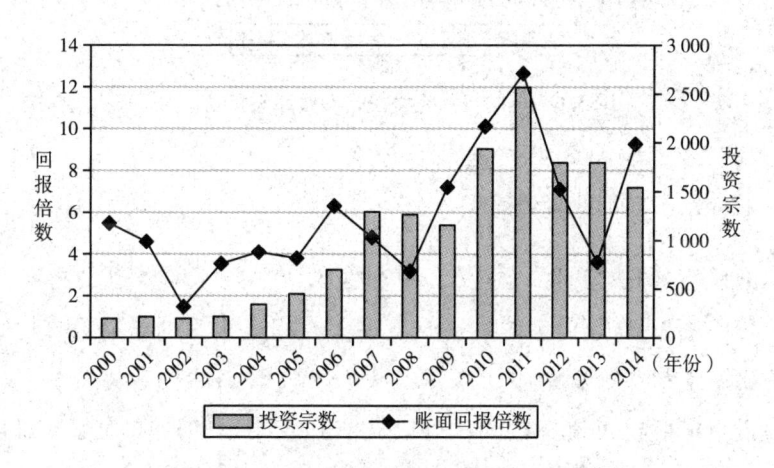

图5.5 不同年份投资回报率与投资宗数

从分行业数据来看,这种关联性同样存在。如图5.6所示,狭义IT行业和传统产业的投资项目回报较高,因而投资宗数明显高很多。狭义IT行业具体指互联网、电子商务、软件和计算机设备产业,它是所有行业中回报率最高的,平均达到6倍;而传统产业具体指房地产、传媒、金融、农业、教育培训、制造等非新兴行业,它的平均回报达到8.3倍,在6个行业大类中排名第二高,其投资宗数却是最多。对传统行业的投资热情是我国风险投资市场的一大特征,这一方面归因于传统行业投资风险可预见性强,另一方面归因于新兴市场传统行业尤其是消费领域的增长潜力巨大。能源环保行业的投资回报也较高,处于第三位,但由于该行业领域的单项投资金额大,且受政策影响,甚至是受政策限制明显,因而投资宗数与第一位、第二位的行业存在较大差距。

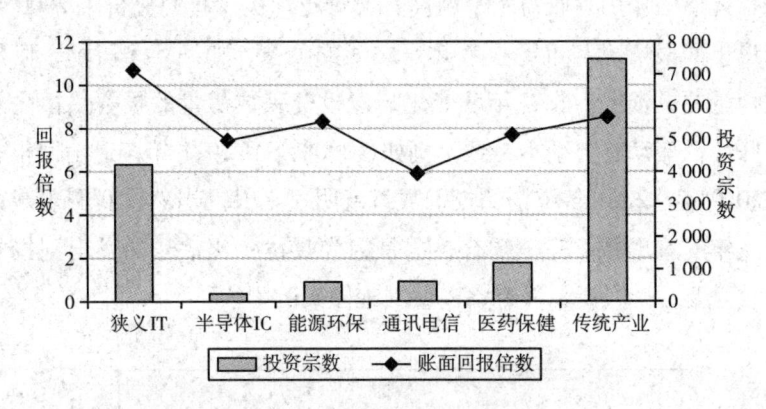

图 5.6 不同行业大类投资回报率与投资宗数

2. 收益水平影响投资偏好

投资收益水平的变化,不仅会影响到投资总量,同时也会影响到投资偏好。我们将2000年以来的投资收益水平与相应年份的早期投资比率、联合投资比率绘制在图5.7中,观察图我们可以看到两种走势特征:一是在投资回报与早期投资比率之间,可以观察到较明显的逆向关系,即某年市场退出的回报水平越高,早期项目投资的比率越低。例如,2000~2005年,投资回报水平较低,而早期投资比率较高;相反,2009~2012年,投资回报水平较高,而早期投资比率较低。二是在早期投资比率与联合投资比率之间,也存在一定程度的逆向关系,某年的早期投资比率高,联合投资比率则相对较低一点，反之则高一点，如 2000～2004 年与 2011 年前后的对比。

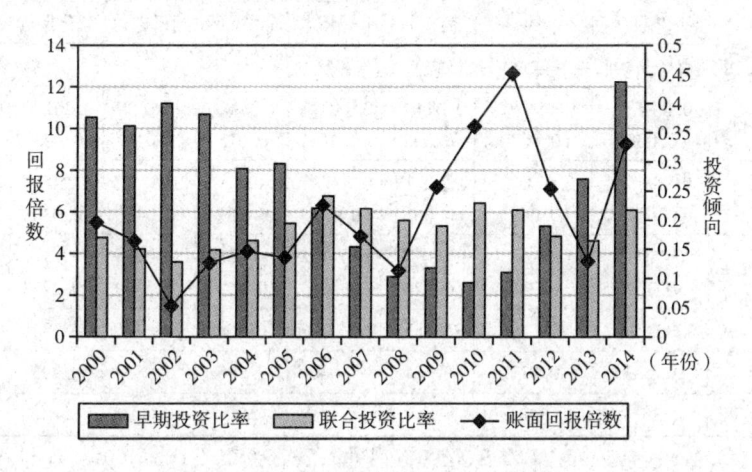

图 5.7　不同年份投资回报率与投资倾向

（1）早期投资比率与市场回报走势相反的原因。为什么市场在投资回报上升时，早期投资比率会出现相反的走势？为了探索背后的原因，我们将每年市场收益的数据进行了细分，一方面是将其细分为早期项目和后期项目回报率，另一方面按行业大类进行了区分。然后，我们观察不同类别收益变化走势是否与总体的收益趋势一致，结果发现了一些差异。回归结果（见表 5.15）可以清晰地展示这些差异，表 5.15 中因变量是各年度市场的总体收益水平，而自变量是早期项目、后期项目各年度的收益水平，从系数和显著性可以看出，早、后项目的收益水平与市场总体的收益水平同向变动，但后期项目的系数要比早期项目的系数大得多，这意味着市场总体收益的波动主要是来自后期项目的收益波动造成的，即市场总体收益增长时，主要是后期项目的收益在增长，早期项目仅略有增长，此时市场将投资者的热情大量吸引到后期项目中，使得早期项目投资比率下降；相反，在市场总体收益下降时，也主要是后期项目收益明显下降，市场对后期项目的投资热情下降，因而在数字上体现为早期项目投资占比上升。

表 5.15　　　　　　　　平均收益变化与早、后期项目收益的关系

	年度样本未分行业	年度样本分行业混合	分行业样本					
			狭义 IT	半导体 IC	能源环保	通讯电信	医药保健	传统产业
因变量：年度市场平均收益（账面回报倍数）								
早期项目	0.064 ***	0.088 ***	0.074 **	0.140 **	0.068 **	0.261 **	0.201 **	0.081 ***
	(0.008)	(0.007)	(0.006)	(0.012)	(0.015)	(0.042)	(0.042)	(0.041)
后期项目	0.988 ***	0.831 ***	0.783 ***	0.877 **	0.885 ***	0.892 ***	0.950 ***	1.089 ***
	(0.082)	(0.043)	(0.068)	(0.033)	(0.069)	(0.043)	(0.030)	(0.128)
截距	0.705 +	1.012 ***	1.931 ***	−0.162	−0.089	−0.085	−0.171	−0.041
	(0.329)	(0.260)	(0.423)	(0.165)	(0.257)	(0.336)	(0.271)	(0.460)
F	280.105	420.291	315.875	2232.611	568.087	266.205	490.925	122.380
r^2	0.979	0.927	0.981	1.000	0.996	0.985	0.995	0.961
样本年度数	15	69	15	5	8	11	8	13

注：(1) 括号内为标准误。(2) 显著性：+ $p<0.1$，* $p<0.05$，** $p<0.01$，*** $p<0.001$。

(2) 联合投资比率与早期项目投资比率走势相反的原因。进一步的分析显示，联合投资比率与早期项目投资比率的逆向关系，主要是因为早期项目投资中，联合投资的概率相对较低，因此当市场中投资早期项目的数量和比重增加时，联合投资在整个市场中的比率相对下降。从图 5.8 对不同阶段投资案例中联合投资比率的对比可以看出，早期项目中的联合投资比率要明显低一些。

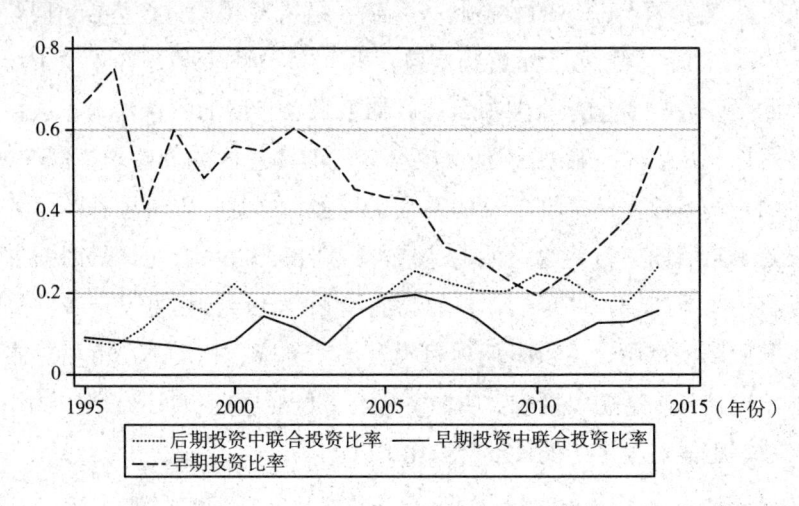

图 5.8　不同阶段投资中联合投资比率对比

（二）收益市场结构的影响

1. 我国风险投资在不同退出渠道下收益差异巨大，IPO 是唯一高回报退出方式

不同的退出渠道，就是投资收益实现的不同方式。风险投资常见的退出渠道包括 IPO 上市退出、并购退出、创业者回购退出和投资失败而清算退出。不同收益实现方式的对比关系，本书称为市场收益结构。

在我国风险投资市场上，自 2004 年中小企业板和 2009 年创业板设立以来，通过 IPO 上市方式退出的项目越来越多，所占比重呈不断上升之势（见表 5.16），其中只有 2011 年因受国内资本市场低迷、海外上市受阻等多重利空因素影响才略有下降，但仍达到 29.4%。在各类退出方式中，由创业者回购占比一直较高，在近年甚至成为最主要的退出方式，比重达到 30% 以上。实际上，回购和清算一样，多数都意味着项目受阻，尤其在投资初期签订"对赌"协议的情况下。

表 5.16　　　　　　我国风险投资项目退出方式的结构　　　　　单位:%

年份	上市	并购	回购	清算	其他
2004	12.4	55.3	27.6	4.7	0.0
2005	11.9	44.4	33.3	10.4	0.0
2006	12.7	28.4	30.4	7.8	20.6
2007	24.2	29.0	27.4	5.6	13.7
2008	22.7	23.2	34.8	9.2	10.1
2009	25.3	33.0	35.3	6.3	0.0
2010	29.8	28.6	32.8	6.9	1.9
2011	29.4	30.0	32.3	3.2	5.1
2012	29.4	18.9	45.0	6.7	0.0
2013	24.3	26.3	44.8	4.6	0.0

资料来源：《中国创业风险投资发展报告（2014）》。

从表 5.17 所示的退出收益可以明显看出，回购方式意味着风险投资承受 30% 左右的投资亏损。产生盈利的退出方式主要是上市和并购。两种方式对比，收益差距非常巨大，上市可实现 1.5~9 倍的平均投资收益，而并购方式下，平均收益的最高值仅为 1.6 倍，多数年份在 45% 以下，有些年份还处于亏损状态（见表 5.17）。

表 5.17　　　　我国风险投资不同项目退出方式的收益对比　　　　单位:%

年份	上市	并购	回购	清算
2004	159.81	9.23	-38.18	-41.03
2005	419.25	-20.56	20.53	-61.40
2006	491.45	27.35	-30.81	-53.63
2007	436.07	-15.37	-26.80	-42.63
2008	916.66	28.35	-41.98	-29.13
2009	327.75	4.74	-29.47	-42.66
2010	736.68	44.95	-21.19	-24.43
2011	799.38	44.16	-30.51	-65.37
2012	486.10	162.23	29.18	-15.34
2013	448.03	24.09	-34.28	-43.47

资料来源：《中国创业风险投资发展报告（2014）》。

作为对照，我们收集了美国风险投资行业的数据，其情况截然不同。首先，从退出方式结构看，上市方式除了在互联网泡沫时期（2000 年前后）占比较高外，其余时间占比都较低，约为 10%，也未见有上升态势。相反，并购是其主要退出方式，远超过上市的宗数（如表 5.18 所示）。

表 5.18　　　　　　　　美国风险投资退出方式的结构

年份	IPO 退出宗数（宗）	IPO 退出占比（%）	并购退出宗数（宗）	并购退出占比（%）
2000	238	38.6	379	61.4
2001	37	8.8	384	91.2
2002	24	6.2	363	93.8
2003	26	7.4	323	92.6

续表

年份	IPO 退出宗数（宗）	IPO 退出占比（%）	并购退出宗数（宗）	并购退出占比（%）
2004	82	16.9	402	83.1
2005	59	11.8	443	88.2
2006	68	12.3	485	87.7
2007	92	15.9	488	84.1
2008	7	1.7	416	98.3
2009	13	3.6	350	96.4
2010	68	11.5	521	88.5
2011	51	9.5	488	90.5
2012	49	9.8	449	90.2

资料来源：根据 NVCA Yearbook 2013 数据计算。

其次，从退出收益情况看，并购方式退出的收益并不逊于上市方式。表 5.19 列出了美国近年并购退出的收益情况，收益在 4 倍以上的是多数，10 倍以上的占两成左右；而上市方式下，风险投资原始投资的溢价程度也与此大体相当，4~8 倍的情况较为常见。

表 5.19　　　　　　美国风险投资退出收益（并购方式）　　　　　　单位:%

年份	小于 1 倍	1~4 倍	4~10 倍	10 倍以上
2000	9	22	23	46
2001	41	19	23	17
2002	51	26	13	10
2003	46	39	10	5
2004	38	33	19	10
2005	30	38	17	15
2006	30	37	18	15
2007	24	33	24	19
2008	30	30	24	16
2009	47	24	20	9

续表

年份	小于1倍	1~4倍	4~10倍	10倍以上
2010	32	33	21	14
2011	20	29	30	21
2012	20	27	32	21

资料来源：根据 NVCA Yearbook 2013 数据计算。

2. 不同渠道退出收益的对比关系影响到早期投资倾向

我国风险投资市场 IPO 与并购之间巨大的退出收益差异，直接后果就是使投资者拥挤于 pre-IPO 项目，对孵化器内项目等前端项目的投资兴趣不高。因为如果投资前端项目，需要经过较多时间才能达到上市阶段，而如果想在中间阶段退出，主要的渠道是借助第三方的并购，但由于我国并购市场不太活跃，收益也较低，这就使得中间阶段以高回报方式退出几乎成为不可能。因此，在这种市场收益结构下，投资早期项目，投资回收期普遍较长，风险较大，而投资 pro – IPO 项目，收益高且"短频快"。从图 5.9 我们可以明显看出这种关系，当上市退出收益与并购退出收益的差距相对较低时（如图中两端部分），早期项目投资的倾向比较高，而在收益差距很大时（图中中间部分），投资早期项目的倾向就较低。

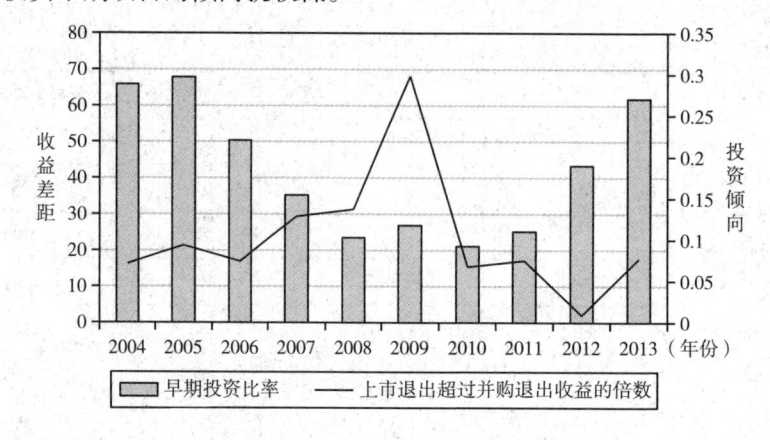

图 5.9 收益结构与投资倾向

资料来源：CVSource。

三、结论与政策建议

（一）市场结构视角的结论与政策建议

1. 大型机构参与早期项目投资更多，应注重发挥风险投资集团在促进资孵合作中的作用

本章的经验证据表明中小型风险投资机构的平均投资阶段要大于大型机构的平均投资介入阶段，说明在一般意义上，大型风险投资机构参与早期项目投资更多。由于孵化器内项目基本都是创业早期阶段的企业，因此，要利用市场力量推动资孵合作，就应注意发挥大型机构如风险投资集团的作用。

风险投资集团资本实力雄厚，持续筹资能力强，同时积聚了优秀的投资人队伍，积累了较丰富的投资经验。依据我们的访谈调查，大型投资机构既会重视成熟的、高回报项目的投资和管理，也会重视早期项目的尝试性投资，它们希望在大量的早期项目尝试性投资中发现有价值的好项目和有超常增长潜力的项目。一些投资集团甚至成立专门部门或下属机构负责早期项目投资，这样的机构是孵化器寻找合作的理想对象，孵化器内大量的早期项目也成为吸引这些机构关注的重要因素。

【案例借鉴】

大型机构深圳市创新投资集团注重早期项目的投资

深圳市创新投资集团（简称深创投集团）是大型风险投资集团，在清科集团编制的年度排名中最高曾排名第四位。集团于2002年10月正式成立，集团核心企业——深圳市创新投资集团有限公司（简称深创投公司）的前身为深圳市政府于1999年8月26日发起设立的深圳市创新科技投资有限公司。深创投开展的业务包括创业投资、股权投资与增值服务、基金管理等，目前管理资金总额为200亿元人民币。深创投以创业投资业务为支柱,以创业投资相关增值服务业务为延伸,走基金与基金管理的发展之路。深创投管理基金的种类有区域性政府引导基金、中外合作/合资基金、商业化基金和战略合作基金。

深创投集团一直是市场中活跃的投资者,2007~2014年其核心企业深创投公司的投资规模大体如图5.10所示。

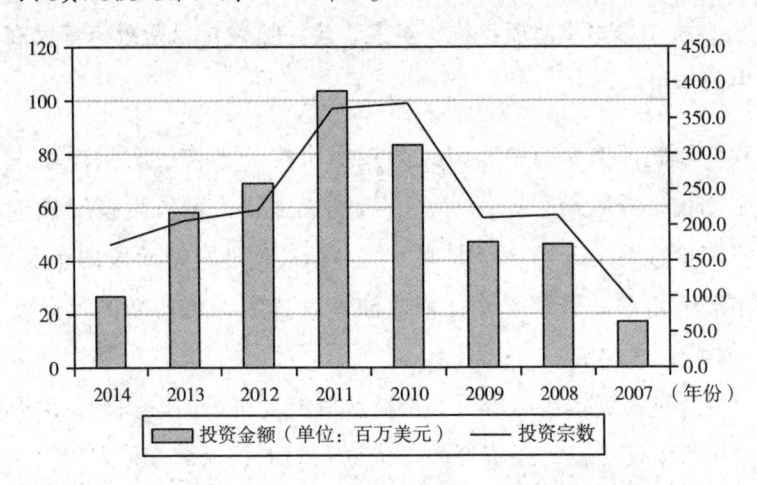

图5.10 深创投公司的创业投资宗数与投资金额

资料来源:CVSource。

在这大量的投资事件中,深创投公司给予早期项目和初次融资项目以足够的关注。在2004~2014年559宗投资事件中,有416宗是初次融资项目(Series A),占比为74%(见图5.11)。这416过中有26宗属于创业早期,390宗为发展初期。

作为对比,我们随意挑选了一家非国有的中型风险投资机构——上海挚信投资管理有限公司,该公司由原盛大CFO李曙君于2006年10月9日创建,注册资本为5 000万元人民币,是一家专注于投资中国市场的境外投资基金管理平台。上海挚信的投资对象虽然也包括企业的不同发展阶段,但它主要投资于具备杰出管理团队、成熟商业模式和持续增长潜力的行业领军企业,早期项目投资较少,详见图5.12。

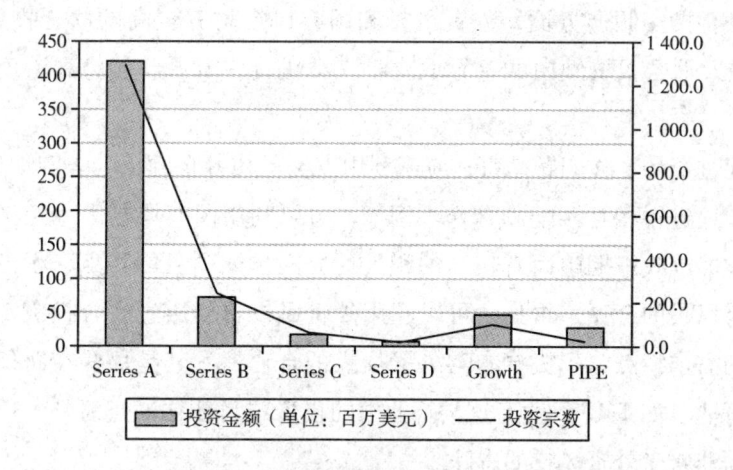

图 5.11 深创投公司的投资阶段分布（以投资轮次衡量）

资料来源：CVSource。

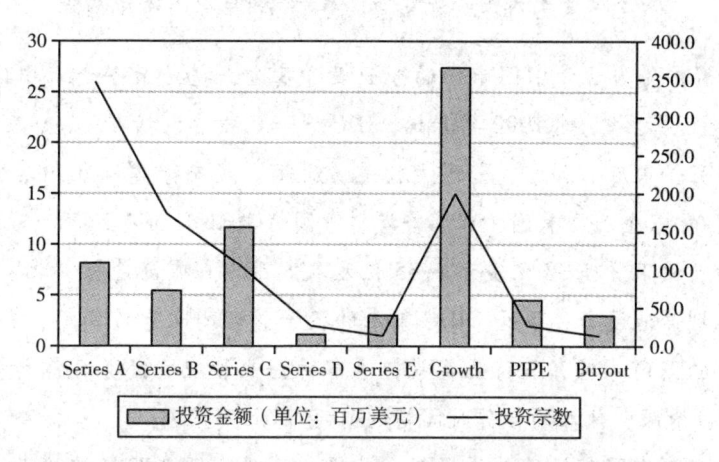

图 5.12 对比公司（上海挚信）的投资阶段分布（以投资轮次衡量）

资料来源：CVSource。

2. 基于资源、能力和治理差异，不同产权类别的风险投资在早期投资、联合投资倾向方面存在差异，应当利用各类机构相对优势促进资孵合作

本章的实证分析表明，风险投资机构产权属性对早期项目投资倾向有明显影响，外资风投早期投资倾向一般较低，而国有风投早期投资倾向一般较高。在联合投资倾向方面，外资风投和国有风投均有较高的联合投资倾向。早期投资、联合投资倾向的差异取决于三类机构在资源、能力和治理方面的差异。

就促进资孵合作问题而言，应当利用三类机构各自的优劣势和偏好差异，因地制宜地进行相互匹配和合作。例如，可以利用国有风投因承担当局的某些公共职能或政策期望而有较高的积极性介入早期项目的特点，积极寻找与当地国有风投的合作。再如，可以利用外资风投希望通过联合投资实现本地化嵌入的需求特点，积极寻求与外资风投的合作，尤其是那些在海外上市受欢迎的行业，如 TMT 行业，这类行业内的投资项目往往通过海外上市实现退出，因而非常受外资风投的青睐。

【案例借鉴】

联合投资是大型外资风投 IDG 资本的常用投资策略

IDG 资本是专注于中国市场的专业投资基金，也是最早进入中国市场的国际投资机构之一。自 1992 年开始，IDG 资本已投资包括百度、搜狐、腾讯、搜房、携程、汉庭、如家、金蝶、物美、康辉、九安等 200 家知名企业，并已有超过 60 家企业在美国、中国香港、中国 A 股证券市场上市，或通过并购成功退出。旗下管理 38 亿美元及 35 亿元人民币。在香港地区、北京、上海、广州、深圳等地设有办事处。IDG 资本的投资管理团队合作稳定、专业全面，具有互补的国内外教育及行业背景，丰富的企业管理、投资运作和资本市场经验，7 位资深合伙人的合作时间超过 10 年以上。

作为专注中国市场的外资风投，其投资策略有两个明显的特点：一是着重高新项目的投资，尤其是 TMT 领域的投资，在本书收集的 2004~2014 年该机构 513 宗投资事件中，74.9% 属于高新项目投资（详细行业分布见图 5.13，图中行业分类标准为 CVSource 专门设计的风险投资行业分类标准）；二是较多采用联合投资方式，在 513 宗投资中，39.5% 的投资采用了联合投资方式（图 5.14 展示了 IDG 资本在 2004~2014 年的 513 宗投资事件中与其他机构合作一次以上的合作对象及其合作次数）。

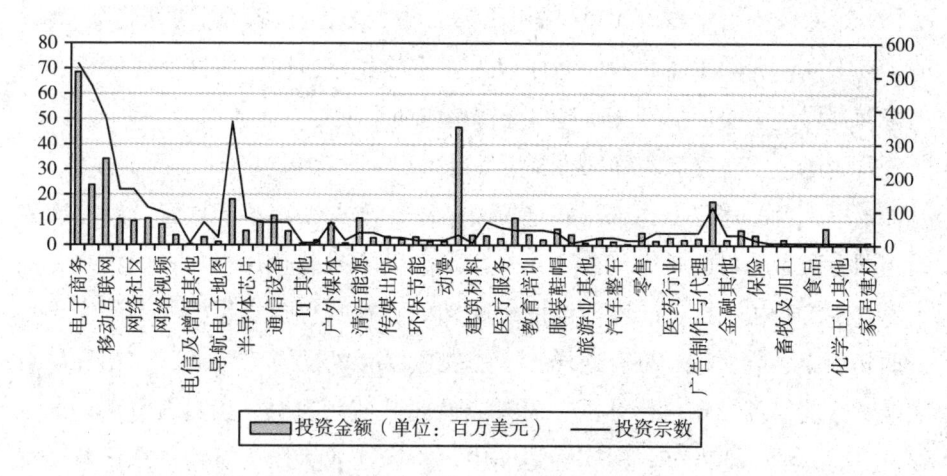

图 5.13　IDG 资本投资事件的行业分布

资料来源：CVSource。

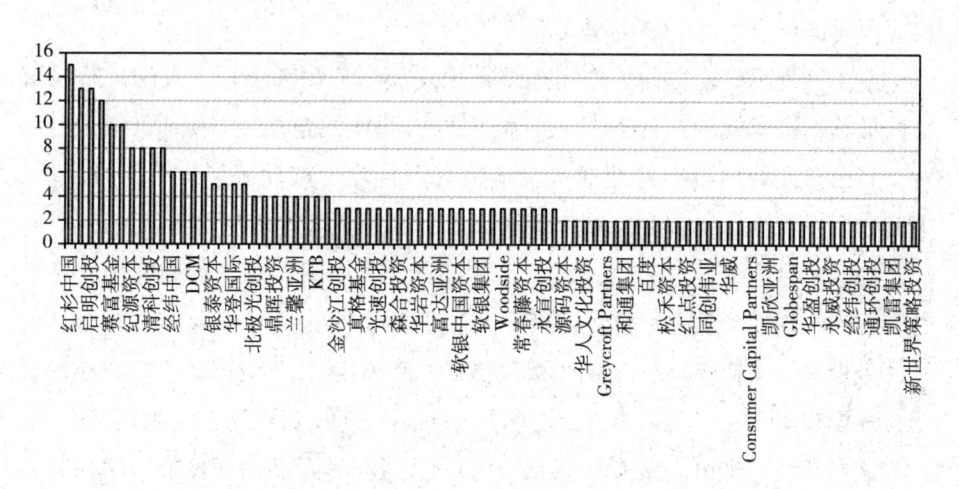

图 5.14　IDG 资本与其他风投的合作次数

注：基于 CVSource 数据库中 2004～2014 年 513 宗 IDG 投资事件样本。

3. 国有风投的市场引导作用尚不明显，需要进行管理策略上的改进

根据前文对国有风投市场引导作用现实表现的实证分析，目前引导作用并未得到显著发挥；而进一步的分类考察表明，操作层面的一些管理因素确

实会对国有风投引导作用的发挥产生重要影响，越是投资目标"靠后"、本地的、资本规模大的国有风投，越难以发挥引导作用。因而做好目标管理和资源管理是促使国有风投发挥市场引导作用的两个重要方面。

具体讲，在设立和指导国有风投发展过程中，应当注意以下两个方面。

第一，目标管理方面，目标定位要清晰，重点锁定早期项目。既然政府设立国有风投的目的是带动整个市场发展，而不是替代风投的民间力量，那么设立或参股相关机构时就应当明确机构的目标，将投资目标明确限定于种子期和创业早期项目。只有这样，才能发挥国有风投的"鉴证"作用和培育功能。目前，各级政府创办国有风投或参股其他风投时，虽然在政策理念上强调支持新创企业发展，但实际运作中，所设立或参股的机构往往没有明确投资对象限制，VC、PE项目兼做，缺乏一种有效约束机制保证政府资金注入市场失灵领域。要建立这种约束机制，须明确要求国有风投主要关注早期项目，同时进行配套的考核机制改革。

第二，资源管理方面，要实施差异化发展，不贪大求全。大的风险投资机构虽然投资早期项目相对较多，但大机构同样注重后期成熟项目的投资，对于其已介入的项目有持续投资价值情况下，较少有动机引入其他投资者，因而在发挥引导作用方面会存在局限。国有风投大型化是近年出现的一个明显趋势，大量综合性风投集团涌现，例如苏州高新投、深圳创新投等，它们管理的资本规模动辄上百亿元，旗下 VC、PE、产业基金、引导基金齐全。同样，风投引导基金规模也呈现大型化特征，2015年地方政府设立的引导基金单支规模基本都在亿元以上，上海闵行区创新创业投资引导基金则高达20亿元，这些基金均交由大型 GP 进行管理。大型化的风险投资集团能够增强其个体的市场竞争力，但也可能导致其垄断一些成熟后期项目的投资机会，压缩民营创投盈利空间，产生挤出效应，背离了政策初衷。因而，基于国有风投的引导性任务，在发展策略上，国有风投不应贪大求全，要留有协作空间。具体可采取差异化发展策略，通过差异化减少与民营风投的竞争重叠，并产生协作需求。

（二）市场收益视角的结论与政策建议

1. 收益水平和收益结构均影响投资倾向

前文对 2000 年以来的投资退出回报情况与市场投资热情之间关系的分析表明，无论是总体上还是分行业，投资退出收益变化与投资热情之间存在较明显的关联性，变动趋势基本一致，说明收益水平影响投资倾向，市场收益水平越高，风险投资宗数和投资金额也就上升，但就市场中早期项目投资的比率看，市场收益水平的提高反而导致早期项目投资在当期的比率降低，其原因在于市场行情高涨时，大量资金涌向后期项目，尤其是 pre-IPO 的项目，追求后期项目投资的"短、平、快"收益，而在收益结构方面，并购退出收益水平与上市收益水平的对比关系影响市场整体对早期项目的投资热情。对中国市场近十年的投资数据分析表明，上市退出收益超出并购退出的溢价部分越高，市场的早期投资比例就越低；反之则越高。其根源在于上市退出的高收益诱使大量风险资本关注 pre-IPO 项目的争夺，风险资本演化成"急功近利"的套利资本。

2. 应通过拓宽并购退出渠道，提高并购退出收益来间接激励风投早期孵化项目

（1）通过拓展场外股权交易市场，拓宽并购退出渠道。要拓展风险投资项目的并购退出渠道，最重要的一点就是要壮大和做活场外交易市场，通过提升交易的便利性来活跃并购市场。因为场内交易市场主要用于满足较大规模和相对成熟股份公司的股权流通需要，在我国，无论是主板、中小板还是创业板，实际门槛并不低，绝大多数创业公司即使到了成熟阶段也很难企及。上市通道资源的稀缺则进一步加剧了该问题。按照我国建立多层次资本市场的总体思路，我们需要大力发展场外市场。目前来看，我国场外市场主要有两个层次：一是由中关村代办股份转让系统扩容而来的"新三板"，它服务于众多非上市股份公司的股权流通；二是各地方产权交易市场，它服务于数量

更众的非股份公司等类型企业的产权转让。

首先，对于新三板而言，我国政府近年已进行了很大的改进和拓展，2013年2月颁布的新三板新规，即《全国中小企业股份转让系统业务规则（试行）》，在许多方面做了改进和创新。依据该规则，目前新三板有许多不同于主板、中小板和创业板的地方，如采用公司制股票交易所，公司制意味着交易所是营利性组织，从而为交易服务商注入了内在发展动力，使其在服务方面进行创新和更加关注可持续发展。其次，新三板由交易所负责企业挂牌审核，并且交易所审核遵循备案制思路，只进行形式上的审核，而不对财务指标等进行实质判断，这就真正降低了企业挂牌的门槛，由投资者自行对拟挂牌企业的投资价值做出判断。最后，新三板规定主办券商对企业有持续督导责任，除非有另一家券商愿意承接督导，否则不能解除该责任。另外，新三板还实行了做市商制度，借此来活跃交易。虽然新三板取得的成绩值得肯定，但相对于活跃并购市场的目标，新三板仍然有很长的路要走。新三板扩容的速度非常快，在2013年8月底，新三板挂牌公司仅为309家，比创业板上市公司数量要少，但到了2017年2月，挂牌公司数量已达10 536家。然而，当前新三板存在的最大问题是成交不活跃，市场2 661.72亿流通股，日成交股数仅6 219.87万股，成交金额3.1亿元。

地方性产权交易市场在我国的发展时间早于集中证券交易市场，形式也不统一，虽然几经沉浮，但它始终是我国多层次资本市场的重要组成部分，它处于资本市场"金字塔"的底层，面向最广泛的企业对象，无论是有限责任公司，还是股份有限公司；无论是小微企业，还是大中型企业；无论是国有企业，还是民营企业。正是由于服务对象的广泛性和组织形式的灵活性，它们应当成为并购的"主战场"，尤其是对于处于发展早、中期的创业项目而言。但目前我国地方产权交易市场的发展并不理想。由于缺乏有效的近期统计数据，我们参考刘洁和卫学玲（2007）的研究报告，估计我国现有地方产权交易所应在200家以上，2007年完成的交易宗数为5.57万宗，以交易金额计，只占到当年全国股权交易金额的6.6%。当前地方产权交易市场发展面临的主要约束是交易市场定位不清，政策取向不明，导致30余年来几度兴起，又几度限制和关停。

本书认为，做大做活场外股权交易市场要做到以下几点：

一是要充实和做活新三板市场，使其成为真正的股权交易平台和融资场所，从而为风险投资退出提供另一个途径。针对当前大而不活的现实，当局应当强化新三板的通道功能，实现新三板与主板、中小板和创业板的对接，使那些质量优良、经过几年发展已经做大做强的挂牌企业能够以较低的成本和较高的效率转板主板，使新三板成为主板的缓冲区、培育区。同时也要做实新三板的融资功能，融资功能是市场的基础功能，只有充实了市场的融资功能，才能提升企业的挂牌意愿，才能涌现出一批有潜质的公司，也才能吸引投资者的关注，做市商也才能"有米可炊"。

二是从认识上和法律上肯定地方产权交易市场在多层次资本市场中的重要基础地位，把它作为产权交易的初级形态，它与新三板、创业板、中小板和主板之间应是互利互补的关系。曾有人把《公司法》中"股东转让其股份，应当在依法设立的证券交易场所进行"的规定解释为只允许非公众公司股份的场内转让，在司法实践中甚至有法院做出"个人从场外获得股权的股东权利不受法律保护"的判决。这种认识以及由此导致的司法判决严重违背了股份自由转让原则。股份自由转让是股东的基本权利，法律应当保护。基于地方产权交易市场的初级形态定位，我们要在法律上肯定它，要保障通过地方产权交易市场或民间方式取得非上市公司股权的投资者的合法利益。只有得到法律的明确肯定，地方产权交易市场才能有自主的发展空间，服务创新就会容易出现，服务质量才会不断提升。另外，不能允许地方产权交易市场替代高级形态的集中交易市场，例如可在场外交易市场中股权交易"不能拆细、不得连续、不得标准化"。

（2）通过使创业板市盈率回归合理区间，激励更多风险投资选择并购退出渠道。2009年我国创业板开板后，市盈率一直较高，例如，2017年3月30日的数据显示，创业板全部355家挂牌公司的平均市盈率仍高达64.88倍，而香港创业板市场的平均市盈率仅为10倍左右，纳斯达克的平均市盈率在30倍左右。我国创业板的高市盈率主要归因于发行定价较高和上市首日的炒作。由于上板股票的长期绩效表现较弱，因而高市盈率并不代表我国创业板具有较高投资价值。高市盈虽有利于吸引企业挂牌上市，以快速扩大创业板规模，但它降低了二级市场投资者的热情，使二级市场流动性降低，不利于市场的持续和健康发展。

降低创业板的高市盈率，在短期看，虽对风险投资的投资热情会产生一定的负面影响，但从长期看，市盈率回归理性，有利于风险投资市场的良性发展：一方面，它有利于促使风险投资更加注重上市培育对象的质量；另一方面，也使得风险投资更多关注并购类退出渠道，使并购退出市场活跃，提高并购退出的相对收益。并购市场活跃后，就能够为不同投资阶段项目的退出提供便利。两个方面的效果最终都可以增加风险投资对早期项目的投资兴趣。创业板自2012年10月之后，曾有一段时间未再审批新的公司挂牌上市，同期我国并购交易趋于活跃，这一现象恰好印证了创业板的高溢价性的投机机会减少就会促使风险投资更多参与并购市场交易。

如何解决我国创业板高初始价与长期弱势并存的问题，使创业板的市盈率回归合理？这需要以真正市场化为方向，从"入口"和"出口"两个方面做出努力。有研究曾分析了我国创业板估值不合理的原因，有两个主要方面：一是新股定价机制的市场化不足，表现在股票发行的速度和数量人为控制，而不是由市场供需决定，同时还表现在询价中很大程度上受VC、PE投资者控制，定价不能真实反映市场观点，使发行价虚高。二是缺乏有效率的退市制度，市场的优胜劣汰机制没有发挥作用。一些业绩差甚至是垃圾股的上市公司总是能够借助借壳或重组激发投资者的炒作热情，越是小盘股，越容易被重组或借壳，受到炒作者偏爱，导致创业板等小盘上市公司估值过高。为此，应从上市和退市两方面推动创业板市场运行的真正市场化，才有可能使创业板市盈率回归合理区间。具体途径包括：一是上市门槛"去行政化"的同时降低标准，让投资者的力量决定创业板"入口"的流量。例如，参照新三板中的一些做法，由交易所对上市进行审核，并减少对财务指标的实质限制。这样就可让更多公司进入创业板，从而降低市盈率。同时，为防止门槛低了后，在信息不对称问题严重情况时，某些低质公司的"圈钱"行为，应对每次融资的额度和节奏有所限制。二是提高绩差公司的退市效率，让那些有连续亏损或财务造假等严重问题的公司快速退市。如果没有退市制度做保障，前文所讲降低上市门槛的措施也就变得不现实。

本章参考文献

[1] 王元, 等. 中国创业风险投资发展报告 2015 [R]. 北京: 经济管理出版社, 2015.

[2] 张学勇, 廖理. 风险投资背景与公司 IPO: 市场表现与内在机理 [J]. 经济研究, 2011, (6): 118-132.

[3] 王一萱, 王晓津, 陈健. 外资创投重点投资的行业及企业研究 [R], 深圳证券交易所研究所报告, 2009.

[4] Lerner, J. The Government as Venture Capitalist: The Long-run Impact of the SBIR Program [J]. The Journal of Business, 1998, 72 (3): 285-318.

[5] Munari, F. Toschi, L. Assessing the Impact of Public Venture Capital Programmes in the United Kingdom: Do Regional Characteristics Matter? [J]. Journal of Business Venturing, 2015, 30 (2): 205-226.

[6] Cumming, D. J. Macintosh, J. G. Crowding Out Private Equity: Canadian Evidence [J]. Journal of Business Venturing, 2002, 21 (5): 569-609.

[7] Leleux, B. Surlemont, B. Public Versus Private Venture Capital: Seeding Or Crowding Out? A pan-European Analysis [J]. Journal of Business Venturing, 2003, 18 (1): 81-104.

[8] Da Rin, M., Nicodano, G. Sembenelli, A. Public Policy and the Creation of Active Venture Capital Markets [J]. Journal of Public Economics, 2005, 90: 1699-1723.

[9] 左志刚. 政府干预风险投资的有效性: 经验证据及启示 [J]. 财经研究, 2011 (05): 123-133.

[10] Cumming, D. J. Public Economics Gone Wild: Lessons From Venture Capital [J]. International Review of Financial Analysis, 2013, 36: 251-260.

[11] Lerner, J. The Government as Venture Capitalist: The Long-run Impact of the SBIR Program [J]. The Journal of Business, 1998, 72 (3): 285-318.

[12] Grilli, L. Murtinu, S. Government, Venture Capital and the Growth of European High-tech Entrepreneurial Firms [J]. Research Policy, 2014, 43 (9): 1523-1543.

[13] Cowling, M., Badenfuller, C., Mason, C., Hopkins, M. Murray, G. From Funding Gaps to Thin Markets: UK Government Support for Early-stage Venture Capital [R]. NESTA research paper, 2009.

[14] Alperovych, Y., Hubner, G. Lobet, F. How Does Governmental Versus Private Ven-

ture Capital Backing Affect a Firm's Efficiency? Evidence From Belgium [J]. Journal of Business Venturing, 2015, 30 (4): 508 – 525.

[15] Cumming, D. J. Johan, S. Venture's Economic Impact in Australia [J]. Journal of Technology Transfer, 2012, 41 (1): 25 – 59.

[16] Bertoni, F. Tykvova, T. Does Governmental Venture Capital Spur Invention and Innovation? Evidence From Young European Biotech Companies [J]. Research Policy, 2015, 44 (4): 925 – 935.

[17] Cumming, D. J. Government Policy Towards Entrepreneurial Finance: Innovation Investment Funds [J]. Journal of Business Venturing, 2005, 22 (2): 193 – 235.

[18] Del-Palacio, I., Zhang, X. T. Sole, F. The Capital Gap for Small Technology Companies: Public Venture Capital to the Rescue? [J]. Small Business Economics, 2012, 38 (3): 283 – 301.

[19] 张学勇，廖理. 风险投资背景与公司 IPO：市场表现与内在机理 [J]. 经济研究，2011 (06): 118 – 132.

[20] 余琰，罗炜，李怡宗，朱琪. 国有风险投资的投资行为和投资成效 [J]. 经济研究，2014 (02): 32 – 46.

[21] Guerini, M. Quas, A. Governmental Venture Capital in Europe: Screening and Certification [J]. Journal of Business Venturing, 2016, 31 (2): 175 – 195.

[22] Brander, J. A., Du, Q. Hellmann, T. The Effects of Government - Sponsored Venture Capital: International Evidence [J]. Review of Finance, 2010, 19 (2): 571 – 618.

[23] Buzzacchi, L., Scellato, G. Ughetto, E. The Investment Strategies of Publicly Sponsored Venture Capital Funds [J]. Journal of Banking & Finance, 2013, 37 (3): 707 – 716.

[24] Cumming, D. J., Grilli, L. Murtinu, S. Governmental and Independent Venture Capital Investments in Europe: A Firm-level Performance Analysis [J]. Journal of Corporate Finance, 2014 (10): 1 – 54.

[25] Grilli, L. Murtinu, S. Government, Venture Capital and the Growth of European High-tech Entrepreneurial Firms [J]. Research Policy, 2014, 43 (9): 1523 – 1543.

[26] Leleux, B. Surlemont, B. Public Versus Private Venture Capital: Seeding Or Crowding Out? A pan-European Analysis [J]. Journal of Business Venturing, 2003, 18 (1): 81 – 104.

[27] Grilli, L. Murtinu, S. New Technology-based Firms in Europe: Market Penetration,

Public Venture Capital, and Timing of Investment [J]. Industrial and Corporate Change, 2015, 24 (5): 1109 – 1148.

[28] Lerner, J. When Bureaucrats Meet Entrepreneurs: The Design of Effective "Public Venture Capital" Programmes [J]. The Economic Journal, 2002, 112 (477): 73 – 84.

[29] Leleux, B. Surlemont, B. Public Versus Private Venture Capital: Seeding Or Crowding Out? A pan-European Analysis [J]. Journal of Business Venturing, 2003, 18 (1): 81 – 104.

[30] Devenow, A. Welch, I. Rational Herding in Financial Economics [J]. European Economic Review, 1996, 40: 603 – 615.

[31] Buzzacchi, L., Scellato, G. Ughetto, E. The Investment Strategies of Publicly Sponsored Venture Capital Funds [J]. Journal of Banking & Finance, 2013, 37 (3): 707 – 716.

[32] Guerini, M. Quas, A. Governmental Venture Capital in Europe: Screening and Certification [J]. Journal of Business Venturing, 2016, 31 (2): 175 – 195.

[33] Ferrary, M. Syndication of Venture Capital Investment: The Art of Resource Pooling [J]. Entrepreneurship Theory and Practice, 2010, 34 (5): 885 – 907.

[34] Eisenhardt, K. M. Schoonhoven, C. B. Resource-based View of Strategic Alliance Formation: Strategic and Social Effects in Entrepreneurial Firms [J]. Organization Science, 1996, 7 (2): 136 – 150.

[35] Ferrary, M. Syndication of Venture Capital Investment: The Art of Resource Pooling [J]. Entrepreneurship Theory and Practice, 2010, 34 (5): 885 – 907.

[36] Casamatta, C. Haritchabalet, C. Experience, Screening and Syndication in Venture Capital Investments [J]. Journal of Financial Intermediation, 2007, 16 (3): 368 – 398.

[37] Ljungqvist, A., Hochberg, Y. V. Lu, Y. Networking as a Barrier to Entry and the Competitive Supply of Venture Capital [J]. Journal of Finance, 2009, 65 (3): 829 – 859.

[38] 全国中小企业股份转让系统有限责任公司. 全国中小企业股份转让系统业务规则（试行）[EB/OL]. http://www.neeq.com.cn, 2013.

[39] 刘洁, 卫学玲. 我国产权交易市场现状分析, 中国证监会研究中心研究报告 [EB/OL]. http://www.csrc.gov.cn, 2007.

[40] 王佳, 陈浩亮. 金融危机下我国产权交易市场发展的对策探讨 [J]. 浙江万里学院学报, 2010, (1): 13 – 16.

[41] 陈颖健. 非公众股份公司股权交易问题研究——兼论我国新三板扩容面临的制

度变革[J]. 证券市场导报, 2011, (8): 4-9.

[42] 深圳证券交易所[DB/OL]. http://www.szse.cn/main/marketdata/tjsj/jbzb/, 2017.

[43] 凤凰财经综合. 香港创业板[EB/OL]. http://finance.ifeng.com, 2013.

[44] 尹中立. 创业板市场"三高"的成因[J]. 中国金融, 2012, (23): 38-39.

第六章　促进资孵合作的社会网络机制研究

本章基于社会经济学的观点，采用理论分析和实证分析相结合的方法，分析社会关系及嵌入其中的社会资本在资孵合作中扮演的角色及其作用机制，并探索可用于促进资孵合作的社会网络机制方面的手段和相关政策建议。

一、社会网络机制概念

社会经济学指出，业务关系嵌于社会网络之中，人们可能更愿意选择与自己有友谊或亲缘等关系的人进行生意往来，交易模式可能与纯粹经济学视角所期望的不同（Uzzi，1997）。存在于社会网络中的社会关系，能够给行动者的活动带来重要影响，有时能够给其交易带来优势，对于这种无形资源，我们称之为社会资本。社会网络具有不同层次和不同结构，网络的结构特征和行动者在网络中的位置决定了其社会资本的丰裕程度。

社会网络分析方法建立在几个核心概念基础上，并区分为网络（net）、关系（tie）、个体（ego）三个层次，其中与本书问题密切相关的是关系和个体两个层次上的两个重要概念，个体层次的重要概念是"社会资本"，关系层次的重要概念是"信任"。所谓个体层次的社会资本，是从社会关系的功用性角度讲的，它是蕴含于行动者社会关系中的潜在资源，它能够给行动者个体带来效益，这种资源甚至可以与货币资本等传统资源在一定程度上相互补充或替代（Bourdieu，1980）。当然，它与货币资本等传统资源也有显著区别，那就是行动者不能像控制货币资本那样独立控制它,要利用社会资本,就必须依赖其他行动者的配合。而所谓关系层次上的信任,是从社会网络中行动者关系对的角度讲的,是指行动者之间对对方行为的心理预期,这种预期又反过来影响自己的决策和行动。

因此,本书所称的社会网络机制是指影响投资者行为的社会关系及其内嵌的社会资本、信任等要素,以及有意识地运用这些要素引导投资者行为,促进资孵合作的措施和政策。本书在研究资孵合作问题的社会网络机制时,关注的中心是风险投资和孵化器两类行动者,与它们联结的还有其他行动者,如银行、券商等金融机构、政府部门、技术单位等第三方单位和个人。根据本书研究问题的特征,我们将与风险投资直接相关的行动者(也即投资者)之间的关系称为内部关系,将投资者与第三方的关系称为外部关系。对外部关系的考察,主要分析外部关系带给投资者社会资本所产生的影响;而对内部关系的考察,主要分析投资者之间关系嵌入性和信任因素的影响。

二、外部社会关系(与第三方关系)与资孵合作

(一)外部社会关系影响机制的现有研究及本书的拓展

1. 现在文献对外部关系影响的研究

在既有文献中,有的是从整体上分析社会网络的作用,例如,尚塔拉特和巴雷特(Chantarat & Barrett, 2011)对社会网络在促使穷人家庭摆脱贫困陷阱中的作用进行了更进一步的研究,他们发现,在正规金融市场发展缓慢的情况下,社会网络可被视为一种物质资本的替代品或互补品,提高穷人家庭的劳动生产率并增加收入,这种收入水平的增加反过来能加强穷人家庭的社交能力,从而扩大社会网络资本。但更多的文献是针对某种特定类型的外部社会关系展开研究,其中关注最多的是政治关联,其次是银行关联,这些研究基本都是站在企业的立场展开。

(1) 政治关联的资源效应。政治关联角度的研究关注的是企业与政府官员之间的关系所带来的影响。理论上讲,关系类型不同,蕴含的社会资本的功用性也会不同,因此,政治关联的影响取决于所关联的政府官员或政府部门能够带来的资源或约束。

我国经济的市场化改革不断推进,但目前经济运行机制总体上呈现较明显的政府参与特征,是一种新兴加转轨的市场经济,这意味着,政治关联将存在显著影响。既有研究表明,这种影响主要表现为资源效应。例如,政治关联有利于缓解企业的融资约束(胡旭阳,2006;罗党论和甄丽明,2008;于蔚等,2012),政治关联的这种融资约束缓解效应在管制行业的民营企业中表现得尤为明显(李维安等,2015)。特别是,大量的研究专门考察了政治关联对以银行信贷为主的私人债务融资的影响,并发现政治关联对银行贷款的期限、融资成本、数量等均有显著影响(白重恩等,2005;孙铮等,2005;薛玉莲,2008;Yang et al.,2014;余明桂和潘红波,2008)。对公开债务融资的研究表明,企业的政治关联更有利于公司获取公开债务融资,相对国有企业而言,这一影响在民营企业中更为显著,并且政治关联对民营企业公开债务融资的影响主要来自代表委员类的政治关联(毛新述和周小伟,2015)。在风险投资领域,也有研究发现政治关联使风险投资机构获得筹资便利,有政治关联的公司筹资次数更多、筹资规模更大(党兴华等,2015)。但从最终结果看,政治关联带来的筹资便利并不总是带来正面效果,有时对企业绩效产生负面影响。例如,政治关联会通过降低市场竞争、助长过度投资等影响企业创新,导致企业技术创新乏力、资源分散并产生挤出效应(袁建国等,2015)。

(2) 银行关联产生的借贷便利。银行关联角度的研究关注的是企业与银行关系的影响。目前研究主要通过企业是否聘请有曾在银行工作过的高管来衡量企业的银行关联。以某种形式建立的银行关联能够为企业获得筹资方面的便利,也就意味着嵌入在银行关联中的社会资本能够帮助企业获得更丰富的货币资本。例如,通过聘请曾经的银行管理人员加入企业管理层,从而建立银行关联,这样的企业会有更高的贷款可得性,或者在贷款期限方面获得更多的长期贷款,例如邓建平和曾勇(2011)的研究就表明,银行关联有助于民营企业获得更多的长期借款增量，长期借款占总借款的比重也有提高。但是，这一关系受金融生态环境影响，在环境好的地区，其作用并不明显，但在金融生态环境差的地区中，银行关联有助于民营企业获得更多的长期借款增量，并显著影响企业的债务期限结构。陈仕华和马超（2013）发现，与不具有高管银行关联的企业相比，高管具有银行关联的企业获得的银行贷款越多、融资成本更低，且上述关系在民营企业中（相比国有企业）以及金融业市场化程度越低的地区越明显。希亚马拉（Ciamarra，2012）得出了更为丰富的研究结论，研究发现，如果企业的董事有银行工作背景，企业能够获得更多银行贷款，债务融资与有形资产之间的敏感性越低，融资成本也越低。邓建平（2011）基于我国民营企业的研究发现，非标准审计意见对债务契约有显著的负面影响，而银行关联显著减弱了上述关系。

2. 本书的拓展

（1）现有文献主要从筹资者角度研究外部关系的影响，基于投资者角度的研究较缺乏，且较少关注政治、银行以外的社会关系。现有研究的共同发现是企业的外部关系对企业资金筹集产生显著影响，政治或银行关联会给企业筹资带来便利。产生便利的根源则有所不同，对于政治关联，其根源是公权寻租；对于银行关联，则源于信息传递、信任等因素。除了关心外部关系对企业资源的影响，现有研究也关心这些外部关系对企业行为的影响，包括对创新、对投资、对盈余管理的影响。其中，对于政治关联，得出的结论多数是负面的，即政治关联抑制了企业的创新水平和投资效率；而对于银行关联，现有文献在这方面的分析还较少，尚没有发现对企业行为的不利影响，反而是银行关联通过缓解融资约束降低了盈余管理倾向。这些研究具有显著价值，但不足的是，它们都是从筹资者角度出发的。本书研究的资孵合作问题，更多的是关注投资者如何利用社会关系来解决投资中的资金和信息不足，目前研究这方面的直接成果还较少见。

另外，除了政治关联和银行关联，其他类型的外部关系如企业与证券公司的关系、与其他类型金融机构的关系、与创业网络的关系等，都还没有得到充分的重视和研究。在本书研究的资孵合作问题中，创业企业与创业成功人士，或投资者曾经的创业经历，投资者与创业成功人士、创业服务机构的联系具有重要意义，因为创业往往需要多种类型的资源，除了金融、政府批准等资源之外，与市场、创业服务机构、科研院所的联系也十分重要，有人将创业环境称为一个网络，它包含供应商、客户、政府、金融机构、科研院所、中介服务机构等在内。如果投资者有过创业经历，意味着他在一定程度上介入了创业网络，积累了一定的这方面的人脉资源，至少说他对这方面的资源有一定了解，据此，本书将创业经历称为"创业关联"。创业关联能够为投资者投资创业项目带来资金、政府关系之外的资源，应该会影响到投资者对创业项目的选择偏好，但目前这方面的研究还比较缺乏。

（2）本书立足风险投资者的投资倾向决定，分析了三类外部关系的影响。在资孵合作问题中，风险投资的早期投资倾向和联合投资倾向具有关键性影响，因而本书立足风险投资者的投资倾向决定，分别分析政治关联、金融关联和创业关联对投资者行为的影响。本书的拓展体现在：一是拓展了所考察的社会关系的类型和范围，在政治关联、银行关联基础上，纳入了创业关联，并将银行关联拓展为金融关联，金融关联包含行动者与银行、券商及其他金融机构的关联。二是站在风险投资者的角度而不是单纯企业筹资者的角度，考察社会关系的影响。在多数情况下，风险投资实际上扮演的是代理人角色，它们既是投资方，向创业企业出资，同时也是资金和其他资源的需求方，需要不定期地从出资人那里募集资金，以及寻找创业企业所需要的其他资源，因而，社会关系及其社会资本之于风险投资者，其功效不仅在于便利筹资，也在于便利投资，这与现有研究单纯从企业筹资角度的考察是不同的。

（二）外部社会关系与早期项目投资倾向

1. 机理与假设的提出

（1）政治关联与早期投资倾向。在对风险项目的投资中，政治关联带给投资者的影响具有双重性：一方面是资源效应；另一方面是风险偏好传递效应。资源效应是指投资者的政治关联使其在融资、获取政府许可、专利申请、投资对象的高新技术企业认定、税收优惠以及其他优惠政策的享受方面获得便利,这种资源效应在现有文献中已有广泛的提及和不少的佐证。资源效应对投资者投资倾向的影响在于,它减少了投资者面临的资源约束,使投资者在项目竞争中具备某些方面的竞争优势,从而导致投资者会更多地争夺中后期的较成熟项目的投资。风险偏好传递效应是指,拥有政治关联的投资人往往具有政府工作经历,而政府工作作风一般强调严谨和规避风险,这种工作作风会潜移默化地影响到投资人的决策风格。综合以上两个方面的影响,本书对政治关联与投资者早期投资倾向的假设是:

假设1:基于政治关联的资源效应与风险偏好传递效应,在控制其他变量基础上,拥有政治关联的投资者较无政治关联的投资者,早期投资倾向较弱。

(2)金融关联与早期投资倾向。金融关联既包括与银行机构的关联,也包括与券商等金融机构的关联。如现有研究所指出,银行关联能够带来融资的便利,在风险投资领域,银行关联能为风险投资者、为被投资的风险企业的债务融资提供直接便利或担保作用。而与券商的关联,本书认为也能带来融资的便利,因为券商是企业上市融资的重要中介,是推动企业上市的关键市场力量之一,同时券商也是并购、重组等活动的重要中介,并购、重组也常常服务于企业融资。因而,总体上金融关联带给投资者的首要效应也是资源效应,拥有金融关联的投资者具有筹资方面的某种便利和优势,这种优势既可能是就投资者本身而言的,也可能是就投资者所投资企业而言的,但不管是针对投资者还是针对被投企业,这种优势都使投资者在竞争后期成熟项目(一般也是资金需求较大,或有迫切上市需求的项目)时处于有利地位。因此,本书假设:

假设2:基于金融关联能够为投资者竞争后期成熟项目带来某些优势,在控制其他变量基础上,拥有金融关联的投资者较无金融关联的投资者,早期投资倾向较弱。

(3)创业关联与早期投资倾向。创业关联在本书中指投资者拥有创业经历或在创业专门服务机构的工作经历。创业关联使投资者熟悉创业过程,熟悉创业所需资源的来源,了解创业风险,进而对创业项目价值有更高的辨识

能力,并且在投资后能够带给创业企业更多元化的资源支持。因此,本书假设:

假设3:创业关联意味着投资者对创业项目价值有更好的辨识能力,对创业资源来源有更好的了解,因而在控制其他变量的基础上,拥有创业关联的投资者较无创业关联的投资者,有更高的投资早期项目的可能性。

2. 实证数据与变量

本章对外部社会关系作用的研究均基于我国风险投资与私募市场的投资事件、投资人等数据,数据来自 CVSource 及公开资料的手工收集,样本事件为3 511宗风险投资案例,涉及投资人样本4 001名。之所以基于投资人而不是基于投资机构的数据进行研究,是因为以投资人(投资项目经理)为考察对象能够较清晰地界定其是否具有某种类型的社会关系,并且投资人在投资决策中扮演关键角色。

实证中,因变量是项目阶段指标,用于反映不同投资人是否对早期项目投资有偏好差异,解释变量是三类外部社会关系。另外还有会影响到投资人对投资阶段选择的一些控制变量,具体包括:其一,是否联合投资,如果某项目采用联合投资方式,投资人可能改变其对投资阶段的偏好,因为此时有第三方投资者分担投资风险和分享项目信息。其二,是否知名机构,这是对投资人所在机构的市场地位的衡量。前文研究表明,大型投资机构与中小投资机构在投资阶段偏好方面表现出一定的差异,处于不同规模机构中的投资人自然受所在机构决策偏好的影响,而此处我们意在研究外部社会关系对投资人偏好的影响,因而需要对该因素加以控制。其三,是否高新行业,如果所投资项目处于高新行业,其风险性和成长预期不同,会影响到投资人选择,需要加以控制。其四,机构产权属性,如前文研究结果所示,投资机构的投资偏好不仅体现在机构规模上,也体现在机构产权属性上,因此,需要控制产权属性变量。其五,项目企业所在地区和投资发生年份变量。变量定义表和数据的描述性统计详见表6.1和表6.2。

表 6.1　　　　　　　　　　　　变量定义表

变量	具体指标	定义
因变量：项目阶段	发展阶段	CVSource 数据库依据年龄、商业模式成熟情况和产品的市场开发情况等综合因素将创业企业发展阶段分为早期、发展期、扩张期和获利期四个阶段
	融资轮次	指创业企业的第几轮股权融资
	企业年龄	指企业成立时间的长短
解释变量：外部社会关系	政治关联	以投资人是否拥有各级政府或其他国家机关的工作和服务经历衡量，0/1 变量
	金融关联	以投资人是否拥有银行、券商等金融单位的工作经历衡量，0/1 变量
	创业关联	以投资人是否曾经创业或服务于创业服务机构衡量，0/1 变量
控制变量	是否联合投资	0/1 变量，联合投资取 1，否则取 0
	是否知名机构	依据清科集团发布的风险投资机构排名数据，进入前 50 名的取值 1，否则取值 0
	是否高新行业	以投资项目所在细分行业是否属高新行业衡量，0/1 变量
	机构产权属性	指投资人所在机构产权属性，分国有、民营、外资三类
	地区	将投资项目所在地区分为北京、上海、深圳、海外、国内其他 7 个区域共 11 个类别，哑变量
	年份	年度哑变量

表 6.2　　　　　　　　　　　　变量的描述性统计

	样本数	均值	标准差	最小值	最大值
发展阶段	2 982	2.355801	0.796987	1	4
融资轮次	2 973	3.446014	2.126278	1	9
企业年龄	2 873	7.081796	8.571544	0	24
创业关联	2 982	0.347083	0.510793	0	1
金融关联	2 982	0.321261	0.467039	0	1
政治关联	2 982	0.042924	0.20272	0	1
是否知名机构	2 918	0.635709	0.481313	0	1
是否联合投资	2 982	0.215292	0.411094	0	1
机构产权属性	2 918	1.946539	0.717015	1	3

续表

	样本数	均值	标准差	最小值	最大值
地区	2 966	5.884356	2.1578	1	11
是否高新行业	2 982	0.550973	0.497478	0	1
年份	2 982	2 008.217	3.212378	1993	2014

3. 实证结果

本书基于上述数据，使用多值逻辑回归方法，依次纳入政治关联、金融关联和创业关联三个解释变量，与因变量（即投资时的项目阶段）进行回归，项目阶段分别采用了三种衡量标准：根据项目综合情况的发展阶段分类、项目融资轮次和项目企业年龄。回归结果报告于表6.3、表6.4和表6.5中。

（1）拥有政治关联的投资人在项目的发展阶段、融资轮次上无明显投资偏好差异，但所投资项目的成立时间一般较长。如表6.3所示，在模型一、模型二中政治关联的系数并不具显著性，尤其是以项目发展阶段为因变量时，说明相对于无政治关联的投资人，政治关联投资人投资时在项目发展阶段、融资轮次的选择上并无明显差异。然而，在模型三以项目企业年龄为因变量时，政治关联的系数值具有1%水平上的显著性，说明政治关联投资人投资的企业年龄普遍较长。其原因可能是政治关联投资人把企业存续时间长短作为一个更稳健的企业成熟度判断指标，因为该指标直观易感知，因而部分支持了前文假设1。

而在控制变量方面，若投资人所在机构是知名机构，即市场排名前50的机构，投资阶段较非知名机构要早，与上章相关结果具有内在一致性。而联合投资的系数显著为正，说明联合投资一般发生在创业项目的中后期。高新行业的系数显著为负，说明对于高新行业内创业项目，投资发生相对较早。

表6.3　　　　　　　　投资人政治关联与早期项目投资倾向

因变量	模型一：项目发展阶段	模型二：项目融资轮次	模型三：项目年龄
是否有政府关联	-0.227 (0.180)	-0.260 (0.196)	0.498** (0.168)
是否知名机构	-0.604*** (0.082)	-1.025*** (0.084)	-0.418*** (0.075)

续表

因变量	模型一：项目发展阶段	模型二：项目融资轮次	模型三：项目年龄
是否联合投资	0.345*** (0.088)	0.501*** (0.087)	0.201* (0.080)
是否高新行业	-0.888*** (0.078)	-0.641*** (0.079)	-0.717*** (0.072)
机构产权属性	控制		
地区	控制		
年份	控制		
ll	-3.1e+03	-3.6e+03	-8.0e+03
chi2	703.080	550.934	587.485
r2_p	0.103	0.070	0.035
N	2 903	2 897	2 809

注：（1）括号内为标准误。
（2）显著性标记：+$p<0.1$，*$p<0.05$，**$p<0.01$，***$p<0.001$。

（2）拥有金融关联的投资人倾向于投资中后期项目。如表6.4实证结果所示，三个模型中金融关联变量均呈显著的正系数，表明拥有金融关联的投资人所投资项目的阶段偏后，支持了前文假设2。

表6.4　　　　　　　　投资人金融关联与早期项目投资倾向

因变量	项目发展阶段	项目融资轮次	项目年龄
是否有政府关联	-0.196 (0.181)	-0.219 (0.196)	0.510** (0.169)
是否有金融关联	0.424*** (0.080)	0.525*** (0.081)	0.159* (0.073)
是否知名机构	-0.599*** (0.082)	-1.021*** (0.084)	-0.414*** (0.076)
是否联合投资	0.344*** (0.088)	0.491*** (0.087)	0.200* (0.080)
是否高新行业	-0.861*** (0.078)	-0.606*** (0.079)	-0.706*** (0.072)
机构产权属性	控制		

续表

因变量	项目发展阶段	项目融资轮次	项目年龄
地区	控制		
年份	控制		
ll	−3.0e+03	−3.6e+03	−8.0e+03
chi2	731.491	593.230	592.199
r2_p	0.107	0.076	0.036
N	2 903	2 897	2 809

注：（1）括号内为标准误。

（2）显著性标记：$+p<0.1$，$*p<0.05$，$**p<0.01$，$***p<0.001$。

（3）拥有创业关联的投资人有更高的早期投资倾向。表 6.5 为纳入创业关联后的回归结果，结果显示创业关联均呈高显著性（0.1%）的负系数，表明拥有创业关联的投资人所投资企业的阶段、融资轮次、年龄靠前，即创业关联对投资人早期投资倾向产生积极影响。

表 6.5　　　　　　　投资人创业关联与早期项目投资倾向

因变量	项目发展阶段	项目融资轮次	项目年龄
是否有政府关联	−0.172 (0.182)	−0.196 (0.197)	0.550 ** (0.170)
是否有金融关联	0.414 *** (0.080)	0.512 *** (0.081)	0.143 + (0.073)
是否有创业关联	−0.366 *** (0.073)	−0.406 *** (0.077)	−0.508 *** (0.067)
是否知名机构	−0.586 *** (0.082)	−1.010 *** (0.084)	−0.395 *** (0.076)
是否联合投资	0.358 *** (0.088)	0.510 *** (0.087)	0.222 ** (0.080)
是否高新行业	−0.842 *** (0.078)	−0.584 *** (0.080)	−0.683 *** (0.072)
机构产权属性	控制		
地区	控制		
年份	控制		

续表

因变量	项目发展阶段	项目融资轮次	项目年龄
ll	−3.0e+03	−3.6e+03	−8.0e+03
chi2	756.976	621.695	649.584
r2_p	0.111	0.079	0.039
N	2 903	2 897	2 809

注：(1) 括号内为标准误。
(2) 显著性标记：+$p<0.1$，*$p<0.05$，**$p<0.01$，***$p<0.001$。

（三）外部社会关系与合作投资倾向

本书继续使用上述数据，实证考察投资人是否具备政治关联、具备金融关联和是否具备创业关联对其投资时是否偏好合作投资策略，以及偏好与谁进行合作的问题。

1. 投资人外部社会关系是否影响其对合作投资策略的选择

我们首先使用回归分析方法，将投资人个体层面的外部社会关系特征与其投资中是否选择联合投资策略进行回归，结果报告如表6.6所示。从表6.6中可见，除创业关联有弱的正向影响外，投资人的外部社会关系对其合作投资倾向基本没有显著影响，这说明合作投资虽然对于缺乏某类外部社会关系的投资人存在一定的资源补充等潜在利益，但由于一些原因，它并不会成为投资人决定是否联合投资时的主要考虑变量。本书认为，其原因包括两个方面：一是如前文所发现，具有金融关联、政治关联的投资人更有兴趣投资中后期项目或企业成立时间较长的项目，对于这类项目投资人之间的竞争关系甚于互补关系，此时缺乏金融关联、政治关联的投资人较少有动机去联合有此类外部关系的投资人合作投资。二是投资人的外部社会关系除了创业关联外，能够带来的利益主要体现在对投资人所在机构的帮助，对所投资项目本身的帮助可能较小，因而缺乏这些外部社会关系的投资人并不能预期从与具备金融关联、政治关联投资人的合作中获得明显的互补利益。

表 6.6　　　　　　　　投资人外部社会关系与合作投资选择

	模型一	模型二	模型三
因变量：合作投资			
政治关联	-0.087 (0.235)	-0.087 (0.235)	-0.094 (0.235)
金融关联		-0.005 (0.105)	0.001 (0.105)
创业关联			0.161+ (0.093)
是否知名机构	0.633*** (0.117)	0.633*** (0.117)	0.632*** (0.117)
项目企业年龄	0.001 (0.006)	0.001 (0.006)	0.001 (0.006)
融资轮次	0.077** (0.026)	0.077** (0.026)	0.081** (0.026)
是否高新行业	0.016 (0.103)	0.016 (0.103)	0.010 (0.103)
机构产权性质	控制		
地区	控制		
年份	控制		
ll	-1.4e+03	-1.4e+03	-1.4e+03
chi2	117.447	117.450	120.448
r2_p	0.040	0.040	0.041
N	2 791	2 791	2 791

注：(1) 括号内为标准误。
　　(2) 显著性标记：+ $p<0.1$，* $p<0.05$，** $p<0.01$，*** $p<0.001$。

2. 外部社会关系与合作中的"同类相吸"效应

虽然上文已提示外部社会关系对投资人是否选择合作投资没有明显影响，但本书仍拟探究在已形成合作的样本中，具备某类外部社会关系的投资人在合作时选择与谁合作有无明显差异，即外部社会关系对合作对象选择的影响。

根据此处问题的特征，我们选择了上述数据中具有合作关系的样本子集，具体包括670宗合作投资事件，涉及投资人686名，包含1 083对合作关系（因某些投资事件中具有2名以上的投资人）。

1 083对合作关系构成了合作矩阵，矩阵中同时包括了投资人的外部社会关系属性数据，我们采用网络分析工具 UCINET 软件提供的方差密度模型（Variable Homophily）方法分别分析政治关联、金融关联和创业关联对合作关系的影响，结果如表6.7、表6.8和表6.9所示。

（1）政治关联与合作关系。从表6.7中可以看出，不同组之间的投资人（有政治关联与无政治关联的投资人合作）形成合作的概率是0.368%（该概率描述所有投资人之间实际的关系数量占最大可能关系数量的比值，因最大关系数量随网络节点增加而呈几何上升，所以对于中大型网络，该概率值一般较小）。而同一组内部的合作概率明显高于组间合作（该估计方法以 Intercept 为比较基准），其中无政治关联组内的投资人形成合作的概率要高于跨组合作0.204个百分点，高出幅度达58%（以两组概率对比）；有政治关联组的组内合作概率要高于组间合作0.217个百分点。以上系数都具有显著性。这一结果表明，就政治关联而言，合作形成具有一定的同类相吸现象，即有政治关联背景的更愿意与有政治关联背景的投资人合作，无政治关联背景的投资人更高概率地与无政治关联背景的投资人合作。这种现象的社会经济学含义是具有某些共同特征的行动者之间相互更容易接受，其内在根源可能是同质行动者之间信息更容易传递，或者是信任更容易建立，抑或者是情感上更亲近。

表6.7　　政治关联与合作形成的方差密度模型分析结果

因素	未标准化的系数	标准化系数	显著性
Intercept（基准，组间交叉）	0.003681	0.000000	0.0046
Group1（无关联组内）	0.002044	0.004051	0.0054
Group2（有关联组内）	0.002167	0.005750	0.0098

（2）金融关联对合作形成的影响。金融关联与合作形成之间的关系的估计结果见表6.8，从表6.8中可以看出，组间差异有意义，Intercept 和 Group2 两组的系数具有显著性。其中，跨组投资人之间形成合作的概率是0.536%，

而金融关联组的组内合作概率要较基准组（即 Intercept 组）高出 0.144 个百分点，高出幅度达 26.4%；无金融关联组的组内合作概率也有差异，但差异较小，且不具显著性。此结果说明，具有金融关联的投资人之间同样具有"同类相吸"效应，但与前文对政治关联的考察不同，无金融关联的投资人之间并未出现同类相吸现象，其原因可能在于政治关联的社会经济含义除了与资源效应有关外，也与身份标签相关，而金融关联则无身份标签方面的含义。

表 6.8　　　　金融关联与合作形成的方差密度模型分析结果

因　素	未标准化的系数	标准化系数	显著性
Intercept（基准，组间交叉）	0.005363	0.000000	0.0238
Group1（无关联组内）	0.000232	0.000910	0.5352
Group2（有关联组内）	0.001436	0.002856	0.0376

（3）创业关联对合作形成的影响。创业关联与合作形成之间关系的估计结果见表 6.9，从表 6.9 中可以看出，其结果与金融关联类似，具有创业关联的投资人之间合作形成的概率要高于基准组 0.15%，高出幅度达 31.9%，而无创业关系的投资人之间则不存在这种"同类相吸"现象。

表 6.9　　　　创业关联与合作形成的方差密度模型分析结果

因　素	未标准化的系数	标准化系数	显著性
Intercept（基准，组间交叉）	0.004719	0.000000	0.0991
Group1（无关联组内）	0.001246	0.004664	0.3484
Group2（有关联组内）	0.001508	0.002222	0.0312

三、内部关系（投资者之间关系）与资孵合作

（一）内部关系作用于合作形成的基本机理：信任

内部关系是指同类行动者之间的关系，在本书中是指投资者（包括不同

类型投资者）之间的关系。在形式上，内部关系可能表现为亲属关系、朋友关系、上下级关系、合作关系，或者其他某种共同经历和特征。对于本书研究的资孵合作问题，受数据来源限制，我们考察的内部关系主要是投资合作经历、股权关系的影响，如两个投资者曾经的合作关系是否影响其未来的合作等。

内部关系除了对资源流动产生一定影响外，更多地还会在共享信息、分担风险、减少机会主义行为等方面发挥作用，例如在民间信贷中，处于同一社会网络内部的人会对彼此的信用有更多的事前信息，更有可能把钱借给有信用的人；在事后，同一社会网络的人更有可能监督借款人获得资金后的行为，从而可以解决隐藏行动的问题。而且，社会网络内部的人一般有血缘关系、邻里关系或朋友关系，其内部有更多非正规的履约机制，群体的压力会使借款人不敢轻易违约（陈运森，2015）。本书研究的资孵合作面对的是创业阶段的小微企业，投资者与企业之间、投资者之间一般会面临严重的信息不对称问题，单纯依靠市场交易规则很难实现信息的有效传递，因而本书认为投资者之间的内部关系借助"信任"渠道能够在合作投资形成方面发挥重要作用。

所谓信任，从心理学角度看就是一种明晰的可以说明的心理状态，心理学家们一般用期待来形容这种心理状态，例如，戈维尔（Govier, 1992）的定义是：信任是一种建立在对他人可能会做什么的信念和期待上的态度，当我们信任他人时，我们希望他们以一种对我们有帮助的、至少是没有害的方式行事。信任有一定的认知特性，即分析已有的信息从而获得什么将会发生的期待，但更多的还是情感特性，即信任是包含感性甚至是意志的心理状态，比如欲求、情感等。有学者进一步指出，信任不是通过分析而是以某种卷入其中的方式看待和理解信息，这种卷入是与被信任者的互动卷入，这种卷入就有情感投入，以及责任的产生。在某种程度上，是信任决定了相信什么。也有学者从行为角度理解和定义信任，将信任理解为从第三人称视角观察到的信任者的行为模式，把信任看成对待一种互动情境的方式，米切尔·波兰伊（Michael Polanyi, 1961）解释道：在这种互动情境中，信任者所处情境是不确定的，但他的行动却显示出某种确定性，这种确定性也可以表述为不设防或者对其他可能发生的情况的忽略和不注意。

根据这些论述，我们可以归纳出信任的几个关键要素：富含期待的心理状态，互动情境，在不确定性环境中采取某种程度上确定性的行为方式。联系到本书研究的资孵合作问题，我们感兴趣的是：信任是否重要？信任关系如何产生？

现有风险投资研究文献提示，整个行业的投资者具有很强的关联性，信任在合作形成中发挥了非常突出的作用。例如，卡斯蒂拉等（Castilla et al.，2000）研究了美国硅谷风险投资的社会网络特征，他们的实证表明硅谷风险投资具有较明显的家谱特征，在多数情况下，合作投资者之间、投资者与创业企业之间总是存在不同链条的社会关联。"熟人"的介绍和推荐成为项目的主要来源和判断的重要依据，这反映出信任是风险投资人处理创业项目投资高风险的一种重要方式，因此，我们也可以期待信任在资孵合作形成中发挥重要作用。然而，对于信任的基础及产生，既有文献还缺乏专门的研究，只是在一些文献中提示"熟人"之间合作更容易形成，也就是说行动者之前的互动关系能够影响未来的合作关系，这意味着信任的基础来自过去的经历，信任的生成可能与过去合作关系及当前状态都有关联，下文我们以实际数据对此开展专门研究。

（二）合作投资形成中信任的重要性：基于投资者网络子群凝聚性的考察

下文我们以投资者社会网络的实际数据考察信任在合作投资形成中的重要作用。此处有两个投资者社会网络数据，均来自对CVSource数据库数据的整理：其一是风险投资人社会网络数据；其二是风险投资机构社会网络数据。以投资人为节点的社会网络数据，虽然能更生动、更贴近地捕捉行动者的认知与反应，但由于数据库中许多投资事件并未披露具体投资人，因而获得的样本相对有限，包括686位投资人的1085对合作关系。而以投资机构为节点的社会网络数据规模则要大很多，包括2842个投资机构的近万对合作关系数据。投资机构层次的关系考察有其独特价值，即：它是以组织为分析对象，较个人层次的考察能更多地体现制度要素的影响，同时组织间关系、组织间信任问题一直也是研究的热点和难点问题。

1. 风险投资人网络的子群凝聚性

我们借助社会网络可视化软件 Pajek 对 686 位投资人组成的社会网络的结构特征进行分析，采用弗鲁彻曼－莱因戈尔德的 3D 布局，结果如图 6.1 所示，图中每个点代表一位投资人，因版面所限，图中省略了各点的名称及连线的值。

从整体结构上来看，该投资人网络的整体密度为 0.00458，平均点度为 3.157，即平均每位投资者涉及 3.157 宗合作关系。从图 6.1 中可以看出，该网络具有明显的子群凝聚性，多数合作关系都发生在为数不多的几个子群内。图 6.1 中方框标示出了各个凝聚子群的存在。

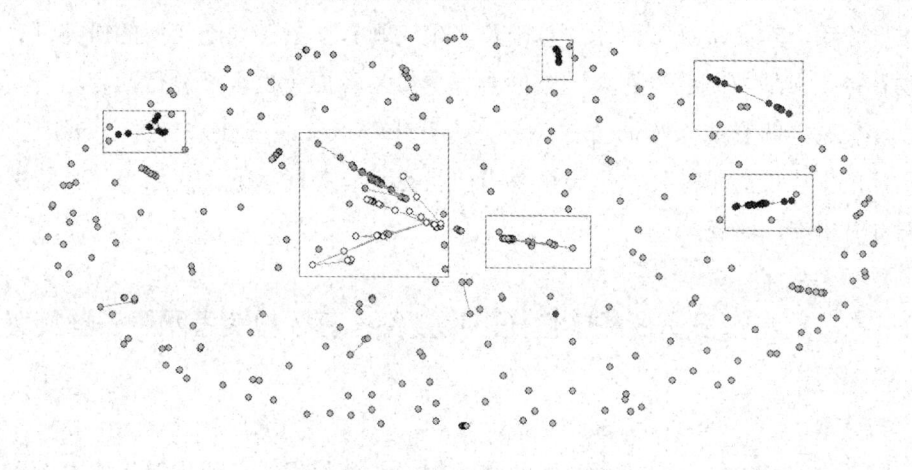

图 6.1 风险投资人网络的子群凝聚特性

投资人子群凝聚性反映合作总是比较容易发生在一个特定的投资人圈子中（图 6.1 中框出的部分），而与圈子外的投资者较少合作（图 6.1 中框外散落的点）。

为了了解各个子群内部的情况，我们将上述凝聚子群的具体构成描述在图 6.2 中。图 6.2 中描述了 9 个子群，各个子群的密度不同，成员数量也不同，但在子群中成员之间都存在多重的交叉合作关系，反映了群内投资人之间合作的重复性。

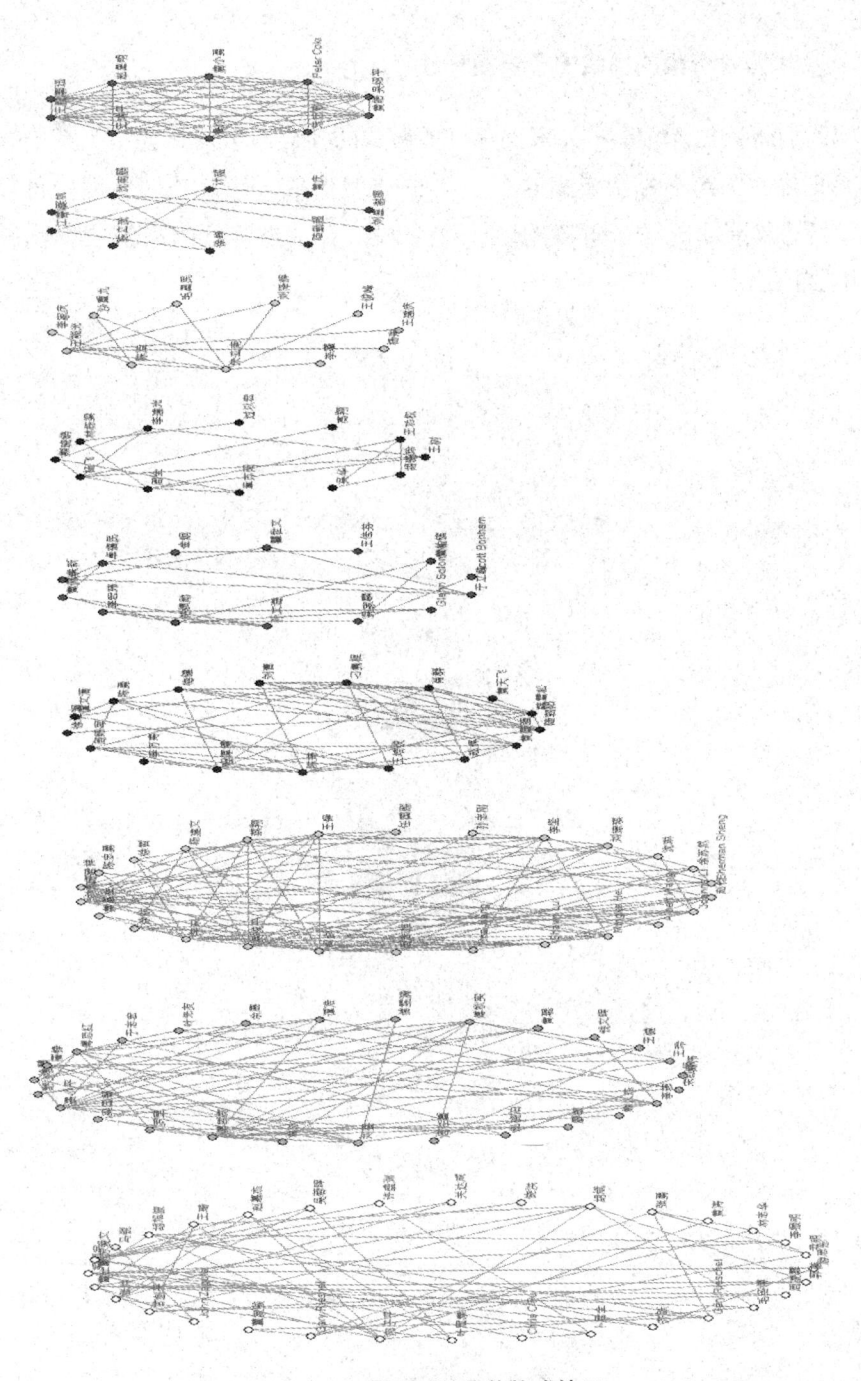

图 6.2　凝聚子群的具体构成情况

2. 风险投资机构网络的子群凝聚性

我们将数据库中 2 842 家投资机构构成的社会网络及其合作关系绘制在图 6.3 中，图 6.3 中阴影由合作关系的连线形成。从这个网络图中可以看出，网络具有明显的子群凝聚性，整个网络有一个明显的高密度合作区域（阴影部分）。

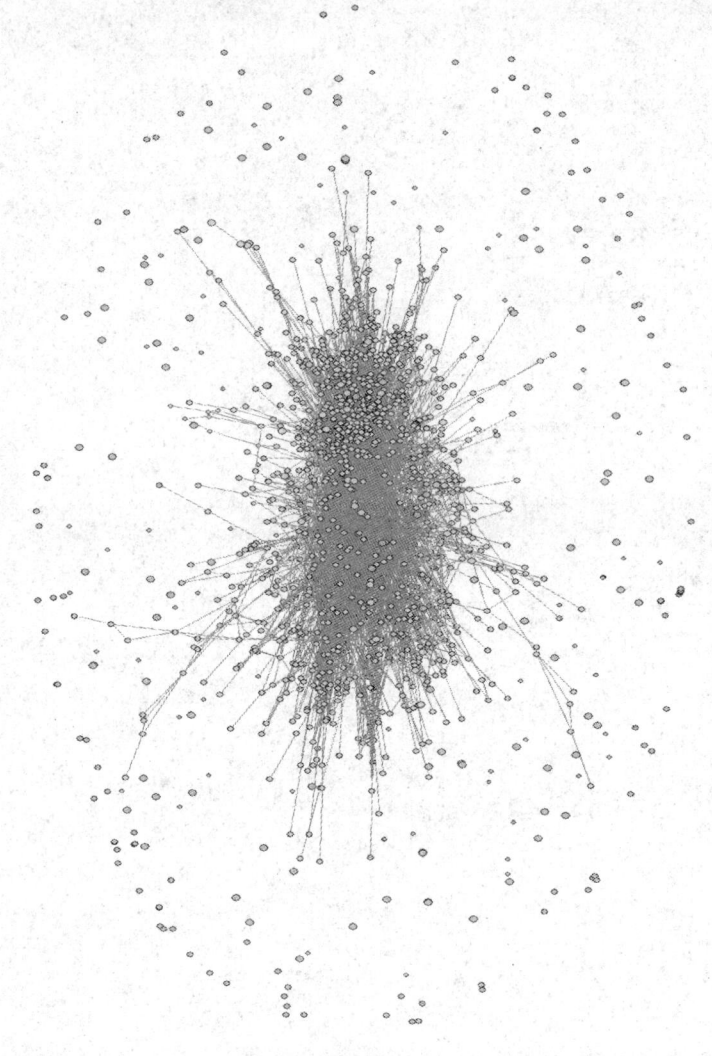

图 6.3 投资机构网络的凝聚特征

第六章 促进资孵合作的社会网络机制研究

进一步考察发现，这个高密度区域的核心是174家机构组成的子网络（子群），具体构成如图6.4所示，众多知名机构如IDG、SAIF、KPCB、启迪（TusPark）、粤科（GVCGC）等都是这个子群的活跃成员。这174家机构只占全部机构数的6.1%，但它们的合作宗数占据了全部合作事件的1/3强。

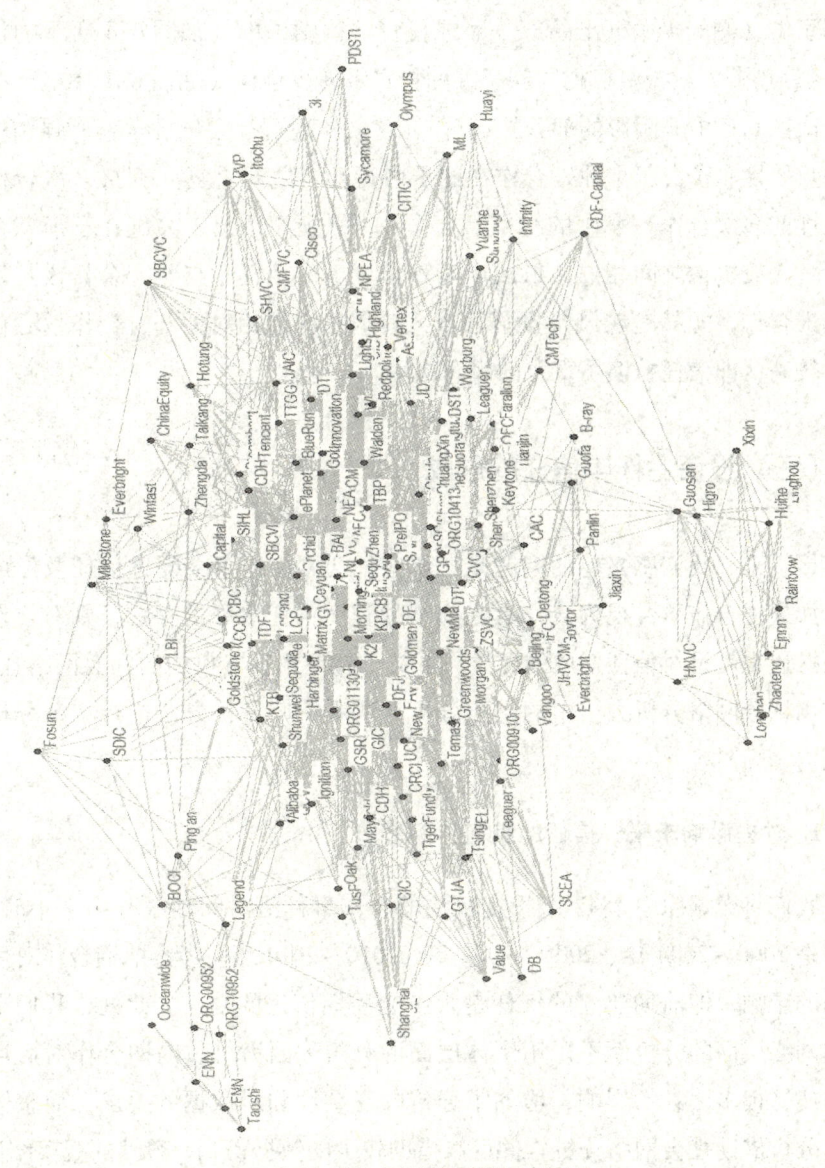

图6.4 核心子群的具体构成情况

3. 子群凝聚性的社会经济学含义

上面的图形分析表明，不论是投资人网络还是投资机构网络，均具有明显的子群凝聚性，它的直接含义是投资合作比较容易发生在一个特定的投资人圈子中（图6.1中框出的部分）或投资机构圈子中（如图6.4所示的核心子群），投资人或投资机构与圈子外的投资者较少合作（如图6.1中框外散落的点或图6.3中非阴影的部分），其内在含义体现了社会经济学上所强调的信任的重要性。子群凝聚性是合作在圈子内行动者之间重复（直接多次合作或交叉性的多次合作）发生的结果，合作关系之所以重复，关键在于前期合作使投资人或机构之间相熟，形成了某种程度上的信任，与熟人合作或与熟人的熟人合作，尤其是在风险投资领域，其信息沟通相对便利，合作信心也会相对较高，即信任扮演了重要的媒介作用。

（三）投资合作中信任的形成

接下来，我们感兴趣的问题是：哪些社会网络因素会促进信任及形成合作？如果把合作事件视为合作者之间某种程度信任水平的存在，则对合作形成的探讨也就是对信任形成的探讨。下文仍然使用投资机构的社会网络数据，分别用社会网络分析方法中的图形分析方法和回归分析方法进行实证分析和讨论。

1. 过去影响未来：信任的纵向传递

我们将数据库中2842家投资机构的合作事件沿时间轴区分为三个时期，分别是2000~2004年、2005~2009年、2010~2014年，考察前期合作对后期合作的影响，即前期建立的信任是否影响后期信任的建立。此处，我们采用整体网络层面的分析而不采用个体层面的分析，因为个体前期合作对后期的影响还受很多因素的影响，增加了分析的复杂性和对数据的要求，而整体层面的分析借助社会网络分析软件可以借助较少的数据得到一般性的观察结论。

（1）图的观察。我们先将三个时期的关系网络以图的形式展现出来，它们展示在图 6.5 中。须注意到，在三个图形中，每个投资机构的坐标位置是固定的，这样便于对比观察。

通过纵向比较，可以直观地看出，从图中心出发，聚集规模不断扩大，关系密度也在增加。图中每条灰色连线表示一个合作关系，图 6.5（a）到图 6.5（c）中，连线形成的阴影面积越来越大，表明形成合作关系的机构越来越多，同时，合作关系连线形成的阴影密度在中心区域明显加大，表明中心区域的投资机构间的合作次数在不断增加，即过去有过合作的机构现在进一步增加了合作，体现出过去合作的积极影响，过去合作产生的信任传递到未来合作。

图 6.5（a） 投资机构网络（合作关系）的凝聚性演化（2000~2004 年）

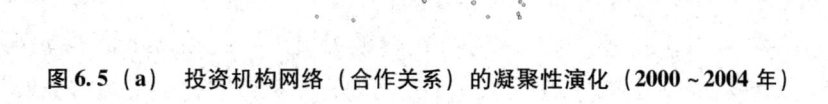

图 6.5（b） 投资机构网络（合作关系）的凝聚性演化（2005~2009 年）

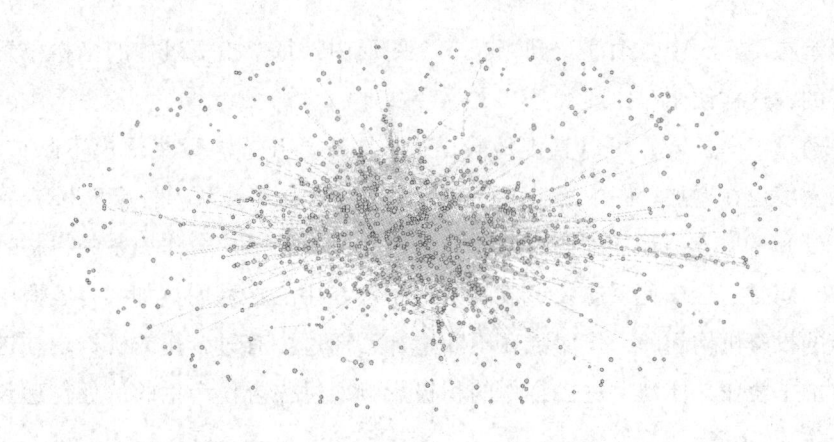

图 6.5（c） 投资机构网络（合作关系）的凝聚性演化（2010~2014 年）

（2）统计分析。为了更精确地了解合作（信任）关系的纵向演化，我们下面借助社会网络分析软件 UCINET 进行统计分析。该软件提供了矩阵相关分析方法 QAP，它是通过对各矩阵的各个格值（每个格值代表一个关系）进行比较来得到关系矩阵的相关系数，同时采用非参数检验方法即上千次的矩阵置换来检验其显著性。通过将三个时期的关系网络进行两两相关分析，得到系数报告表 6.10。从表中可以看出，前后期关系网络有明显的正相关性，具体讲，2000~2004 年间的合作关系与 2005~2009 年间的合作关系相关系数为 0.0776，显著正相关，即前期有合作的机构间在后期有更高概率合作。类似地，2005~2009 年间与 2010~2014 年间的合作关系同样具有正相关性，且相关系数有所提高。

表 6.10　　　　　　前后期合作关系矩阵的 Pearson 相关系数

	相关系数	显著性	迭代次数	迭代中系数最小值	迭代中系数最大值
1 期关系—2 期关系	0.0776 ***	0.0002	5000	-0.0002	0.0085
2 期关系—3 期关系	0.099 ***	0.0002	5000	-0.0005	0.0071

注：1 期指 2000~2004 年；2 期指 2005~2009 年；3 期指 2010~2014 年。

2. 强连接的作用：内部化增强信任水平

在社会网络理论中，有一对概念用来描述关系的强度，即强连接、弱连接。连接强度在具体问题的应用中可以从多个维度去衡量，例如交互频率、花费时间、关系性质、互惠程度等。根据已有文献的结论，一般认为强连接信任程度更深，有助于复杂知识的传播（Hansen，1999），而弱连接则能够带来更多样化的信息（Granovetter，1973）。

具体到本书研究的问题，投资者之间关系强弱如何衡量？结合研究目的，我们认为主要可从关系性质角度衡量。例如，在众多投资者样本中，有一些投资机构之间具有股权关系，而另一些则没有。以启迪集团为例，它控股启迪风险投资管理（北京）有限公司、华清基业投资管理有限公司、苏州紫光风险投资管理有限公司、广州启迪风险投资管理有限公司、北京厚德科创科技孵化器有限公司、北京启迪金信风险投资管理有限公司、武汉启迪东湖风险投资有限公司、清华科技园合肥分园风险投资基金、北京启迪明德风险投资有限公司、北京启迪汇德风险投资有限公司等几十家机构，这些机构均从事创业服务和孵化投资。类似的例子还有苏高新投资集团、深创新投资集团等。股权关系指投资机构之间具备控股与被控股、共同被第三方控股的关系，股权关系意味着这些机构间具有某种程度的利益共同性，相互交流较多，熟悉程度较高，因而可以认为具有股权关系的投资者之间是一种强连接。对照而言，不具备上述股权关系的投资机构之间可界定为弱连接。

本书拟关注的问题是，强连接的投资机构间与弱连接的投资机构间在合作概率上是否存在显著差异？直觉上，强连接机构间的合作是一定程度上的内部化合作，应该会有更强的合作倾向，因为它们的行动可能受到来自集团的协调影响，它们可能被要求共同投资来服务集团的整体目标。但另一方面，作为集团成员的各机构之间，利益交互较多，也可能出现内部竞争和利益冲突而妨碍合作形成。企业内部控制相关的研究成果可以为本问题的讨论提供一些借鉴。内部控制是为应对组织内合作与竞争问题而生，它包含正式和非正式的规则（林钟高等，2009），组织内合作同样面临机会主义问题，信任与知识共享在组织内合作中也发挥着关键作用。上述讨论是基于单一企业情境，对于集团内具有独立法人资格的成员之间的合作，竞合关系与机会主义风险会更明显。因此，强连接是否会带来更高合作倾向还有待实证检验。

我们同样使用前述投资机构关系网络数据，以近期关系矩阵（即2010~

2014年的投资合作关系网络）作为因变量，以投资者股权关系网络为主要的解释变量进行实证分析。考虑到同处一省的投资机构之间了解程度更高、相互关系可能更亲密，因而作为另一强连接的度量指标纳入回归分析。同时，前文已经证明前期合作关系与后期合作有显著相关性，因而将第2期（即2005~2009年）关系网络作为控制变量纳入回归模型。回归采用MRQAP方法，即多元QAP分析，基于ORA平台运算。回归结果如表6.11所示。

表6.11　　　　　　　强连接与合作关系的回归分析结果

	标准化系数	标准误	稳健标准误	显著性（Y-Perm）	显著性（Dekker）
上期合作关系	0.103***	0.001	0.015	0.000	0.000
同省关系	-0.005***	0.000	0.000	0.006	0.004
强连接（股权）关系	0.004*	0.000	0.000	0.061	0.059

从结果可以看出，投资者之间存在强连接关系对合作形成有正向影响，这种影响在90%的置信度下显著。在本书中的现实含义是：若投资者之间存在股权关系（例如同一集团内的成员企业），它们之间合作投资风险项目的概率相对于独立投资者间的合作概率要高。同时，也注意到投资者之间的同省关系对合作形成具有负的显著影响，意味着风投更愿意找外省的机构合作，其原因可能是同地域投资者对项目存在更直接的竞争关系，所以同省关系的"亲密"并不是什么好事。另外，作为控制变量的2期关系对3期关系的影响与前文统计分析基本一致。

3. "明星"机构的中介作用：声誉增强信任获取

中心性是社会网络研究的重点，中心性反映网络中一个行动者的重要程度以及它对关系的影响。在本书研究的问题中，具有较高中心性的投资机构基本都是声誉较高、在市场中影响较大的机构，即社会网络术语中心性与管理学中的声誉有一定的同义性。在计算行动者的中心性时，对其重要程度的考察有许多角度，例如关系数量、关系中介性、接近性等，研究者为此设计了众多计算方式，但实际上每种计算方式都有其独特的内涵，不存在孰优孰劣的问题。结合本书所研究的问题，我们选择了其中两个中心性指标进行考察，这两个指标分别从中介性、公众性两个侧面反映投资者的网络中心性：一是中介中心度，它的基本含义是指在社会网络中，如果某个节点处于众多关系路径上，则认为该节点重要。具体来说，我们采用 BonacichPower 计算方法，该指标通过计算某节点的相连点对该点的依赖性来决定其中介性，邻点对其依赖性越强，该指标值越高。二是特征矢量中心度，它从某节点的连接数量和所连接点的重要性两个方面共同考虑该节点的重要性，通俗讲，你认识的人多，且你认识的人中"牛人"多，你在网络中的重要性越高。具体来说，我们采用 Eigenvector 方法计算，该指标基于邻点的点度数计算特征矢量中心度。

我们仍然使用前述投资机构社会网络数据，在将上期合作关系、强连接性质作为控制变量的基础上，以上述两个中心性指标构建的两个矩阵作为解释变量，以本期（2010~2014 年）的合作关系矩阵为因变量，使用 ORA 软件的 MRQAP 方法进行回归分析。中心性指标基于前期关系网络计算，以避免指标的内生性问题。回归结果如表 6.12 所示。

表 6.12　　　　　网络中心性与合作关系的回归分析

	标准化系数	标准误	稳健标准误	显著性（Y-Perm）	显著性（Dekker）
上期合作关系	0.097 ***	0.001	0.015	0.000	0.000
同省关系	-0.003 *	0.000	0.000	0.096	0.022
强连接（股权）关系	0.003 *	0.000	0.000	0.057	0.058
中介中心度（BonacichPower）	0.055 ***	0.001	0.005	0.000	0.000
特征向量中心度（Eigenvector）	0.009 **	0.005	0.027	0.038	0.003

从表 6.12 中的结果可以看出，投资者的网络中心性对本期合作关系形成具有显著影响。首先，中介中心度的影响系数为 0.055，显著性较高，说明在网络中中介性较强的投资者更容易形成合作。其次，特征向量中心度的系数为 0.009，在 5% 的水平上显著，说明在网络中投资者的公众性对合作形成有积极影响，但其影响力小于中介中心度。最后，其他控制变量的回归结果与前文基本一致。

四、结论与政策建议

（一）投资者网络具有子群凝聚性，应当发展投资孵化产业集群，利用集群的网络凝聚优势推动资孵合作

前文的实证结果表明，投资者关系网络具有子群凝聚性，合作关系在特定"圈子"内更容易形成，并且这个"圈子"以其原有核心不断"生长"，范围扩大，密度加强。这种特性与产业集群的发展路径十分相似，因此，在促进资孵合作方面可以借鉴产业集群的发展思路，通过采取措施，吸引和推动孵化器、风投在特定区域内聚焦，使创业者、孵化服务者、投资者有更多机会交流互动，逐步形成一个投资孵化生态"圈子"，随着交流互动频率的增加，信息沟通变得更加通畅，信任能够逐步建立，合作投资则会"水到渠成"。

目前，在投资与孵化相对发达的地区，已开始推进投资孵化产业集群建设的努力。例如，北京中关村、杭州西湖区、天津滨海新区、上海张江高科、深圳市高新开发区、深圳南山区科技园、苏州工业园区、广州开发区等都在采取措施，打造股权投资机构集聚园（或称私募股权基金集聚园），所采取的措施既包括园区基本建设的直接支持，也包括税收优惠、商事管理便利化等间接支持，其目的都是吸引投资与孵化机构在地理上的聚焦，通过增加机构密度来促进创业发展。其中苏州工业园的实践具有代表性，详见下文案例。

【案例借鉴】

东沙湖股权投资中心

东沙湖股权投资中心由苏州工业园区设立，位于园区内的东沙湖生态公园，2009年开始运营，目的是打造专门的风险投资金融聚焦区。按照建设规划，中心总占地面积26.3万平方米，总建筑面积21.4万平方米，项目总投

资约 11.96 亿元人民币。

中心提供的服务内容主要是为基金等投资机构落户园区提供设立服务和优惠政策落实，以及被命名为"聚在沙湖"风投行业高端论坛活动、命名为"融在沙湖"的创业企业与投资人对接洽谈活动、命名为"成在沙湖"的创业企业和行业龙头的对接洽谈活动、命名为"学在沙湖"的人才培训活动等系列服务活动。

中心的运作已取得较明显的成绩。截至 2013 年，入驻该中心的股权投资机构和团队共 46 家，设立基金 57 支，管理资金规模超过 450 亿元，累计为 600 余家企业提供了股权投资。在所投资企业中，有 23 家成功上市或通过发行审核。另外，有 5 家担保、科技贷款、小额贷款、融资租赁类机构入驻中心，它们累计为 2 800 余家企业提供了总额达 190 亿元的担保或贷款。

深圳高新开发区风险投资服务广场的实践也非常值得借鉴（详见下文案例），它是推动投资孵化产业集群的另一种模式。在该模式下，深圳高新区仅使用非常有限的场所，主要通过广泛的协议和灵活多样的活动与服务，将多种类型的投资机构和创业服务机构聚拢在一起，发挥自身创业企业众多的相对优势，使"投、融、服"三方产生频繁互动，打造出投资孵化的良好生态圈。与以实地园区为主要特征的私募股权基金集聚园相比，其最大特色是"虚拟"，重在服务内容，而弱化了园区的实体概念。

【案例借鉴】

深圳高新区风险投资服务广场

该服务广场由深圳高新区于 2007 年设立，位于高新区南区综合服务楼。服务广场由专门的公司管理运营，通过吸引相关机构入驻、签订战略合作协议、建立非经常性合作关系等多种方式构建投资孵化的"圈子"，圈中的机构包括天使投资人、VC、PE、银行、券商、产权交易所、证券交易所，以及法律、会计和担保服务机构，目前联盟的机构数量超过 120 家，包括引进的专业风险投资基金、券商投行部和非上市业务部、产权交易所，评估、会计、律师、担保、专利服务等中介机构 40 多家，合作机构80多家，这些入驻机构和合作机构管理资金达到300多亿元。这样一个机构数量众多、种类丰富的大联盟能够为创业企业成长带来丰富的资源支撑。

广场实际发挥对接创业企业与资本的作用，是通过一些有组织、有特色的活动。其中之一是"项目深度剖析沙龙"，这是一个星期四在投资广场三楼咖啡厅举办的沙龙，具体采用项目路演和投融资双方自由讨论的形式进行，这样的活动促进了投融资双方的交流，为创业者与资本对接提供了平台。另一特色活动是"项目融资辅导营"，它是服务广场为中小科技创业企业早期项目融资和创新而设计的一个辅导计划，参加辅导的有高新区服务团队，也有著名风险投资人，辅导内容包括商业计划书指导、产品创新和融资技巧训练、创业团队企业家风格测试、融资规划和融资成本分析、个性化单独辅导、政府政策扶持服务等，重点是开展创新技能和融资规划训练。创业企业家通过该计划能系统地对企业创新和融资中存在的问题进行实战演练，为项目路演做好准备。

服务广场构建的"圈子"在促进孵化投资方面发挥了显著作用。仅2007～2011年4年间，就举办活动188次，项目对接94个，洽谈项目985个。其中，有12家企业启动了新三板的上市改制，企业担保1 709家，境外上市评估49家，股改辅导55家，301家企业通过"项目融资辅导营"获得了资金和创新服务；入驻机构和战略合作机构对这些企业的投资达50亿元。

（二）强连接能促进合作形成，应将投资、孵化业务适度内部化，利用股权关系的强连接性质促进资孵合作

前文研究表明，具有股权关系这类强连接属性的投资者之间更容易形成合作。其原理在于强连接便于隐性知识的传递，便于信任的构建，便于利益的协调。在面对复杂和高风险的决策问题时，这些优势就非常有现实意义。

源于创业项目的高风险性，资孵合作投资的风险通常很高。如果将风险投资机构、孵化器内部化，建立某种形式的股权关系，即由两个完全独立机

构之间的合作转变化集团内部两个成员企业或关联企业之间的合作，就可以利用股权关系的"强联结"属性，使两机构更好地处理高风险决策问题。具体讲，"强联结"至少可从两个方面促进资孵合作形成：一是"强连接"下双方信任程度更高，能够降低对机会主义行为风险的担忧，也便于双方相互学习，更好地对项目风险进行评估。有不少研究表明风险投资是基于知识发现而寻求与其他投资者进行联合，因为创业企业通常缺乏规范财务报表，可抵押资产少，传统风险显示机制难以发挥作用，而且技术创新型企业对技术秘密等人格化资产依赖程度很高，投资者主要依赖隐性知识进行评价和决策，如朋友的推荐、投资人自身的观察和体验等（Wright & Lockett, 2002; Casamatta & Haritchabalet, 2007），"强连接"则便于这些隐性知识传递。二是虽然也存在内部竞争，但相对于外部投资者，集团成员间有更多的共同利益、相同的企业文化和价值目标，从而便于处理合作洽谈中的契约问题。合作契约是对投资后风险、利益、控制权分担的一种事先安排，由于创业企业发展存在很高的不确定性，合作双方都满意的契约往往很难达成。张新立和杨德礼（2007）曾分析了合作投资中投资者之间的博弈特征，其结论指出，能够让彼此显示真实信息的最优激励契约都是建立在投资额（股权比例）、投资收益分配等关键变量的合理设计基础上的，这样的契约经常会涉及可转债、优先股和普通股的组合搭配，然而在实践中，这样的契约不仅增加了合作协商的复杂性，有时还难以达到。相比之下，内部化后，集团内孵化器与风投之间利益趋同度高，信息不对称问题、逆向选择等问题相应得到了缓解，合作契约更易达成。

集团式孵化与投资在国内外实践中都有所发展，但数量仍然屈指可数，并未成为企业孵化的主流模式。在我国，可借鉴的典型例子是启迪集团的案例。

【案例借鉴】

启迪集团的孵化投资一体化模式

启迪集团是依托于清华科技园而发展起来的孵化投资集团，其核心企业是启迪控股股份有限公司，该公司成立于2000年7月，其前身是成立于1994

年 8 月的清华科技园发展中心。启迪控股是清华科技园开发、建设、运营与管理的单位，公司旗下直接投资及控股企业 20 多家，管理总资产逾 300 亿元人民币。

启迪旗下主要有六大块业务，包括风险投资、创业园区开发与运营（企业孵化）、创新研究、教育培训及地产等业务，其中，风险投资和企业孵化是核心业务。

风险投资由专门成立的启迪风险投资管理公司负责，该投资公司是 2007 年由清华科技园技术资产经营有限公司更名而来，目前该公司管理包括天使投资基金在内的多支人民币基金，总规模超过 30 亿元，专注于投资创新性强的高科技、高成长创业企业，重点投资方向包括信息技术、先进制造、新材料、生命科学、清洁技术、文化传媒和现代服务业等领域。

在企业孵化业务模块中，启迪既从事孵化园区的开发建设，也负责一些园区的管理运营。到目前为止，启迪开发的园区包括清华科技园内的科技大厦、创新大厦、咸新大厦、科建大厦，以及启迪昆山科技园、启迪科技园上海多媒体谷、启迪陕西科技园、启迪南京科技园、启迪广州科技园、启迪江西科技园、启迪科技园玉泉慧谷、启迪沈阳科技园，启迪管理运营的园区包括清华创业园、玉泉慧谷、启迪威海科技园等，启迪还与一些地方的孵化园区建立了合作管理关系。

启迪还负责运营启迪创新研究院，该院是整合大学、政府和企业资源的产物，是贴近一线创新、创业开展相关政策与策略研究的机构，其成果既直接服务于启迪集团自身经营，也为社会和政府提供相关智力支持。

企业孵化相关的人力资源支持也是启迪旗下重要的业务模块，启迪专门成立了北京厚德人力资源开发有限公司负责清华科技园的教育培训工作，并成立了启迪创业学院进行有针对性的创业教育培训，它根据在校大学生、创业初期、创业中期以及创业初见成效正向新的高度攀登的企业家等不同学员群体的相关需求，定制包括创业启蒙、创业突破和创业育成等创业过程基本理论和实践经验等各具特色的课程体系，并通过课堂内外结合以及多地巡回授课方式使培训具有较强的实践性。

启迪集团通过上述几大业务模块的有机组合，构建起了一整套服务于企业孵化的完整体系，从场地、人力资本、资金等多个方面为创业企业成长提供支持。这一体系从北京的清华科技园出发，不断在全国各地复制其孵化与投资一体化模式，现有网络已经覆盖华北、华东、华中、华南广大地区。

（三）网络中心性高的投资者更易形成合作，应当引入"明星"风投，利用其声誉效应吸引投资、孵化的聚集和合作

前文实证研究结果表明，在投资者关系网络中，具有较高中心性的机构有更高概率搭建合作投资关系，尤其是从中介中心性角度讲，即声誉能够增加机构的信任获取。具有较高中心性的机构就像市场中的"明星"，其声誉效应和关系资源会产生"溢出"，成为它的伙伴的社会资本，从而有助于这些机构的对外合作。因此，各地在推动投资孵化产业发展时，要花大力气引入市场"明星"投资机构，尤其是在相对落后的地区。这些"明显"投资机构不仅经验丰富、资金筹集能力强，而且在投资项目选择方面，并不会像小型风投那样表现出"急功近利"，对早期的、高风险的创业项目，它们也会做"广撒网"式尝试性投资。更重要的是，它们的声誉是一种无形广告，一旦它们在本地投资某项目，会引起市场更多的关注，其他投资机构也会被吸引过来，加入投资合作。

表6.13是清科研究中心最新一期的风险投资机构前20强名单，自2000年以来，该中心每年根据投资机构的募、投、管、退四个方面的表现对机构绩效和市场影响进行综合排名，具有一定的代表性。排名名单虽然每年有所波动，但总体较为稳定，知名投资机构基本都会出现在前50强中，只是具体名次会有所变化。在前50强的名单中，中资机构已占据大半壁江山。

表 6.13   2016 年中国风险投资机构前 50 强名单

排名	机构全称	排名	机构全称
1	IDG 资本	26	浙江普华天勤股权投资管理有限公司
2	红杉资本中国基金	27	北京金沙江创业投资管理有限公司
3	深圳市创新投资集团有限公司	28	亚商资本
4	江苏毅达股权投资基金管理有限公司	29	戈壁合伙人有限公司
5	德同资本管理有限公司	30	深圳市松禾资本管理有限公司
6	达晨创投	31	深圳市高特佳投资集团有限公司
7	深圳市东方富海投资管理股份有限公司	32	浙商创投股份有限公司
8	深圳市基石资产管理股份有限公司	33	深圳清源投资管理股份有限公司
9	苏州元禾控股股份有限公司	34	湖北省高新技术产业投资有限公司
10	君联资本管理股份有限公司	35	联想创投集团
11	北极光创投	36	深圳市富坤创业投资集团有限公司
12	深圳同创伟业资产管理股份有限公司	37	中国风险投资有限公司
13	纪源资本	38	软银中国创业投资有限公司
14	经纬创投（北京）投资管理顾问有限公司	39	高榕资本
15	赛伯乐投资集团有限公司	40	深圳市中兴创业投资基金管理有限公司
16	启明维创创业投资管理（上海）有限公司	41	今日资本（中国）有限公司
17	北京联创永宣投资管理股份有限公司	42	鲁信创业投资集团股份有限公司
18	多尔投资管理咨询（北京）有限公司	43	晨兴资本
19	广东省粤科金融集团有限公司	44	海纳亚洲创投基金
20	北京信中利投资股份有限公司	45	苏州华映资本管理有限公司
21	凯鹏华盈中国基金	46	深圳国中创业投资管理有限公司
22	北京顺为创业投资有限公司	47	深圳市启赋资本管理有限公司
23	湖南高新创业投资集团有限公司	48	东方汇富投资控股有限公司
24	蓝驰投资咨询（上海）有限公司	49	达泰资本
25	赛富亚洲投资基金管理公司	50	浙江华睿控股有限公司

资料来源：清科研究中心。

苏州工业园区科技企业孵化器是国家级孵化器，该园区在建设发展过程中非常注重引进知名风投，产生了显著效果，经验借得借鉴。

【案例借鉴】

苏州工业园引进知名投资机构

苏州工业园区 1994 年筹建，1998 年首期基本建成，由中国、新加坡共同成立中新苏州工业园区开发有限公司负责经营，经 2001 年调整后，中方财团占股 65%，新加坡投资公司占股 35%。

中新苏州工业园早在 2001 年 11 月就成立了专业的风投公司——中新苏州工业园区风险投资有限公司（简称中新创投），但其投资孵化事业真正快速发展开始于引进知名投资机构之后。2005 年，园区引入以色列知名投资机构——英菲尼迪（Infinity），成立了英菲尼迪-中新风险投资企业（简称英菲中新），该企业采用了创新的组织形式，是国内第一家非法人制中外合作风险投资基金，组织形式为非法人，于 2005 年 4 月 1 日获得国家工商总局正式批准，取得了企合国非字第 00001 号营业执照，注册资本为 1 000 万美元。英菲中新当年就投资了晶方科技，并最终取得了良好的业绩。2005 年后，园区机构参与风险投资增加，参与合作投资也增加（表 6.14 是其中的机构之一——中新创投近年的投资与合作情况），入驻园区的风投机构也增多，其中不乏知名风投，如 2008 年引进的金沙江、北极光、软银中国都是业界"明星"。"明星"机构的加入，声誉"溢出"效应明显，园区自身的风投机构也快速发展壮大。2006 年创办苏州创投集团，2008 年创办东沙湖股权投资中心，2012 年苏州创投集团重组并更名为苏州元禾控股，并挤入中国风投前 10 强。

表 6.14　　　　中新创投近年合作投资关系（2007~2013 年）

合作对象	合作投资时间	合作投资标的企业
Infinity-CSVC	2013 年 12 月 25 日	神州信息
凯鹏华盈	2013 年 6 月 24 日	凯瑞斯德
崇德投资	2013 年 6 月 24 日	凯瑞斯德
华芯创投	2012 年 12 月 27 日	上海东软
VPI	2012 年 12 月 27 日	上海东软
群阳创投	2012 年 12 月 27 日	上海东软
USL	2012 年 12 月 27 日	上海东软

续表

合作对象	合作投资时间	合作投资标的企业
IDG 资本	2011 年 4 月 8 日	珅奥基医药
启迪创投	2011 年 4 月 8 日	珅奥基医药
中海创投	2011 年 4 月 8 日	珅奥基医药
裕润立达	2011 年 4 月 8 日	珅奥基医药
融风投资	2010 年 10 月 26 日/2008 年 8 月 1 日	博实机器人/网经科技
凯风创投	2010 年 4 月 23 日	上海东软
集富亚洲	2009 年 12 月 11 日	麦迪斯顿
中经合	2009 年 12 月 11 日	麦迪斯顿
高通创投	2009 年 10 月 1 日	贝多科技
华禾投资	2009 年 10 月 1 日	贝多科技
愈奇投资	2009 年 10 月 1 日	贝多科技
软银中国资本	2008 年 8 月 15 日	万国数据
IFC	2008 年 8 月 15 日	万国数据
光大控股	2008 年 8 月 15 日	万国数据
国发创新资本	2008 年 8 月 1 日/2008 年 2 月 13 日	网经科技/创达特科技
香塘创投	2007 年 7 月 1 日	思坦维生物
华亿创投	2008 年 8 月 14 日/2007 年 2 月 27 日	神州信息/Mate Intelligent Video
英飞尼迪	2013 年 6 月 24 日/2007 年 2 月 27 日/2005 年 7 月 14 日	凯瑞斯德/Mate Intelligent Video/晶方科技

资料来源：投中集团 CVSource 数据库。

（四）具有创业经历的投资人有更高的早期投资倾向，在孵化投资和团队建设中应注重与创业型投资人的合作

实际数据表明，在投资人的外部社会关系中，创业关联对其早期投资倾向有积极影响，这一特性对资孵合作问题的启示是：无论是孵化器管理团队建设、国有背景风险投资机构的团队建设，还是投资孵化集团的团队建设，以及在具体的投资合作事项中，都应注重引入那些有丰富创业经历的投资人。

投资人的创业经历有助于其更好地识别创业项目的投资价值，在拥有良好的早期项目判断经验和能力的基础上，其对早期项目投资会更有信心，早期投资倾向会相对较高。如果具有丰富创业经历的投资人进入孵化服务或投资孵化集团的管理团队，产生的效果可能不仅限于早期投资倾向，还可能对孵化服务质量提高带来有利影响，因其创业经历有助于管理团队更好地理解创业者的内在需求。

【案例借鉴】

"创业达人"领导下经纬创投中国的早期投资倾向明显

经纬创投中国（Matrix Partners China）成立于2008年，管理资金超过10亿美元，是经纬创投在中国设立的联合公司。经纬创投是总部位于美国的知名风险投资公司，成立于1977年，与红杉资本齐名。经纬创投中国采取"双核"创始管理合伙人制度，目前其八位合伙人张颖、邵亦波、徐传陞、曹国熊、左凌烨、万浩基、方元、吴运龙中，前三位是管理合伙人，而创始管理合伙人只有张颖和邵亦波，两人在经纬创投中国发展中起到核心领导作用，是管理团队的"双核"，这两人均具有丰富的创业和企业运营经验，这些经验对经纬创投中国的投资风格形成有着重要影响。

两人中，邵亦波的创业经验丰富。邵亦波在上海出生并长大，他凭借数学方面的特长，在高中阶段跨过高三直接进入哈佛大学，从物理和电子工程专业毕业后，他的兴趣转向商业，进入波士顿咨询公司工作，两年后受公司资助回到哈佛商学院攻读MBA。1999年，在互联网行业风起云涌的时代，邵亦波回国创立电子商务网站易趣网，任董事长，此后在经历全球互联网行业的繁荣和衰退周期后，邵亦波和他的团队不仅让易趣网存活下来，并且发展成为中国首屈一指的电子商务网站，2003年，易趣网以2.25亿美元的价格被eBay收购，成为当年全球最引人关注的互联网并购案例。他还是宝宝树联合创始人、安居客董事长、诺凡麦医药董事长、兴辉陶瓷副董事长，并投资支持了其他大量创业企业。目前宝宝树是中国领先的婴幼儿父母社区，而安居客已经发展成为中国领先的房地产交易信息平台，邵亦波在这两家公司的创业方向讨论阶段就已经介入。

张颖则在生物科技、信息技术和互联网方面具有良好的专业知识和企业管理运营经验，他在美国西北大学获得生物科技和商学的双硕士学位，后加入了所罗门美邦，负责在互联网、软件和半导体行业内进行公司研究、并购重组和财务方面的工作。之后，张颖又加入荷兰银行担任创投业务的高级投资经理，负责在生命科学、信息技术和互联网领域内制定和执行企业并购战略和其他业务。2001年张颖加入美国中经合集团，担任其旧金山办公室的投资经理，并于2003年回国，后担任经纬创投中国的董事总经理，他负责投资了包括分众传媒、Cardiva、爱康国宾、3G门户、傲游浏览器、大旗网和图吧等在内的众多行业领先公司，不仅为这些企业提供资金，更提供管理顾问服务，自身也从中积累了丰富的企业运营经验。

在以两人为首的团队带领下，经纬创投中国在大陆市场一直投资比较活跃（如图6.6所示），而且对早期项目投资较多（如图6.7所示），从图中可以看出，在全部82宗领投事件样本中，标的企业成立当年就予以投资的有23宗，占全部样本的28%，而成立1年时间就予以投资的有28宗，两者合计占全部样本的62.2%，体现了明显的早期投资倾向，而且这种倾向并不完全受投资行业的影响，因为这82宗样本虽然在信息行业相对较多，但还涉及文化、金融、机械等信息技术之外的20多个细分行业。

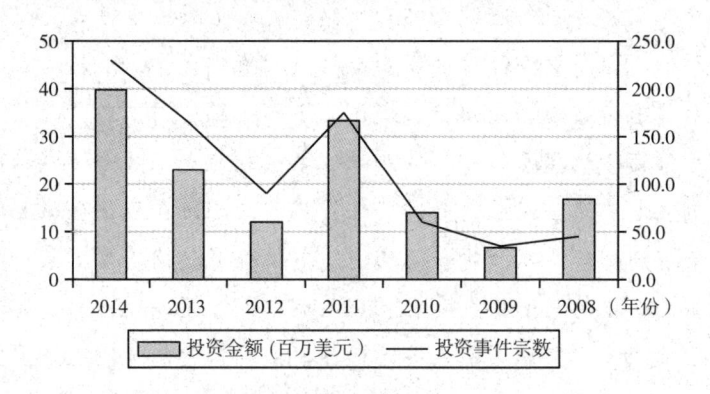

图6.6 经纬创投中国2008~2014年投资情况

注：基于CVSource数据库样本。

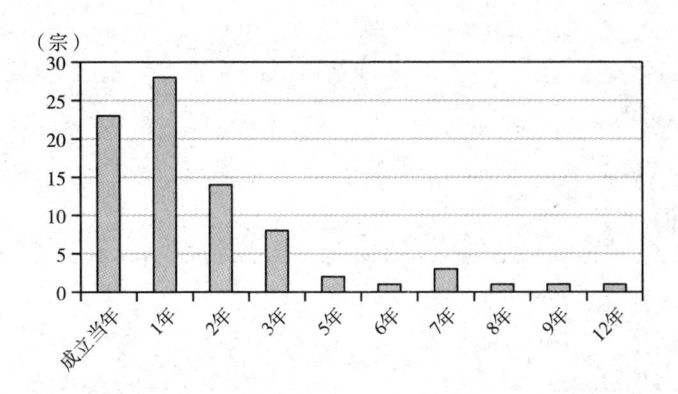

图 6.7　经纬创投中国 2008~2014 年领投企业的年龄分布

注：基于 CVSource 数据库样本。

本章参考文献

［1］Uzzi B. Social structure and competition in interfirm networks：The paradox of embeddedness ［J］. Administrative science quarterly，1997，42（1）：35 - 67.

［2］转引自：周群力. 宗族网络与农村转型发展 ［D］. 上海：复旦大学，2013.

［3］转引自：毛新述，周小伟. 政治关联与公开债务融资 ［J］ 会计研究，2015（6）.

［4］毛新述，周小伟. 政治关联与公开债务融资 ［J］. 会计研究，2015（6）：26 - 33.

［5］党兴华，施国平，仵永恒. 政治关联与风险资本筹集 ［J］. 预测，2015（6）：45 - 50.

［6］袁建国，后青松，程晨. 企业政治资源的诅咒效应——基于政治关联与企业技术创新的考察 ［J］. 管理世界，2015（1）：139 - 155.

［7］翟胜宝，张胜，谢露，郑洁. 银行关联与企业风险——基于我国上市公司的经验证据 ［J］. 管理世界，2014（4）：53 - 59.

［8］翟胜宝，张胜，谢露，郑洁. 银行关联与企业风险——基于我国上市公司的经验证据 ［J］. 管理世界，2014（4）：53 - 59.

［9］邓建平. 银行关联、审计意见与债务契约——基于我国民营企业的实证研究 ［J］. 上海立信会计学院学报，2011（6）：28 - 37.

［10］陈运森. 社会网络与企业效率：基于结构洞位置的证据 ［J］. 会计研究，2015（1）：48 - 55.

[11] 郭慧云. 论信任 [D]. 杭州：浙江大学，2013.

[12] Castilla E J, Hwang H, Granovetter E, et al. Social networks in silicon valley [J]. The Silicon Valley edge: A habitat for innovation and entrepreneurship, 2000: 218 - 247.

[13] 林钟高，徐虹，吴玉莲. 交易成本与内部控制治理逻辑——基于信任与不确定性的组织内合作视角 [J]. 财经研究，2009 (2): 111 - 122.

[14] Bonacich P. Factoring and weighing approaches to clique identification [J]. Journal of Mathematical Sociology, 1987 (2): 113 - 120.

[15] 张新立，杨德礼. 风险资本联合投资的激励契约设计 [J]. 中国管理科学，2007 (1): 106 - 111.

第七章 总结与展望

一、主要研究结论

资孵合作问题对构建科技金融体系、提升创新创业水平有重要意义。但该问题的实践性强，理论分析和实证研究非常欠缺，数据获取也十分困难。本书整合实物期权、非合作博弈、合作博弈的理论成果，创新性地提出了资孵合作问题分析的基本理论框架，并在数年时间的数据搜集和加工整理的基础上，依据图 7.1 所示的框架深入开展具体分析和实证研究，得到了如下主要结果。

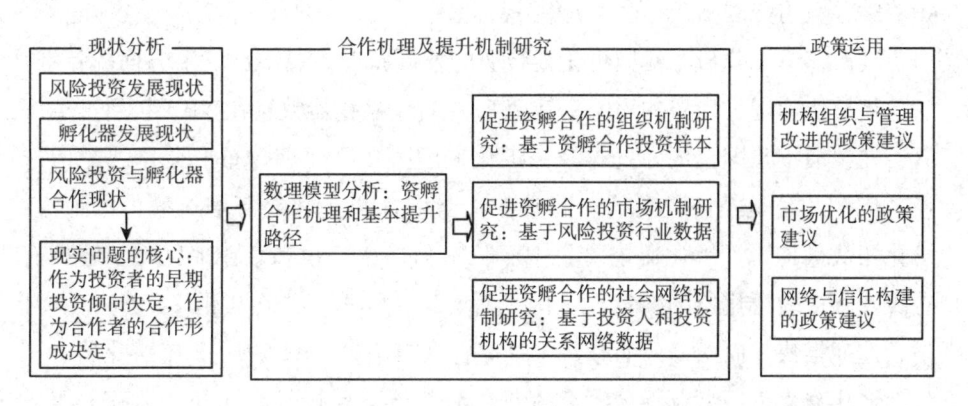

图 7.1 本书分析框架

（一）现状分析指出，我国风险投资和孵化器行业各自规模分别在快速扩张，但两者合作偏少，对在孵企业的投资支持不足

首先，本书对我国风险投资发展现状进行了分析，总结出四个方面的特征：一是规模快速增长。根据官方统计，无论是机构数量，还是管理资本规模，我国近年风险投资行业规模增长迅猛，机构数量和管理资本的增速基本都在20%以上。清科研究中心的数据显示，2016年新增可投资于中国大陆的资本量达3 581.94亿元人民币，较上年增幅达79.4%。二是资本来源多元化，但直接源自政府及授权机构的资金约占到市场的1/3；机构大型化，管理5亿元以上资本的风险投资机构的数量和资本量均增长明显。三是地区发展不平衡，呈现明显的"东强西弱"特征，江苏、北京、广东、浙江、安徽、上海是风险投资最为发达的地区，在2016年，北京、上海、深圳三地投资就占据了全部风投市场的"半壁江山"。四是投资重心仍然偏后、偏传统领域，对创新创业项目的支持力度还有待加强。2011年创出对早期项目投资的新低谷后，早期投资虽有所回升，但投资金额占比仍然偏低，仅在25%左右。对传统产业项目的投资仍然占据较大份额，2011年曾达55.1%，2014年下降到40.7%，但与美国9.7%的水平相去甚远。

其次，本书分析了我国孵化器行业的发展状况，总结出三个方面的特征：一是规模快速增长，年均增长率在20%左右，孵化器数量在2013年超过美国后，在规模上我国已成为世界第一孵化大国。二是地理分布上存在"逆向选择"问题，越是经济欠发达、需要孵化器培育企业和经济增长潜力的地方，孵化器数量越少。孵化器主要集中于长三角、珠三角和京津地区，江苏拥有省级及国家级孵化器的数量居全国之首，达436家，占全国的24.9%，并且增长速度很快。而西部的西藏、宁夏等省（自治区）只有1~2个孵化器。三是对孵化器多采用事业单位形式管理，孵化器主要提供物业和一般商务服务的情况占多数，能够提供专业服务的是少数，孵化器对入驻企业的投资支持能力明显不足，全国孵化器在孵企业中只有约5%的企业获得了股权投资，而孵化器配备的孵化投资基金按入驻企业数平均也非常少，全国平均为29

万元。

最后，本书分析了风险投资和孵化器投资合作情况。一是从风险投资机构对孵化器内项目的投资情况看，2014年全国1 748家孵化器中共有78 965家在孵化企业，获得风险投资的企业个数只有3 955家，平均每家孵化器仅有2.3个企业获得投资，比率非常低。二是从孵化器参股风险投资情况看，在CVSource数据库收录的3 489家活跃风险投资机构中，有孵化器参与的只有166家，占比仅为5%。三是除了相互投资这类合作形式，实践中还有风险投资进驻孵化器（协议式合作）、设立共同投资基金、集团化合作等合作形式。

（二）借助期权博弈工具，搭建了资孵投资合作分析的理论框架，明晰了促进资孵合作的三条基本路径

为了明确资孵合作中的关键需求和关键约束，探索促进资孵合作的基本路径，本书在第三章使用整合了实物期权、非合作博弈和合作博弈三种工具的数理模型，对合作中的基本问题进行了解析，得到了资孵合作分析的基本理论框架。

模型以具有随机特征的风险项目投资决策开始，在刻画了风险项目投资的期权价值的基础上，依次分析了：以下几个问题：一是同质投资者条件下的合作问题；二是异质投资者且信息完全条件下的合作问题；三是异质投资者但信息不对称条件下的合作问题。通过以上分析逐步逼近资孵合作现实。

通过数理模型的解析，不仅厘清了合作形成条件和关键影响因素，也明示了促进资孵合作三条基本路径：

一是组织路径。模型中两投资者之间的同质或异质性是决定合作价值和投资者策略方向的基本因素，而所谓同质或异质性是由投资者个体的组织特性决定的，包括目标偏好、资源禀赋和能力等要素。模型分析表明，同质情况下投资者之间是竞争关系，共同投资是一种被动结果，需要靠市场压力推动；而异质情况下，联合投资通常优于单独投资，合作形成主要考虑利益协调问题。因而利用组织机制、优化个体组织要素是促进资孵合作的一条基本路径。

二是市场路径。模型中资本市场平均收益率决定了投资者的保留收益，即参与风险投资和合作的机会成本，其他领域的投资收益越高，意味着投资风险项目和合作的机会成本越高，从而提高了投资触发点，降低了风险项目的期权价值，在实践中就是推迟了风险投资介入创业企业的时间或提高了投资先决条件。因此，市场机制、完善市场结构、降低投资机会成本是促进资孵合作的一条基本路径。

三是关系（社会网络机制）路径。模型展示出即使在存在互补利益的背景下，信息不对称仍是一个重大障碍，信息不对称可能引发机会主义行为，导致信息劣势方产生不信任或较强的风险规避意识，对预期收益做保守估计，合作形成难度增加。解决信息不对称的一条路径优化契约，这方面已有不少研究文献，提出了投资、收益保障（如可转换优先股的使用）、相机抉择的现金流分配权（如可转债的使用）等契约手段，但同时也承认这些手段的实践应用存在很大局限，契约总是不完全的。另一路径则是利用社会关系（即社会网络机制），通过利用关系及嵌入其中的社会资本、信任、社会网络约束等元素，促进互信、信息传递，降低信息不对称和机会主义风险。这方面的研究还较少，亟须加强研究。

（三）组织维度的分析表明机构目标、资源禀赋等因素影响资孵合作形成

基于CVSource数据库中的31家孵化器及其与9000余家风险投资机构的随机配对样本的实证分析表明，两机构间的组织差异显著影响合作形成，其中：第一，目标兼容性变量的作用最显著，系数值最大，反映出它对合作投资具有最重要的影响，具体是指风投与商业型孵化器的合作投资概率明显高于风投与事业型孵化器之间的合作概率。而我国的孵化器中，事业型孵化器占据非常大的比重，以2014年底的608家国家级孵化器为例，其中由政府部门直接创办的孵化器有161家，占比26.5%，由各类开发园区创办的有188家，占比30.9%，由高校和科研院所创办的有35家，占比5.8%，三者合计占比达63.2%，它们多采用事业单位或准事业单位管理模式。第二，资源禀

赋的对比关系同样对合作形成有显著影响，互补性强则合作概率高，强强合作易于强弱合作，而强弱合作又易于弱弱合作，这意味着加强孵化器自身实力是促进资孵融合的重要方面，自身实力（资金、经验、声誉等）是承担投资风险的前提，只有在双方具备相当实力的条件下，才有能力与其他投资者共同向风险项目进行投资，合作也才相对容易形成。第三，产权差异对合作形成有不利影响，这种不利影响可能来自管理体制和认知方面的差异产生的协调难题。目前我国孵化器行业中，绝大多数孵化器产权属于国有性质，以我们对748家有一定规模的孵化器所搜集的资料为例，约90%的孵化器产权属国有性质，而在风险投资市场，国有机构虽仍占据重要份额，但其趋势表现为产权日益多元化，外资和民营资本所占比重接近2/3。

（四）市场维度的分析表明投资者结构和收益因素均影响早期投资和合作倾向

在市场机制维度上，本书首先从市场投资者规模结构和产权结构角度展开分析。使用CVSource数据库收录的截至2014年12月的15 875宗投资案例，涉及风险投资机构9 508家。结果表明，规模结构和产权结构均对早期投资倾向和联合投资倾向有显著影响。第一，大型机构较中小型机构有更高的早期投资倾向，这可能与大型机构有能力进行"广撒网式"尝试性投资策略有关，"广撒网"投资策略有利于发现和培育超常增长机会。大型机构的这一特点说明市场中大型机构占据比重越高，越有利于孵化器吸引风险投资对创业项目进行投资。第二，由于产权属性关联到治理机制差异和资源差异，因而可能导致不同产权风险投资机构在早期投资、联合投资方面的倾向差异。实际数据表明，国有产权的风险投资机构较民营和外资风险投资机构有更高的早期投资倾向，在联合投资倾向方面外资机构最为明显，国有机构次之。第三，国有风投虽然相较于民营和外资风投早期项目的比率要高，但本书对2 929个投资序列样本（序列指同一企业的多轮次投资，共涉及6 788宗投资事件）的分析表明，在创业企业多轮融资中，若前期由国有风投单独或主导投资，后期民营风投加入投资的概率下降，这意味着国有风投的前期介入并未能产生引导效果。而实际上，政府设立风险投资机构的初衷之一就是希望发挥引导作用，例如里程碑式的1998年政协"一号提案"和近期国务院颁布的《推进大众创新创业的指导意见》等文件中都强调了国有风投引导作用是其承担的公共职能。进一步的深究还发现，越是投资目标"靠后"、本地的、资本规模大的机构，越难以发挥引导作用，不同机构引导作用的差异提示出目标管理和资源管理是改进国有风投引导作用的基本路径。

在市场收益因素方面：首先，本书对2000年以来的风险投资市场投资收益（退出回报水平）与市场投资热情之间关系的实际数据分析表明，无论是从总体上还是从不同行业对比来看，投资收益水平都会影响投资水平，收益水平提高，风险投资宗数和投资金额相应上升，注入早期项目的投资金额也相应增加。但就市场中早期项目投资的比率看，市场收益水平的提高反而导致早期项目投资在当期的比率降低，其原因在于市场行情高涨时，大量资金涌向后期项目，尤其是pre-IPO的项目，追求后期项目投资的"短、频、快"收益。其次，对收益的市场结构，即风险投资实现收益的两种主要方式——上市退出和并购退出的对比关系的分析表明，收益市场结构影响市场整体对早期项目的投资热情。实际数据分析显示，上市退出收益超出并购退出的溢价部分越高，市场的早期投资比例就越低，其根源在于上市退出的高收益诱使大量风险投资致力于pre-IPO项目的争夺，风险资本演化成"急功近利"的套利资本。目前我国的现实是上市退出是风险投资实现高回报退出的唯一方式。

（五）社会网络维度的分析表明关系因素对合作形成有重要影响

本书对社会网络（关系）维度的分析分外部关系和内部关系两个部分展开，内、外部关系的区分是以风险投资和孵化器两类行动者为中心，外部关系指两类行动者与其他相关方面如银行、券商等金融机构、政府部门、技术单位等第三方单位和个人的社会关系，而内部关系指两类行动者作为投资者相互之间的关系。书中对外部关系的考察是以投资人为节点，分析投资人的政治关联、金融关联和创业关联三类社会关系对早期投资、合作投资倾向的影响,而对内部关系的分析则以曾经的合作关系为考察对象,以投资人、投资机构为节点,采用 UCINET 和 pajak 软件对投资人社会网络和投资机构社会网络进行整体网络分析。

首先,对外部关系的分析是以从 CVSource 数据库中及手工收集的 4 001 名风险投资人及对应的 3 511 宗风险投资案例为样本。实证分析表明,投资人的政治关联和金融关联并不能对其早期投资倾向产生正面影响,而创业关联则有显著的积极影响,具备创业经历的投资人较其他投资人会更多地投资早期项目,这可能源自其对早期项目价值有更好的判别能力,以及更能把握早期创业项目的需求并提供相关支持。

其次,对内部关系的分析样本同样来自 CVSource 数据库及公开资料的手工收集和整理,其中风险投资人社会网络数据包括 686 位投资人的 1 085 对合作关系,风险投资机构社会网络数据包括 2 842 个投资机构的近万对合作关系数据。实证分析结果表明:第一,投资者关系网络具有子群凝聚性,合作关系在特定"圈子"内更容易形成,并且这个"圈子"以其原有核心不断"生长",范围扩大,密度加强,这种现象的根源在于过去合作经历形成的信任具有纵向传递性。第二,股权关系之类的强连接关系使投资者之间的合作更容易形成,其原因在于强连接便于隐性知识传递,便于信任构建,便于利益协调。第三,在投资者关系网络中,具有较高中心性的机构有更高概率搭建合作投资关系,尤其是从中介中心性角度讲,表明声誉能够增加机构的信任获取。具有较高中心性的机构就像市场中的"明星",其声誉效应和关系资源会产生"溢出"效应,成为其伙伴的社会资本,从而也有助于这些机构的对外合作。

二、主要政策建议

综合归纳前文对促进资孵合作相关机制的具体讨论和政策建议,本书认为应当采取的主要的政策措施包括以下四点。

（一）建设商业型、有专业特色孵化器，提升孵化器自身专业服务能力是促进资孵合作的内在关键

根据本书的分析结论，提升孵化器自身服务能力对促进合作有重要影响，目标协同性强、资源互补性强则合作容易形成，因此，在推动孵化器发展中，应当加强孵化器自身能力的建设，把它作为促进资孵合作的内在关键举措。具体讲，自身能力的建设包括两个重要方面。

第一，建设商业型孵化器，增强孵化器提升服务的动力。目前我国孵化器行业中，事业型孵化器较多，而事业型孵化器会存在激励不足的问题。因此，当局应当提倡发展商业型孵化器，解决孵化器发展中的内在激励问题，以促进孵化产业与风投产业更紧密的融合。商业型孵化器的核心含义是实现孵化器的企业化运营，真正以创业企业的实际需求为导向提供孵化服务。企业化运营后，孵化器管理团队才会在经济动机驱使下，主动承担经营风险，才会主动地、有效地进行孵化投资和寻求合作投资者。以色列是孵化行业发展比较成功的国家，其实践经验证明了商业型孵化器发展的重要性。以色列在早期阶段建立了许多公立孵化器，但后来将大量公立孵化器私有化，实现企业化运作，目的就是借助市场力量迫使孵化器提高自身的运作效率。

发展商业型孵化器，要注意其与完全市场化的区别，应当依据实际服务目标，采取多种形式实行商业化，因为从根本上讲孵化服务属于经济学上的混合物品性质，服务内容的公共性程度是决定其具体经营模式的关键。具体到一个地区，具体到一个特定的孵化器，孵化服务的内容会有不同侧重，其公共性程度会有不同，例如，在经济和科技相对落后、就业压力大的地区，政府创办孵化器的公共性目标就会表现得强一些。

因此，孵化器的商业化运营应当区分不同情况，分类实施。例如，可将孵化器分为三种类别：一是基础孵化器，指那些处于经济相对欠发达的地区，以促进地方就业和经济增长为主要目的，仅能够为在孵企业提供物业、工商税务和一般商务与信息服务的孵化器。这类孵化器一般是综合性孵化器，对

入驻对象没有明确的行业限制。租金收入和政府补贴是这些孵化器的主要运营收入。二是"明星"孵化器，处于该阶段的孵化器自身在资金、技术服务等方面已具备较强的实力，自我发展能力较强，孵化服务的目标是培育行业细分领域内具有高成长潜力的公司，即"明日之星"，其社会功能主要是促进当地经济或特定产业在未来的竞争力。这类孵化器在经济发达城市或大型产业集团中较为多见，它可以不依赖政府资金生存，可实行完全的企业化运营。三是延伸孵化器，指处于以上两者之间的一种状态，此时孵化器承担的基础孵化职能仍然非常重要，但由于自身实力的积累和地区经济的发展，孵化器逐步增加了技术、融资等延伸性增值服务，孵化器的商业性职能和公共性职能集于一身，政府可以为其提供部分运营资金，同时鼓励孵化器通过服务创造收入。

第二，孵化器发展在内涵方向上应注重打造专业特色，既提升对入孵企业的服务水平，也积淀自身的资源优势，成为风险投资项目评估和投后支持的专业伙伴。当代处于前沿的孵化器已明显不同于第一代孵化器，第一代孵化器主要通过办公场所和设施的共享来获取"范围经济"，以此降低创业成本，帮助创业企业成长，而当代孵化器的服务向延伸发展，知识性服务的比重增加，孵化器专业设施和服务能力的作用越来越突出，"组织学习"成为孵化器的重要功能。国内外许多案例表明，能够有效提供专业服务，如实验和检测的公共设施、技术顾问、营销和资本运作等，是决定当前孵化服务质量的关键。

因此，孵化器实力建设的内涵是培育它在某个行业内的专长，这种专长可体现为了解行业前沿动态信息，对行业发展动向和前景有洞察力，或体现为具备专业所需的关键技术设施和技术咨询服务能力，抑或对本行业具有丰富的投资和企业管理经验，能够为创业者提供企业管理方面的真知灼见。培育孵化器的专业能力，就能够打造其自身的资源禀赋优势，吸引风险投资的关注和合作；同时它又是一种保障，专业能力越强，对孵化项目的筛选、对孵化企业的培育和支撑都会有更好的效果，从而能提高投资效果。

（二）优化投资市场结构，构建有利于资孵合作的良好市场环境

首先是优化市场投资者结构。前文结论表明大型投资机构参与早期项目投资更多，因而当局应当使市场保持一定的集中度，以发挥大型机构风险承受能力更强、注重寻找和培育超常增长机会、参与早期项目投资更多的优势。投资者结构的优化还包括产权的多元化，即在发展国有风险投资和孵化器的同时，提倡民营和外资风险投资和孵化器的发展，产权差异关联到治理机制、资源要素的差异，能够更好地适应多样化的创业者需求。当前，风险投资已在很大程度上做到产权多元化，而孵化器仍以国有背景为主，因而需要重点提倡各类资本参与到孵化器的建设中，多样化产权的孵化器更有利于与各种产权的风险投资形成合作。

其次是优化投资收益实现的两类退出渠道的关系，即收益市场结构的优化。上市退出收益高而并购退出收益低的格局会导致大量风险投资拥挤于pre-IPO项目的争夺，降低市场整体对早期项目的关注，而中国市场的现实是上市退出是风险投资实现高收益的唯一渠道，上市退出平均收益在1.5~9倍间，而并购退出平均收益的最高值仅为1.6倍，多数年份在45%以下甚至处于亏损状态，因此，当前应当活跃并购市场，拓宽并购退出渠道，使风险投资不仅能通过上市退出实现收益，也可以在需要时通过出让股权在并购市场灵活退出，增强投资期限管理的灵活性，使投资风险管理能力增强，进而激励风险投资更多投资早期项目。

要拓宽风险投资的并购退出渠道，重要的一点是要壮大和做活场外交易市场，因为场内交易市场只用于满足较大规模和相对成熟股份公司的股权流通需要，无论是主板、中小板还是创业板，实际门槛并不低，创业阶段的企业无法企及。按照我国建立多层次资本市场的总体思路，我们需要大力发展场外市场。目前来看，我国场外市场主要有两个层次：一是由中关村代办股份转让系统扩容而来的"新三板"，它服务于众多非上市股份公司的股权流通；二是各地方产权交易市场，它服务于数量更多的非股份公司等类型企业的产权转让。对于"新三板"，关键是要充实和做活，使其成为真正的股权交

易平台和融资场所，为风险投资退出提供一个有效途径。针对当前大而不活的现实，当局应当强化新三板的通道功能，实现新三板与场内市场的对接，使那些质量优良、经过几年发展已经做大做强的挂牌企业能够以较低的成本和较高的效率转板主板，使新三板成为主板的缓冲区、培育区。同时也要做实新三板的融资功能，融资功能是市场的基础功能，只有充实了市场的融资功能，才能提升企业的挂牌意愿，才能涌现一批有潜质的公司，也才能吸引投资者的关注，做市商也才能"有米可炊"。地方产权交易市场的发展历程经历了"几起几落"，目前的关键是要从认识上和法律上肯定地方产权交易市场在多层次资本市场中的重要基础地位，把它作为产权交易的初级形态，与新三板、创业板、中小板和主板形成互利互补关系。

（三）采取投资与孵化的集团化、集群式发展策略，在产业和区域层面促进资孵合作

基于社会网络机制在资孵合作中的重要性，本书建议当局应当鼓励投资孵化集团和投资孵化集群的发展。

首先，集团式投资与孵化，利用了股权关系这类强连接在协调不同行动者沟通风险项目信息、建立信任和合作中的作用。集团式投资与孵化尤其适合在特定产业内培育集团的长期增长能力。集团式投资与孵化实际是将风险投资、孵化器两类机构内部化，建立某种形式的股权关系，资孵合作就由两个独立机构之间的合作转变化集团内部两个成员之间的合作，其优势在于：第一，"强连接"下双方信任程度更高，能够降低对机会主义行为风险的担忧，也便于双方互相学习，更好地对项目风险进行评估。第二，虽然也存在内部竞争，但相对于外部投资者，集团成员间有更多的共同利益、相同的企业文化和价值目标，从而便于处理合作洽谈中的契约问题。集团式孵化与投资在国内外实践中都有所发展，但数量仍然屈指可数，并未成为企业孵化的主流模式。在我国，可借鉴的典型例子是启迪集团的案例。

其次，发展投资与孵化集群，利用投资者关系网络的子群凝聚性和信任

传递效应，发挥"圈子"在培育信任、促成合作中的作用。具体可以借鉴产业集群发展思路，通过采取政策优惠、基础设施建设、明星企业进驻等措施，吸引和推动风险投资和孵化器在特定区域内聚集，使创业者、孵化服务者、投资者有更多机会交流互动，逐步形成一个投资与孵化的生态"圈子"。随着交流互动频率的增加，信息沟通变得更加通畅，信任能够逐步建立，合作投资则能"水到渠成"。目前，在相对发达地区，已有一些投资与孵化集群建设方面的举措，例如北京中关村、杭州西湖区、天津滨海新区、上海张江高科、深圳市高新开发区、深圳南山区科技园、苏州工业园区、广州开发区等都在采取措施，打造股权投资机构集聚园（或称私募股权基金集聚园），所采取的措施既包括园区条件建设的直接支持，也包括税收优惠、商事管理便利化等间接支持，其目的都是吸引投资与孵化机构在地理上的聚集，增加机构密度来促进创业发展。

（四）要优化目标和资源管理，发挥国有风投引导资孵合作的良好潜力

国有风投在一定程度上承担着引导市场支持创新创业的政策使命，并且我们的研究发现，它投资早期项目的概率较其他类型风险投资机构要高，具有履行公共职能、发挥引导作用的良好潜力。但实际上其引导作用发挥得并不明显，其在前端介入的项目在后续轮次中民营风投参与概率下降，这一问题主要与一些操作层面的管理因素有关。为此，应当进行管理优化，以激励国有风投在实现自身合理投资利益的同时，也能发挥对市场的引导作用。

具体管理建议包括以下两个：

一是对所设立的国有风投，要赋予清晰的投资目标定位，重点锁定早期项目。既然政府设立国有风投的目的是带动整个市场发展，而不是替代风投的民间力量，那么设立或参股相关机构时就应当明确机构的目标，将投资目标明确限定于种子期和创业早期项目。只有这样，才能发挥国有风投的"鉴证"作用和培育功能。目前，各级政府创办国有风投或参股其他风投时，虽

然在政策理念上强调支持新创企业发展,但实际运作中,所设立或参股的机构往往没有明确投资对象限制,VC、PE项目兼做,缺乏一种有效约束机制保证政府资金注入市场失灵领域,即早期投资领域,而这种约束机制的建立,依赖于清晰的目标定位和相适应的考核奖惩机制。

二是在对国有风投的资源支持和资源管理方面,应注意与其他类型风险投资机构的差别化发展,不能单纯贪大求全。大的风险投资机构虽然投资早期项目相对较多,但大机构同样注重后期成熟项目的投资,在其已介入的项目有持续投资价值情况下,较少有动机引入其他投资者,因而在发挥引导作用方面会存在局限。因此,基于国有风投的引导性任务,在发展策略上,国有风投要注意差异化发展,要留有协作空间。

三、不足与未来研究展望

由于可直接借鉴的理论成果较少,资孵合作的直接数据获取也非常困难,虽然笔者尽了最大努力,在理论框架和实证研究方面较现有研究已有一些突破,但仍然存在一些不足,具体包括:第一,在研究数据使用上,风险投资侧的数据较为丰富,而孵化器侧的数据相对较少。这主要因为本书研究对象是微观个体,而非上市公司,公开数据来源缺乏。其中,孵化器正式数据目前只有科技部提供的科技统计年鉴,项目组通过实地调研、收集研究机构报告、搜集网站公开资料等进行了大量的数据补充工作,即使如此,其数据仍然相对较少;而风险投资数据得益于市场较为活跃,涌现出了CVSource等数据库,有了相对丰富的数据源。但相较于上市公司数据,其规范性和完整性相差许多,为此项目组也花费了大量时间进行补充和整理。第二,侧重于政策视角,主要开展组织、市场、社会网络角度的研究,未对合作契约展开深入讨论。其原因主要有两方面:一是目前契约理论对处理投资中机会主义行为的讨论已经较丰富,取得了许多成果,提出了分期投资、可转债契约、现金流权和控制权相机配置等具体契约机制,本书考虑时间及精力限制未将其作为优先任务,而是把重点放在政策层面可操作的问题上;

二是难以取得足够数量的资孵实际合作契约样本展开实证研究。契约分析更多地落在机构个体的投资管理层面，而本书从组织、市场、社会网络维度的研究对服务当局制定有关促进资孵合作的政策有更直接的参考意义。未来研究可以在进一步积累素材和数据样本的基础上，更深入地讨论资孵合作的契约细节性问题。